朗诵
训练指导
（第二版）

朗诵者首先要充分领会作品的思想内涵，把握好诵读的基调定位，掌握气息、吐字、发声、节奏、音变规律、逻辑重音以及儿化音的运用。

◎ 伍振国　关瀛　著

中国广播影视出版社

图书在版编目（CIP）数据

朗诵训练指导 / 伍振国，关瀛著. -- 2版. -- 北京：中国广播影视出版社，2018.1（2023.12重印）
ISBN 978-7-5043-8013-5

Ⅰ. ①朗… Ⅱ. ①伍… ②关… Ⅲ. ①朗诵－方法 Ⅳ. ①H019

中国版本图书馆CIP数据核字(2017)第241744号

朗诵训练指导（第二版）

伍振国　关瀛　著

责任编辑	王丽丹
封面设计	盈丰飞雪
责任校对	张哲
出版发行	中国广播影视出版社
电　　话	010-86093580　010-86093583
社　　址	北京市西城区真武庙二条9号
邮　　编	100045
网　　址	www.crtp.com.cn
电子信箱	crtp8@sina.com
经　　销	全国各地新华书店
印　　刷	河北鑫兆源印刷有限公司
开　　本	710毫米×1000毫米　1/16
字　　数	300（千）字
印　　张	18.75
版　　次	2018年1月第2版　2023年12月第5次印刷
书　　号	ISBN 978-7-5043-8013-5
定　　价	45.00元

（版权所有　翻印必究·印装有误　负责调换）

目录 CONTENTS

1 朗诵的气、声、字训练 / 1

　　一、朗诵的气息 / 1
　　二、朗诵的发声 / 8
　　三、朗诵的吐字 / 23

2 朗诵的音变规律 / 37

　　一、轻声的变化 / 37
　　二、声调的变化 / 38
　　三、"啊"的音变 / 41
　　四、关于"哟"的音变 / 44
　　五、"这"与"那"的音变 / 45
　　六、儿化音 / 47

3 纠正语音 / 60

4 关于音韵十五辙的说明 / 99

5 语言表达思想的规律 / 105

　　一、语调是表达思想的形式 / 105
　　二、构成语调的六个要素 / 106
　　三、决定语调的心理因素 / 120

6 朗诵的语言技巧 / 127

- 一、语速的掌握 / 127
- 二、节奏的把握 / 129
- 三、语言基调的定位 / 130
- 四、语势的造型 / 134
- 五、朗诵节奏的控制 / 136

7 各种文体的朗诵 / 154

- 一、近现代诗歌朗诵 / 154
- 二、叙事诗的朗诵 / 196
- 三、散文诗的朗诵 / 200
- 四、古典诗词的朗诵 / 204
- 五、文言文的诵读 / 216
- 六、散文的朗诵 / 220
- 七、小说的朗诵 / 249
- 八、寓言故事的朗诵 / 272
- 九、幽默小品文的朗诵 / 280
- 十、朗诵通讯、报告文学 / 284
- 十一、朗诵展览解说词 / 286
- 十二、朗诵电视片解说词 / 288

修订再版说明 / 296

1

朗诵的气、声、字训练

朗诵是语言表演艺术,这种艺术形式看似简单,朗诵好了并不易。戏曲界向来有"千斤白,四两唱"之说,无论是一首诗歌、一篇散文、一段故事,都要求朗诵者声情并茂,绘声绘色地把观众带进作品的情感世界中去。从某种角度来说,其功力比舞台剧的台词难度更高,更具挑战性。仅凭一个人的朗诵就要创作出如同音乐般的急缓、轻重、快慢、高低、错落有致,张弛有度的节奏感,就要身临其境地用声音勾勒出情景画面;就要感同身受地抒发情感、表达意境,还要恰当运用气息、注意吐字清晰、音色优美地娓娓道来,才能获得朗诵的最佳效果。

一、朗诵的气息

既然朗诵是语言表演艺术,就应该有充足的气息作支撑。老艺人们常说:"气若是不利,脸上没有戏。"所以要"内练一口气,外练筋骨皮"。尤其是当你遇到惊喜、愤怒、狂笑、质问、昂扬的大段激情朗诵时,若是气息不充足,则无法表达情感。甚至破坏了演出气氛,例如《雷电颂》论证般的铿锵词语;那不容喘息、激越豪情的排比句式;现代激情诗《护士长日记》那层层递进的歌颂、赞扬，抒情叙事诗《共产党员的手》那三声铿锵的呼唤，都是需要有充足的气息与高超的换气技巧来完成的。所以，朗诵者掌握艺术的呼吸方法是十分必要的。用语言作为艺术手段的不单单是朗诵和话剧演员；戏曲演员，曲艺演员说评书、说相声、说快板、数来宝，唱大鼓，东北二人转等无一不在训练丹田气的基本功，也就是声乐领域里美声唱法所强调的"胸腹结合式"呼吸方法。这种艺术的呼吸方法与通常的呼吸用气是不一样的。呼吸是生理本能，除保障人的生命之所需——吸入氧气呼出二氧化碳气以外，还要供给人的语言表达。但是许多人仅知道肺部张弛的原理，并不了解横隔膜可以上下移动的作用原理；或者只听说过丹田气这个名词，并不明白它的内在含义；找到了窍门，将会使你在朗诵的艺术空间展翅飞翔。

　　语言技巧如同声乐技巧，都离不开气息的支撑和流动。有人说："气是音之帅，发声离不开。"这个比喻是很恰当的。为什么很多朋友朗诵或唱歌时总觉得气不够用，声音传不远，发飘、发虚？因为平常说话音量较小，所用的气息较浅，表现为呼吸平稳。在朗诵或唱歌时音量要扩大，音强要增加；又有语句或诗句的延伸与放大，均需要有控制的声音来表现作品丰富的内涵。这些都要靠气息的支持来获得，所以朗诵者要掌握艺术的呼吸方法，科学地运用气息。

　　为了保证朗诵者的肺部有足够的气息，光靠胸部起伏的运动是不够的，甚至片面地强调肺部扩张就使劲地挺胸收腹，缩脖端肩，感觉把气都吸到嗓子眼了，你一收腹就把五脏六腑往上托起，压得肺部无法舒展。气息悬浮于胸口，而无法支撑长句子，即是俗话所言："说话没有底气。"所谓底气就是丹田气。我们在练习丹田气的时候，要让小腹、两肋、后腰那一圈充足了气息，只有将横隔膜下沉，使两肋和小腹撑起来，让后背、后腰全部撑开，才能实现加大肺活量、底气充足的目的。因此：

　　　　　　正确呼吸方法是胸腹结合，胸肌腹肌肋肌全面地收缩
　　　　　　腰背两肋和小腹要求微隆，说话有底气声音才有依托
　　　　　　让横隔膜下沉扩大肺活量，气息充足还应有控制地说
　　　　　　艺术的呼吸方法养成习惯，才能保证演员的语言创作

　　呼吸是发声的基础，气息的流动是发声的原动力。如果没有气流通过喉咙

振动声带，也就无法发出语音，无法唱出歌声。正像吹黑管先要使气流通过舌簧口的原理，气流的大小强弱也直接影响着朗诵和歌唱的高低、强弱、影响音节的长短和节奏快慢。明白了呼吸的作用和呼吸的原理，下一步如何将肺部呼吸—这一自然人的自然生理活动，有意识地改变成朗诵者的胸腹结合式的丹田气功；培养和训练我们的第二天性，使之习惯成自然，须要付出艰苦的努力。

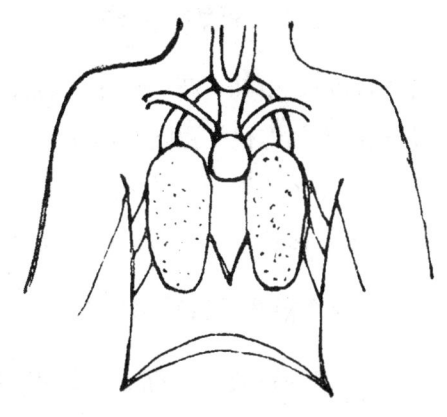

呼吸原理

肺部有海绵样的缝隙　张弛有度地流动气息
肺叶反复收缩与伸展　供给人的呼吸和言语
胸腹结合要自然放松　精神饱满两肋须开启
眉宇舒展腰臂要顺直　沉肩立腰气要吸到底

呼吸姿态

肩头放松、头顶虚空　神情专注、表情庄重
舌骨后高、软腭提升　气入丹田、小腹微隆
臀部收提、目光放平　腰背扩展、胸部宽松
深深吸气、如闻花丛　保持状态、慢慢收拢

扩胸开肋收腹练习方法

轻闭双目坐安详　身体不懈也不僵

舌尖下放抵牙背　舌面前部顶上腭
以鼻为主深吸气　小腹微绷胸扩张
牙关嘴唇慢开启　口腔咽腔成O状
吸气腹肌微隆起　口中不要发声响
两肋打开控制住　间隔几秒再释放

松肩松颈练习方法

轻轻释放口中气　两肋打开再站起
转动两肩须缓慢　跟随双肩动手臂
手臂手指要柔软　转动头部匀呼吸
开肋姿势保持好　松肩松颈做练习

松舌根开后背练习方法

自然坐好头微低　开肋吸气往后提
脖梗后背与后腰　感觉不断在充气
舌骨后移莫前挺　然后将头慢抬起
吐气控制十五秒　保持两肋和腹肌

慢吸慢呼练习方法

自然站直看前方　微笑口鼻同时张
深深吸气闻花香　舌头平放在口腔
后背扩展开两肋　小腹微隆双肩放
两肋维持莫松懈　吐气如丝无声响

慢吸快呼练习方法

自然垂直举双目　两手放在腰带处
鼻子吸气闻花束　呼气迅速又短促
腹肌向内气弹出　感觉就像吹蜡烛
两肋涨满要打开　找到感觉再反复

1　朗诵的气、声、字训练

快吸慢呼练习方法

站立姿势要垂直　两眼朝前作平视
快速吸气送到底　心里默默数到十
牙关开启别咬紧　慢慢呼气如吐丝
双肩下垂心平静　三十秒钟须坚持

快吸快呼练习方法

快速吸气送到底　小腹收缩须有力
气柱直冲到硬腭　软腭上提喉开启
舌头平摊牙槽内　口型略开做练习
反复发出气音哈　学着模拟狗喘气

快吸要领也是扩背、松肩、开肋、隆腹，只是要加快动程迅速到位。软腭上提喉咙开启如同打哈欠的样子。快呼的要领在于横隔膜的控制—腹部收缩将气弹出去。当你朗诵或唱歌时，声音就会落在所控制的气息上，有道是：

气息好比是线绳　穿起珠子好发声
朗诵歌唱穿成串　自然和谐练技能

如果你注意观察狗跑动时快速喘气的样子，就会从中悟出快吸快呼的原理来。

呼吸弹力练习方法

慢慢吸气维持住　鼻子呼吸气进出
丹田小腹再弹动　力量均匀别快速
切记不可拉风箱　体验呼吸每一步

综合结论

呼吸练习八步谈　每步十次一单元
要求气要吸到底　不可提胸与耸肩
注意三个支撑点　前胸脖梗和腰眼
腹肌收缩是关键　说话底气在丹田

应该强调吸入气流时的状态，小腹是隆起而非收缩的，呼出气流时小腹的状态是维持的或弹动的。慢吸慢呼练习时，横隔膜的收缩与复原是在不知不觉中实现的，气息是通过上牙背再往下流出牙缝的，腹肌收缩是明显的。

思考题：
(1) 试述呼吸原理。
(2) 做了呼机练习两周后你有何收获。

【气息控制练习】

数葫芦

我说蹲蹲葫芦压压葫芦，好汉一口气数不了二十四个葫芦，一个葫芦两个葫芦……二十四个葫芦。

数　瓢

说一个葫芦两个瓢，两个葫芦四个瓢，三个葫芦六个瓢，四个葫芦八个瓢，五个葫芦十个瓢……

数　枣

说出东门过大桥，大桥底下一树枣，拿着竹竿儿去打枣，青的多红的少，一个枣，两个枣，三个枣，四个枣……十个枣，十个枣，九个枣，八个枣，七个枣……一个枣，这是一个绕口令，一气说完才算好。

数蛤蟆

一个蛤蟆一张嘴，两只眼睛四条腿，扑通一声跳下水，两个蛤蟆两张嘴，四只眼睛八条腿，扑通扑通两声跳下水，三个蛤蟆三张嘴，六只眼睛十二条腿，扑通扑通扑通三声跳下水，四个蛤蟆四张嘴，八只眼睛十六条腿，扑通扑通扑通扑通四声跳下水……

【偷气练习】

数果子

说一二三,三二一,一二三四五六七,七六五四三二一,六五四,三二一,四三二一三二一,二一一是一个一,数了半天一棵树,一棵树上长着七个枝,七个枝上结着七样果,结的是槟子、橙子、橘子、柿子、李子、栗子、梨。

数 黑

一道黑,两道黑,三四五六七道黑,八道九道十道黑。我买了个烟袋乌木杆儿,我是掐着它的两头那么一道黑。二姑娘描眉去演戏,照着她的镜子两道黑。粉皮墙,写川字,横瞧竖瞧三道黑。象牙桌子乌木腿儿,把它放着在那炕上那么四道黑。买了个母鸡不下蛋,把它搁着在那笼子里头捂到黑。挺好的骡子不吃草,把它牵着在那街上那么溜到黑。买了个小驴儿不套磨,把它背上它的鞍鞯那么骑到黑。二姑娘南洼去割菜,丢了她的镰刀就拔到黑。月科儿的小孩抽了羊角风,团了几个艾球灸到黑。卖瓜子儿的打瞌睡,哗啦啦啦撒了这么一大堆,她的笤帚簸箕不凑手,那么一个儿一个儿的拾到黑。

偷气的要领是利用语节使口鼻同时开启,让气息迅速无声地吸入。《十道黑》以及后面的《六十六》《满天星》是语言训练的传统段子。经过多少代老艺人的传承至今,戏称"老三段儿"。我们在练习的时候要注意吐字如珠,偷气换气如丝,锻炼我们的语言基本功。

解决声音虚飘问题

有人说话声音虚飘,声飘气短支点太高。
句子长了支持不了,正面人物难以塑造。
练胸腹结合丹田气,是解决问题的首要。
要让横膈膜向下沉,吸气时应沉肩立腰。
若想说话底气充足,控制气息十分重要。

口型开度不能太大,稳住气流均匀用掉。

还要学会偷气换气,找准气口即是诀窍。

气从口入悄然无声,一招一式动作巧妙。

练习时,气从鼻孔吸进,感觉顺着脑后、脖颈往下流;撑开后背,继续向下,使两肋涨满,小腹微隆(微绷),而不可吸肚子(微收)。所谓气在丹田,丹田的位置是脐下三指转一遭。有人误导学生挺胸收腹提气,实在是错误的。一旦先入为主了,纠正起来就会比较麻烦。

二、朗诵的发声

朗诵吐字归音要求字正腔圆。所谓字正就是纯正的普通话而不是方言,所说的腔圆就是共鸣腔圆润畅通,声音洪亮,归音到位。

发声原理

人的发声器官如同乐器一样,或者反过来说,当初人们发明乐器也是比照人的发声原理而成的。比如唢呐、黑管、萨克斯、笙、口琴……它们的舌簧口或琴片就相当于人的声带部位,由于它们的长短、厚薄、粗细、松紧和质地不同,才有了音色的不同和频率的高、中、低之分。比如大号、中号、小号、大提琴、中提琴、小提琴……乐器的共鸣箱与人的共鸣腔都是由于大小不一样,形状与部位有差异,而且质地不同,出来的声音也就不一样。可以说人的唇、齿、舌、腭、喉如同管乐的嘴子;人的头腔、鼻腔、口腔、咽腔、喉腔、胸腔相当于乐器的共鸣箱。大件的乐器,相当于大个子人。往往音色低沉浑厚;小件的乐器相当于个子矮的人,往往频率高而尖。所以从这个意义上来说,人的身体就是人身乐器。人朗诵与唱歌的时候,即是人身乐器在自我演奏。声带的拉紧与放松,喉腔的缩紧与放松都会影响音高与音色。所以说:在朗诵与声乐领域里,人既是乐器的制造者,又是乐器的演奏者。朗诵和声乐艺术是建立在科学发声法基础上获得的。

发声器官的分工

发声器官细分工　三个部位来组成
嗓子上下来贯通　牵动各部成共鸣
第一声带与喉头　颤动发声需自由
控制发声来变音　如同黑管舌簧口
第二气流发源地　胸腔肺脏管呼吸
横膈膜，上下启　协助肺部送气息
第三就是共鸣腔　喉腔口腔和鼻腔
胸腔头腔都通畅　发出声音才洪亮

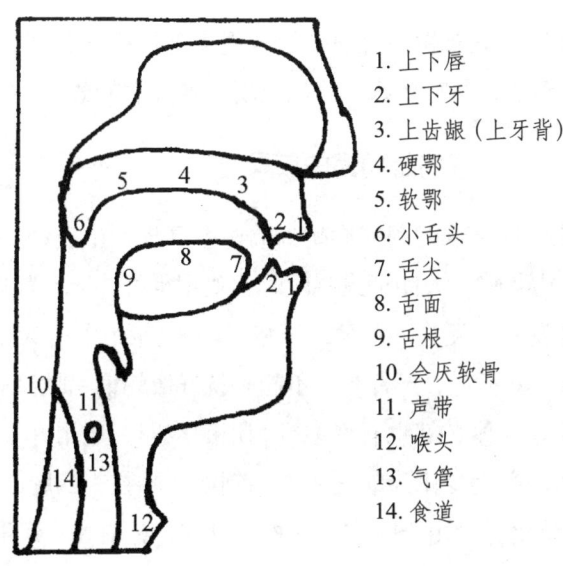

1. 上下唇
2. 上下牙
3. 上齿龈（上牙背）
4. 硬鄂
5. 软鄂
6. 小舌头
7. 舌尖
8. 舌面
9. 舌根
10. 会厌软骨
11. 声带
12. 喉头
13. 气管
14. 食道

人在高声呼喊、争吵辩论时，或者没有扩音设备在广场演讲，需要提高自己的嗓门儿，加大说话的音量，以声夺人，天生嗓门儿高的人，在语言交锋中占上风，使得那些声音微弱纤细的人败下阵来，这在生活中是常有的事。大多数播音员、节目主持人和演员都是经过专业训练，好嗓音的含义不仅仅在于音色清脆圆润，浑厚高亢，还在于轻松自如，不费力气，声音却传得远。那么如何做到这一点呢？首先就应掌握气息与共鸣的基本功。

关于音量

音量的大小首先在于气息，音量的大小同时也在于共鸣，在于对气息的控制能力，在于上中下三腔的贯通，胸腹结合式的呼吸方法，共鸣位置可以上下调整，深呼吸说话才有底气，运用气息与共鸣的结合实现声音大小的调节。

关于音域

关于音域的概念有两种说法。一是指说话或唱歌时的音量大小与嗓音高低宽窄的程度；有天生来大嗓门儿的即为音域宽，也有小嗓门儿细声细气的，声音微弱即为音域窄。从另一个含义上讲，即指唱歌音高的最高音与最低音之间的跨度而言。

怎么才能声音圆润呢？只有按照普通话发音规律进行科学的训练，使呼吸正确、口型正确，归音到位，共鸣用好，才能实现声音圆润的效果。

共鸣是朗诵的筋骨

物体震动发出声响，这声响的频率影响到周围空气也产生震动，这种现象称为共振，在朗诵里称为共鸣。人朗诵或唱歌时共鸣用得好，声音就圆润饱满，没有共鸣就会出现声音发扁、发尖、单薄、干瘪等现象，如同一个人得了软骨病，四肢无力，站不稳、戳不住。声音若立不起来就好像朗诵唱歌没有筋骨。

如同乐器的共鸣箱，人体各部也有许多可利用的空间。运用好了可以调节我们的声音大小及音高，产生变化为朗诵服务。例如：胸腔、咽腔、喉腔、鼻腔、头腔，还有额窦与蝶窦。又由于咽腔、喉腔、口腔、鼻前腔（鼻孔）周围的肌肉可以根据活动状态改变体积容量，故称之为"可调节的共鸣腔"；而胸腔、头腔、额窦、蝶窦和鼻后腔却属于不可调节的共鸣腔。如果按其位置来划分，可以统称为上、中、下三腔：

上腔——在软腭以上，包括鼻腔与额窦、蝶窦统称为头腔

中腔——在软硬腭到喉头之间包括喉腔、咽腔统为口腔

下腔——在喉头以下称为胸腔

要想朗诵时共鸣好，通常是使三腔贯通，形成整体共鸣腔。根据频率的高

低，有所侧重地控制不同区域。我们了解到声乐，唱高音的时候，通常以头腔共鸣为主，口腔胸腔共鸣为辅；唱低音时以胸腔共鸣为主，口腔、头腔共鸣为辅。唱中音时以口腔共鸣为主、头腔、胸腔共鸣为辅。如下图所示：三腔运用的比例侧重有不同的变化。

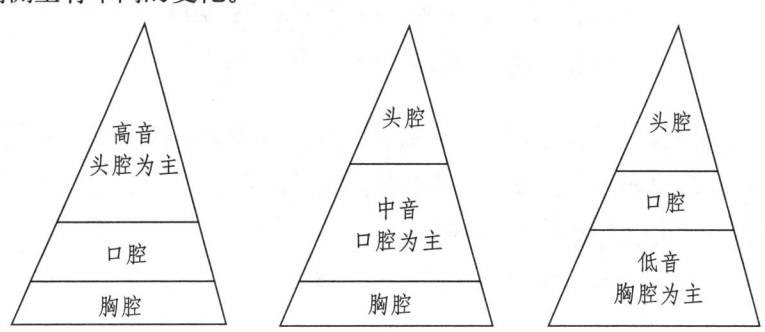

实践证明，只有侧重一腔而不丢弃其余两腔，使三者形成统一完整的混合共鸣腔体，声音才能圆润、饱满、明亮有穿透力，有弹性，松弛而且柔和。也就是说，朗诵时的发声状态，要在有呼吸支持的前提下，尽可能地运用三腔贯通的共鸣腔体，做到既轻松又有控制，从而获得优美的声音。三腔畅通，能自如地调节上、中、下三个共鸣区，完成声音造型。这既是声乐艺术的重心之一，也是朗诵的基本功之一。因口腔所处的位置，它担负着上连头腔下连胸腔的调节功能，所以我们首先来解决开口、开牙、开喉咙的问题。

开口练习

朗诵必须开喉咙　牙关僵硬可不行
张嘴同时软腭升　鼻腔口腔都畅通
舌头平陷牙槽内　如同惊喜笑盈盈
喉头稳定深呼吸　上下调节找共鸣

如果耷拉着嘴角是没法朗诵的也是没法唱歌的，只有把软腭提升起来，嘴中如含鸡蛋，有一个立起来的空间，如同打哈欠的样子才算找到了开喉咙的基本状态。初学者感到别扭，只有养成习惯，才能自然而然地一张嘴就能立刻形成一条畅通的共鸣管道，使得唇、齿、舌、软腭、喉能有机地相互配合，为声区的调节统一创造条件。（北京人尤其要注意克服耷拉嘴角的习惯）

松喉头练习

男性喉结活动明显　不可紧张不可乱颤
喉头若高收缩喉管　声音尖细感觉疲软
喉头若低压迫声源　声音空闷滞重呆板
呼吸深邃喉头自然　调节声区才有条件

对于朗诵来说，喉头稳定非常重要。否则发声哆嗦颤抖，影响声带正常工作。应做到高声朗诵时不让喉头上提，低声朗诵时不让喉头下压。只有处于深呼吸的状态，喉头位置才是自然正确的。

喉头后面有两片对称的韧带就是声带。声带在不发音时是分开的，呈三角形的空间，称为"声门"。当气息通过声门，产生震动，声带就闭合挡气，发出声音，这就是声源震动体。声源器官上方还有一截称为假声带，是起辅助作用的，负责阻挡气流。当真声带发声时带动假声带，只有真假声混合，声音才能松弛自如。真声靠声带整体的震动产生，假声带前部闭合，声带变薄，侧重头部共鸣，而产生高频。所以，朗诵者要借鉴声乐和戏曲界的经验。

中音区练习

吸气要吸得深沉　呼气要呼得均匀
两肋小腹维持住　喉头始终要平稳
调节发音用嘴唇　莫用喉头或舌根
协调唇齿舌腭喉　气顺前上方行进

声带的震动如同琴弦的震动，人体的共鸣腔如同乐器的共鸣箱。共鸣体与共鸣腔的不同致使声音的质量不同，因此，发声部位肌肉的松紧、口腔的开度大小与气息贯通的状况，直接影响着语音共鸣的发挥乃至音色的变化。

要领和步骤

优美的声音能给观众带来精神享受，嘶哑的嗓音使朗诵黯然失色。我们只有把嗓音变成集中、自然、圆润可塑的程度，才能完成朗诵创作。因为我们常会遇到不同的文学体裁。作品中有不同的人物感情与人物性格，如果只有自己

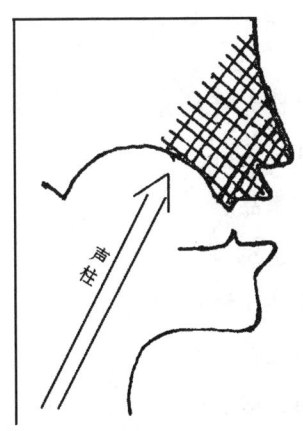

的本色声音，就很难塑造众多的语言形象，很难表现作品中丰富多彩的人物。

嗓音对朗诵如此重要，我们应该很好地去保护和训练它。

微笑开牙提嘴角　口腔共鸣自然好
舌根放松开通道　松弛如同下巴掉
气顶声柱通硬腭　声音穿透打面罩
声柱集中是一条　面罩感觉要找到

要结合气息的运用形成一条声柱。（而不是一片）直通硬腭中心线，打到面罩上来，使声音集中，并具有穿透力。面罩以眉心为基准点，形成一个三角区。这里的"声柱"和"面罩"其实都是一种感觉，我们只有找到了这种感觉，才能领会它的真谛。

解决声音暗闷问题

有人说话声音暗闷，字音靠后往肚里吞。
污里污涂吐字含混，影响交流效果受损。
第一要学会丹田气，气息充足才有底蕴。
第二脸颊不能耷拉，要提着嘴角笑吟吟。
第三注意声音位置，尽量把字音向前抻。
还要多练啊衣安恩，把它们变成双唇音。
拉开韵腹把字立起，平时要多练齐齿音。
发低音时不掉架儿，发高音时底蕴深沉。

解决声音尖细问题

声音尖细根源有四条，找到病因再对症下药。
一是声带短粗频率高，二是咽喉腔体直径小，
三是情绪紧张易失控，四是习惯性声位上挑。

步骤方法

(1) 让舌面平摊伸出嘴唇,再发啊衣奥欧诸元音;
    让咽喉腔体横竖撕抻,牵动声位使其向下沉。
(2) 向下靠后声位在咽腔,把中声区的效果品尝;
    声带超长地撕扯震荡,矫枉过正哑了也别慌。
(3) 中声区感觉找到以后,平时说话尽量往下够;
    要用自然平稳的气流,避免抢话争吵使劲吼。
(4) 想象自己是匪首魔王,模拟粗暴的声音形象;
    练习凶残的台词片段,尽量让嗓音浑厚粗犷。

诗朗诵《古剑自咏》

林家柏

我是一把青铜古剑,
已在地下沉睡了数千年;
而今重见阳光灿烂,
我却已浑身锈迹斑斑。
我曾刺穿敌人的胸甲,
敌人的鲜血沿着我的刃喷洒;
血肉之躯躺在我脚下,
滋润了脚下的绿草鲜花。
我的主人也战死在沙场,
使我铿锵地落在他身旁;
从此我的周围一片迷茫,
那岁月的尘沙将我埋葬。
我被摆进那博物馆展台,
承受参观者目光的错爱;
斑斑锈迹是历史的独白,

使我难忘那昔日的情怀。
我虽然饱经风霜刃已钝,
却还清楚记得那些敌军;
看见那些变了形的游魂,
竟然是走过我眼前的人!
这不禁使我潸然落泪,
为我的壮士心怀伤悲;
敌人游魂已面目全非,
我的壮士却还在沉睡!
我只好闭上盈泪的双眼,
为壮士的英灵祭奠;
魂不归兮魄已散,
剑兮剑兮为君断!!

解决"吃字粘连"问题

有人说话含糊不清,字音粘连特别严重。
中间的字一带而过,不是吃字就是变形。
说话时习惯耷拉脸,嘴角下垂上唇不动。
吐字咬字不太完整,被称为大舌头嘴松。
解决办法四步完成,口型舌位脸形气形。
一要做到心情平静,平稳交流不抢不争。
二要强调舌尖到位,该翘的翘该顶的顶。
三要微笑提着嘴角,开齐合撮动作分明。
四若遇到元音相连,首尾拼读注意要领,
前面的字读短读轻,后面的字读长读重。

发声器官五个部位的分工

常听人说自己五音不全,意思是唱歌跑调。其实很多人也并未深究五音到底指的是什么。要说音符吧,有"斗来咪发索拉西"七个音符呢;说频率吧,又有高8度低8度之分;却原来这五音是古代的五声音级,相当于现行简谱的 12356,古代叫宫、商、角、徵、羽。音韵学指口腔的五个发声部位——唇、齿、舌、腭、喉。

人的唇齿舌腭喉不仅是呼吸器官的通道与消化咀嚼器官,它们同时也是发声器官。若是其中哪一个部位出了毛病,与其他部位配合不好,就会出现"五音不全"的现象,这五个部位对于吐字、发声和用气起着综合调控的作用,它们分工负责又互相配合,是一个有机的整体。也可以说是人身乐器的关键部位。现在我们分别将这五个部位的发声原理和作用介绍一下。(凡涉及吐字原理,将在后面纠正语音章节中详述)

唇 部

唇部分工把大门　唇亡齿寒古人云
口形变化随心动　开齐合撮四呼分
双唇相碰拨泼摸　泼字离唇气流喷
若是上牙磨下唇　佛福方法唇齿音

四呼是指发声时口型的状态——开口呼、合口呼、齐齿呼、撮口呼。吐字是否清楚,关键在于唇部。音韵定型时,字腹的口型是否准确到位,全靠说话人对字音的认识与掌握:唇的张开与咬合,唇的噘起与收拢,每种动作和形态的变化都会带来语音的变化。如果有人嘴唇受过伤或天生三瓣嘴(上颌裂),肯定影响语音,俗话说"豁嘴吹灯,肥也甭佛肥"……

齿 部

牙齿阻挡气流用　豁牙陋齿难兜风
它与舌尖相配合　挡住气流挤牙缝

牙根底部是牙龈　舌尖中音与它碰
咬牙齐齿机妻希　开牙再发别的声

如果说唇是两扇门，牙就好比是门闩。牙在唇舌之间举足轻重：发舌尖前音和舌面音的时候，牙咬得比较紧；发舌尖中音，舌尖后音与舌根音的时候，牙距开得大一些；发 a、o、e 为开头韵母的开口呼时，牙距随着口形开得最大。没牙老人由于兜不住风，即会影响语音的准确性。

舌　部

舌头前后左右中　伸缩平翘全都行
兹呲私是平舌音　舌尖顶着门牙缝
支吃尸日翅舌音　舌尖翘起再发声
若是想发歌磕喝　舌根软腭来相碰

变化多端的舌头比十根手指还要灵活。它能前顶牙缝、中抵牙龈背，上顶硬腭，后与软腭相碰，有时舌边两侧抵住槽牙，有时舌根或舌尖卷起凹槽，有时平陷于牙槽之间，有时轻颤弹动，打出嘟噜音，可谓伸缩自由，随心所欲。但是如果舌头大、舌头短、舌头硬或没有进行舌头的训练，即会影响语音的准确，产生混淆。

腭　部

软腭收缩与伸展　如同调整琴弦片
往下封口发鼻音　往上抬起开喉咽
它与舌根相配合　哥磕喝音来发言
硬腭支撑共鸣腔　拢住气流可回旋

硬腭的后部是软腭，软腭的末端是小舌头。软腭之灵活不亚于舌头，其实说起来，从喉咙到嘴唇，软腭才是第一道关口，它往下与舌根挡住通往口腔的气流，才能发出鼻音，它往上堵住通往鼻腔的路口，就如同感冒患者堵着鼻子说话的状态。没有鼻腔共鸣的音色不好听。四声的变化也是靠腭部在起主导作用（小舌头上下前后的动作，改变了声音的抑扬起伏）。

喉 部

　　喉是语音发源口　　声门声带在喉头
　　声带震动通过喉　　变成语音往外流
　　在乎喉腔松和紧　　在乎腔壁薄与厚
　　在乎喉腔大或小　　在乎气息够不够

　　五音的头一个部位其实是喉部。因为声带、气管，"声之源，气之门"都在喉部。不仅声带的长短厚薄松紧粗细对声音有影响，而且咽喉壁的厚薄、喉腔的大小松紧对声音质量都会产生影响，由于喉部肌肉的收缩与放松起到管乐嘴子大小的控制作用，才使得气流有了变化。哭笑之声除腹部收缩以外，全靠喉头抖颤的作用。假嗓儿、化妆音主要靠喉部肌肉的控制来模拟，五音不全者问题也多是发生在喉部如：喉腔过于狭窄，喉部肌肉过紧，过松，或喉头长了息肉使声音抖颤、单薄、干闷、喉音过重或嘶哑劈裂或公鸭嗓儿或娘娘腔，还有喝勒音与气泡音等都是喉部的作用产生的，所以我们说：

　　人的唇齿舌腭喉　　统管五音细分流
　　相互配合有规律　　原理要领须吃透
　　认真领会细品味　　实践真知辨是否

　　前边我们画过发声器官剖面图，下面我们要根据口腔内各部位的分工进行发声练习。除去气息的正确运用之外，主要靠我们对各部位的调节与控制，掌握发声要领。

合口练习要领

　　口型由阿转到乌　　双唇自然来过渡
　　颊肌状态保持好　　软腭舌位维持住
　　千万不可松下来　　体会要领每一步

1 朗诵的气、声、字训练

咬力练习要领

上牙抬起往下咬　咧嘴龇牙不能笑
牙关只留一条缝　上下牙距如纸薄
舌面平陷不能高　舌尖轻抵不能跑
软腭上抬不能落　如同老虎把崽叼

为了训练口型和树立口腔内的状态，平时总爱耷拉嘴角说话的人尤其要注意，口腔内如同含着一个乒乓球才能避免声音发扁，口齿不清。这两个练习与前面的开口练习是一脉相承的。

气泡音练习方法

口型打开想说啊　声带控制把气压
气流挤出小泡泡　泡音变成小碎花
气泡均匀蹦出口　同一高度无变化
注意小腹横膈膜　始终保持不能塌

声带阻气与气流形成对抗，迫使声门口的小盖反复开合，使之形成气泡音。气息始终保持一个状态，气泡音才能均衡地蹦出来。若失去气流的支撑，气泡音就停止了；气息若太大，就会发出单音"啊"；气息过小，则打不开声门口的小盖盖。因此，气泡音练习即是训练腹肌横膈膜的控制能力与口腔打开的综合方法，同时，这种声带振动也为模拟老年人说话打下了声音造型的基础。

训练的目的是最大限度地放松软组织，充分发挥唇齿舌腭喉的张力，使我们找到打开的状态，养成打开的习惯，最终实现三腔共鸣的综合运用，完成真假声结合的混声造型。

闭口哼鸣练习方法

牙关松弛双唇抿　舌尖轻抵下牙龈
软腭如同打哈欠　咽喉撑开笑吟吟
丹田气息冲声门　三腔共鸣都通顺
斗咪索变 m n ng　麻酥酥地震双唇

这个练习以鼻腔、口腔为中枢，喉腔、胸腔、头腔为辅助，气息与共鸣相互支撑。分别哼在不同的位置：口腔—鼻腔—头腔，由低到高反复进行。应该强调的是，这种哼鸣绝不是单纯的鼻音，而是上中下三腔贯通的，尤其是口腔要形成一个空间，咽喉打开形成一个通道，笑吟吟的样子即是软腭提升的惊喜状态，丹田气冲上来要打到硬腭前部，感觉上牙龈震动，嘴唇发麻。

开口哼鸣练习方法

口腔咽喉齐开放　喉头形成管子状
软腭抬起喜洋洋　气流通畅到头腔
舌尖抵住下牙背　舌面压陷须平躺
气在硬腭上牙龈　眉心鼻腔都震荡

除口腔打开能含个鸡蛋的空间，其他条件与闭口哼鸣相同。口腔打开的概念是里面全打开，而不是前面张嘴，后面下塌。因此每次张嘴都要养成提上腭打哈欠的样子，提嘴角喜洋洋的状态。而不要耷拉嘴角木呆呆的样子，久而久之便会养成习惯。用安恩昂鞥四个字分别拼读，一字一字地大声发音、注意前后鼻音的舌位与共鸣点。

咽音练习方法

垂首端坐闭双眼　找到呼吸支撑点
舌尖轻抵下牙背　挺住脖梗背扩展
腹肌弹动冲声带　短促有力震喉咽
嘴中好似含口水　m音靠后别靠前

如同体操的跳跃运动，咽喉的震颤使之得到锻炼；像日本工头在呵斥劳工，又像强盗在恐吓弱者。又类似学摩托车启动的声音。是一种特殊的声音形态，借此拓展咽腔。

转音练习方法

气息由弱到最强　逐渐变化保顺畅
再由最强转最弱　自然过渡通三腔
喉头颤音 hu 转 hi　咽肌韧性得增强
再由 hi 音转 hu 音　真假混合莫慌张
三腔共鸣综合用　运用自如有力量

这是真声与假声结合的练习，戏曲界也讲究横嗓子，竖嗓子，只有真假声结合才是最美的声音。

高音练习方法

ye（业）　　　ya（压）　　　you（又）
hei（嘿）　　　ha（哈）　　　hou（厚）
kei（K）　　　ka（卡）　　　ko（扣）
(由 i，e，a，o 四个基本元音组成)

挺胸直立朝前看　下颌要微微收敛
腹肌腰肌控制住　后脖梗子是支点
喉头松弛要充满　腹肌将气往上弹
气柱冲击到硬腭　响亮圆润不松散
强调头腔集中点　如同射击准又远

有的人声音微弱，要用这几个亮音带动起来逐渐养成大声说话的习惯，注意气息向上弹向前送，声音不要靠后，这正是朗诵和话剧表演的基本功练习，训练声音的达远性。

单韵母发声练习方法

四个亮音是根基　找到感觉心中记
再练六个单韵母　阿窝鄂衣乌淤
不要一气读六音　每发一音送一气
其他要求与上同　共鸣位置别丢弃

【对话的空间感练习】（寻找目标）

（由屋子里→院子里→大礼堂→山上）

来啦，来啦——我来啦——我——来——啦

音强与音长还应根据对话的距离与空间的变化而变化。距离近空间小则弱而短，距离远空间大则强而长。

【学布谷鸟叫，乌鸦叫】

这虽是两个高低不同的音，但都要求提上腭，声位靠后靠上，不能落下来跑到前面去。

布谷，布谷，咕咕咕咕，哇——哇——哇——

嘟噜音方法

先发喝音在小舌　小舌吹动喝勒勒
带动大舌打嘟噜　气吹舌尖要灵活
啊衣欧乌挨着练　练完哀矣练熬鄂
安恩昂鞥还有儿　嘟噜与之相配合

舌尖中音打嘟噜，一方面是为了朗诵些外国单词，适应嘟噜音；例如俄语的р、意大利语的R、蒙语的日，其实在咱们中国，虽没有文字的嘟噜音，却有赶大车的吆喝声："得勒日—驾"！另一方面也是为了练习舌头的灵活性。练习时配合元音得拉、得力、得吕、得类、得搂、得赖、得勒、得捞、得路、得兰、得赁、得浪、得愣、得泪儿，这种拼合如同儿化音那样融为嘟噜音。口形打不开的人是做不了这个练习的，所以对解决高音共鸣与气息控制十分有利。另外，小舌吹动喝勒音是表现不屑时由腹部收缩由喉头发出的气音如：喝勒、嘿勒、哈勒，不出亮音。

颤音练习方法

啊衣鄂乌哀矣熬欧　颤颤巍巍音在咽喉
老弱病残激动颤抖　抖出的声音往下走

若是练习笑声颤抖　腹部收缩弹出气流

若是练习哭声颤抖　出气在前出声在后

声音的塑造如同盖座楼房要从底层往上，层层贯通，我们在做这个练习时要用喉头的颤抖声分别往上找往下找，往中间找，达到胸腔与头腔的贯通。

关于哭与笑的技巧在朗诵中的应用主要体现在读重音时一字抖双音。点到为止，万万不可哭得一塌糊涂，笑得忘乎所以，应有所节制。

思考题：

(1) 共鸣腔由哪几个部位组成？

(2) 你找到面罩的感觉了吗？

(3) 为什么会出现声音单薄、声音细小、声音干瘪的毛病？

三、朗诵的吐字

朗诵现存的问题，用八句话可以概括，那就是：

发音不正　吐字不清

声音单薄　腔调太浓

重音错乱　节奏不明

语法不懂　白字先生

发音不正属于口型舌位，四声四呼的问题。吐字不清属于口形开度小，吃字、粘连、游离的问题。声音单薄属于气息与共鸣基本功差的问题。腔调太浓属于舞台腔或模仿港台腔的问题。重音错乱属于粗心大意或理解力不够的问题。节奏不明属于理解力和表现力差的问题。语法不懂表现在断连和音变规律的掌握上。白字先生属于不求其解或粗心大意的问题。

吐字训练的目的是要在四声准确的基础上做到高音不挤、低音不散、刚柔结合、控制自如的程度。

有声语言（说话）的语调里包含着吐字发声的语音内容。除非你有意不让对方听清，含糊其辞地进行掩饰，或者饰演傻子、醉汉，否则你一定要清清楚楚地说话，绝不能因为吐字不清而使对方发生误会。朗诵的吐字更不能含糊。

音素和音节

语音的最小单位叫音素，由音素组成音节。音节是由母音或由母音与子音拼合而成的。所谓母音即元音，所谓子音即辅音，例如母亲的母，它的元音是 u，辅音是 m，拼起来念 mu。人在说话时，气流通过口腔没有受到阻碍而发出的声音为元音，例如（a、o、e、i、u、ü）气流通过口腔时受到一定阻碍才发出的声音为辅音。

一个汉字就是一个音节，每一个汉字都由声韵调组成，一个音节可能没有辅音，但是不能没有元音，例如"阿"字本身只有一个元音，前面加 b 就是巴，前面加 p 就是爬，前面加 m 就是妈，前面加 f 就是发，其他如此类推，可以拼 22 个辅音。

单元音练习方法

元音在语言里是亮音，因为气流通过口腔时没受到阻碍，发声器官的状态是均衡的，发出的声波带有音乐性，元音的音色由舌位的前后、高低和口型的变化来决定。例如，单元音 a（阿）o（喔）e（鄂）i（衣）u（屋）ü（迂）。

阿 a：口腔开大一指半　舌面平展再下陷
　　　嘴角微提露笑颜　软腭升起鼻腔关

　　chá 茶　hua 花　bà 爸　ma 妈　dà 大　fa 发　ga 旮　lá 旯

喔 o：口腔半开舌后缩　鼻腔关闭提上腭
　　　双唇稍圆不噘起　收缩腹肌发音 o

　　hǒ 火　go 锅　mó 摩　tó 托　pó 婆　so 娑　tó 陀　ló 螺

鄂 e：嘴角微提露笑容　口腔半开成扁形
　　　舌面后缩微抬起　软腭上升鼻不通

　　tè 特　sè 色　hé 合　zné 辄　gé 隔　hé 阁　kē 苛　kè 刻

衣 i：嘴角微微向上提　舌面隆起牙轻抵
　　　舌尖顶着下牙背　抬起软腭鼻关闭

　　jī 积　jí 极　lì 利　yì 益　qì 契　jī 机　qǐ 起　lì 立

屋 u：上下嘴唇向前撮　舌头后缩提软腭。

鼻腔通道全封闭　气出小孔流成河……

　　sù肃　mù穆　tǔ土　lù路　fú扶　zhù助　chū出　rù入

迂ü：双唇噘成扁圆孔　舌抵下牙舌面拱

　　舌尖抵着下牙背　软腭提升鼻不通

　　xù絮　yǔ语　lǜ律　jù句　qu区　yù域　qǔ曲　jù剧

练习元音：每人要备一面小镜子，以便检查自己的口形是否正确，掌握好单元音的发声方法，也为复元音打下基础。

复元音练习方法

复元音是由两三个单元音拼合而成，这两三个单元音是表示舌位移动的过程；口腔开的程度和唇的状态随着发声而迅速变动，这种过程和变动称为"动程"。发复元音时，口型、舌位的动程要迅速无误，气流别间断，收尾音应该定位，不可游离与散解，以保持口型、舌位、气息的稳定。否则你发出的声音便不准确了。

六个单元音可以拼出十三个复元音。它们是 ai（哀）ei（诶）ao（熬）ou（欧）ya（呀）ye（耶）yao（腰）you（优）wa（蛙）wei（威）wai（歪）wo（窝）yue（约）除了单元音和复元音以外，还有一种与鼻音 n 或 ng 组合起来的音，发声时，由元音状态向鼻音状态快速变动。最后落在鼻音上，这种带鼻音的元音有十五个，它们是 an（安）en（恩）ang（昂）eng（鞥）wan（弯）wen（温）wang（汪）weng（翁）yan（烟）yin（因）yang（央）ying（英）yuan（冤）yun（晕）yong（拥）最后一个元音很特殊，那就是儿音（r），别看汉字当中 r 的属字不多，r 却可以广泛地拼在别的字音后面，变成儿化音。关于儿化音的内容将在音变规律中重点讨论。

吐字的原理

　　话说喉腭舌齿唇　相互配合发语音

　　吐字讲究辙与韵　声母韵母来相拼

　　字头字腹到字尾　字的动程必须准

　　气息调整要适当　朗诵乐感声音纯

前面说过"五音不全"的人其实是说五个发声部位没能配合好。吐字发声、说话唱歌是受人思想支配的。由于五个发声部位的动作变幻而完成不同字音组成的语句，无论是中文还是外文，均由辅音（声母）与元音（韵母）拼合而成。辅音就是字头，元音即是字腹。字头占用时值短，字腹占用时值长，字腹是能产生共鸣的音。字尾要归韵收音。所谓咬字就是将字头咬清楚，所谓吐字就是将字腹吐准确，所谓字尾收音就是将辅音与元音拼合而成的字音发完整。只有找准归音的舌位与口型，字的头、腹、尾三者合成，字音才能纯正。否则将会产生游离、跑偏与错乱。例如："白"（bai）字，b是字头，咬字发音，a是字腹，吐字延音，i是字尾，归韵收音。如果字头变成p，字腹不变归音就变成"排"了，如果字腹a变成i，归音就会变成"杯"了；如果字尾变成n，那么归音时就成了"搬"啦。还有诸如：把葛优读成胳腰，把苹果唱成皮骨，使人莫名其妙、贻笑大方。港台有些方言的歌曲，吐字发声不清，听不清唱的是什么。一些人盲目地模仿港台歌星，连他们那很不规范的吐字发声一并接受了下来，不知什么叫对错。一首《月亮代表我的心》的歌词，现在不知被什么人给演变成醉鬼调了，"轻轻的一个吻" qing 偏去唱成 ching，这种带吃音的"称"字即是翘舌音与舌面音的混淆。还有"你去想一想"的"想"字又被唱成带尸音的赏字，这种槽牙咬住舌两边，嘴唇绷着噘向前的怪样子造成了平舌音与舌面音的混淆。

正如话剧和影视演员的台词，会对话剧与影视作品的质量产生影响一样，朗诵时吐字是否清晰，也会直接影响文学作品的艺术质量。那么朗诵语言如何依赖生活语言的呢？是在生活语言的基础上适度地延伸、放大、夸张、要求吐字清晰。

四呼与音韵定型

从韵母发音的规律来看，口腔开度与状态可分为四种，即：开口呼、齐齿呼、合口呼、撮口乎。

    汉语发音分四呼 开齐合撮有定谱
    口型关键在韵母 须看韵头或韵腹
    韵头口型起得准 韵腹中间来过渡
    若想吐字不走样 韵尾字音应咬住

1 朗诵的气、声、字训练

开口着力在咽喉　齐齿着力在牙部
合口着力口腔内　撮口着力唇拢住
字位有深也有浅　五个部位相辅助

汉字读音按照口型分四呼，a o e i u ü 七个单韵母，除去它们单独标定的字音，39个元音分各部归属，以 a o e 为韵母的是开口呼，以 i 为开头韵母的是齐齿呼，以 u 为开头韵母的是合口呼，以 ü 为开头韵母的是撮口呼。

开口呼，无韵头，韵腹口型开着口
an en ang eng a o e，面部表情乐悠悠
齐齿呼，牙咬齐，面带微笑嘴角提
an in iang ieng ie ia iu，韵腹前面都有 i
合口呼，口型收，好像吹着把气出
ua un uang ueng u ui uo，韵腹前面都有 u
撮口呼，口型撮，聚拢嘴唇把话说
ü üe üan üen üeng，如同小孩儿把奶喝

元 音 表

单元音	a 啊 o 喔 e 鹅	i 衣	u 乌	ü 迂
复元音	ai 哀 ei 欸 ao 熬 ou 欧	ia 呀 ie 耶 iao 腰 iou 忧	ua 蛙 uo 窝 uai 歪 uei 威	üe 约
带鼻音的元音	an 安 en 恩 ang 昂 eng 鞥 ong	ian 烟 in 因 iang 央 ing 英 iong 雍	uan 弯 uen 温 uang 汪 ueng 翁	üan 冤 üen 晕

四呼表

结构 类别	单韵母	复合韵母	鼻音韵母（带鼻音的元音）
开口呼	a o e	ai ei ao ou	an en ang eng 安恩昂鞥
齐齿呼	i	ia ie iao iu	ian in iang ieng 烟因央英
合口呼	u	ua uo uai ui	uan un uang ueng 弯温汪翁
撮口呼	ü	üe	üan un uong 冤晕拥

防止元音之间的粘连

在汉语词汇中往往有两个以上的音节都是由元音组成的，或者前一个音节的尾音与后一个音节的头音能互相拼成另外的字音，读不好就会发生粘连，产生耳误，例如：

玉渊（潭）医院、语言、鱼圆（汤）颐园、艺员、以远、意愿读快了会变成一个字音 üan（渊、元、远、怨），鱼鹰和育英就会读成 üeng（拥），无碍、屋矮就会读成 uai（外和崴），预约、愉悦、一月就会读成 ü（约和月），语音、余音、玉印会读成 ü（晕和运），如此等等，为了避免耳朵的误听（耳误），我们应当把后面的字读得重些，拉得长些，以避免粘连（读误）。

以下所列出的易于粘连的词供大家做练习用。

欺压	气压	契约	器乐	七月	起源	齐腰	七一	起义	起疑	棋友
汽油	西欧	稀有	西游	戏友	吸烟	喜宴	戏言	喜烟	西影	夕阳
吸氧	西药	细腰	喜悦	吸吮	西安	吸引	戏瘾	吸音	许愿	虚掩
序言	需要	屈原	曲苑	剧院	延安	义演	天安	特矮	太矮	齐腰
机要	辟谣	高傲	医药	骄傲	苦熬	孤傲	土屋	突兀	鼓舞	歌舞
谷物	初五	酷爱	皮炎	急眼	博爱	一夜	不爱	古文	古玩	皮袄
健翔桥	北新桥	天安门	东直门	德胜门	大栅栏

1 朗诵的气、声、字训练

北京人要克服嘴懒的毛病，一是要练习咬字，二是要练习提嘴角，强调口型变化和归音到位、吐字清晰。别把东直门说成"东尔门"，把大栅栏说成"大儿烂儿"。把北新桥说成"本桥"告诉你说成"告二你"。还有诸如"那什么""干什么"，等等。

既然所出现的各种语音问题都来源于吐字发声的不规范，就有必要逐一地将发声要领进行比较、分析，以便学习掌握正确的发声法。

前面讲到每个字均由辅音与元音相拼合而成。也就是由声母和韵母拼合而成。声母（辅音）是字头，韵母（元音）是字腹、归音时的舌位口型是字尾（元音本身单独成字的例外）。

辅 音

辅音拼字作排头　　调控唇齿舌腭喉
气息通过各部位　　形成阻碍挡气流
舌尖又分前中后　　啃弹喷吐磨擦揉
五个部位配合好　　分辨字音不发愁

辅音是普通话音节开头的音。它是通过发声器官五个部位（唇、齿、舌、腭、喉）对气流的阻碍，产生摩擦形成的声音，由于阻碍的部位不同，发出的声音也不同。发辅音时，有的送气较大，有的较小，送气较小的有（b、m、d、l、g、j、z、zn），送气较大的有（p、f、t、k、h、q、x、cn、sn、c、s、r）。按部位划分，唇音又分出个唇齿音，舌尖音又分出舌尖前、舌尖后和舌尖中音，我们分别进行练习。

双 唇 音

上下嘴唇轻轻地碰　　气流通过擦出声
b p m 后面拼韵母　　韵母错了可不行

例如说到 bo po mo 某些地区搞不清
习惯说成 be pe me 问题根源在口型
双唇音发音时紧闭双唇挡住气流，再张开嘴的时候就发出了您想发的音。

例如:

奔波(bēn bō)　　败笔(bài bǐ)　　辨别(biàn bié)　　背包(bèi bāo)
白布(bái bù)　　棒冰(bàng bīng)　宝宝(bǎo bǎo)　品牌(pǐn pái)
乒乓(pīng pāng)　爬坡(pá pō)　　批评(pī píng)　　泼皮(pō pí)
匹配(pǐ pèi)　　瓢盆(piáo pén)　拼盘(pīn pán)　　批判(pī pàn)

双唇音的 m 发音时气流是从鼻子里通过的。例如:

迷茫(mí máng)　美名(měi míng)　面膜(mián mó)　麻木(má mù)
美貌(měi mào)　埋没(mái mò)　　梦寐(mèng mèi)　妈咪(mā mī)
麦苗(mài miáo)　门面(mén miàn)　米面(mǐ miàn)　名模(míng mó)

注音字母从拨坡摸开始。东北和河北唐山、山东以及内蒙古东部地区却把韵母的 o 音错拼为 e 音,口型不对,拼出来的字音就不规范。口内空间该竖起来的时候不要怕难看。否则听起来很可笑。例如:婆婆、脖子、破伤风、磨合、土簸箕、你摸摸、泼水、拜佛。

唇齿音

上牙下唇轻咬住　发音同时喷气流
配合元音芬芳飞　佛否风范发肺腑
有的地区说不好　错把幸福读杏胡
喝佛黄房颠倒念　唇齿舌根搞糊涂

河南、安徽、福建、湖南、湖北部分地区有人把(喝水)读作(佛匪),把(反复)读作(缓护),把(湖南)读作(福兰),把(芬芳)读作(昏慌)。

唇齿音与舌根音、唇齿音与翘舌音都有混淆现象,是习惯性地方音。若想纠正地方音须要从口型、舌位、共鸣几个方面着手,还有四声读音。

我们称 f 音为唇齿音,是因为发这个音的时候,由下唇与上齿相接触,气流是通过唇齿之间的缝隙摩擦出来的。例如:

风范(fēng fàn)　肺腑(fèi fǔ)　丰富(fēng fù)　反腐(fǎn fǔ)

放飞 (fàng fēi)	方法 (fāng fǎ)	发福 (fā fú)	芬芳 (fēn fāng)
纷繁 (fēn fán)	发放 (fā fàng)	奋发 (fèn fā)	仿佛 (fǎng fú)
防范 (fáng fàn)	佛法 (fó fǎ)	发疯 (fā fēng)	反复 (fǎn fù)
非凡 (fēi fán)	福分 (fú fèn)	非分 (fēi fèn)	非法 (fēi fǎ)

舌尖中音——d t n l

得特呐勒舌中音　舌尖顶着上牙龈
弹吐挤揉气息匀　叮咚抬腿闹南林

这四个音都是用舌尖顶住上牙背，阻住气流再放开。d 音气流小，例如：

地带 (dì dài)	典当 (diǎn dàng)	点灯 (diǎn dēng)	荡涤 (dàng dí)
导弹 (dǎo dàn)	顶端 (dǐng duān)	定点 (dìng diǎn)	地道 (dì dào)
跌倒 (diē dǎo)	跌宕 (diē dàng)	炖豆 (dùn dòu)	道德 (dào dé)
抵挡 (dǐ dǎng)	叮咚 (dīng dōng)	大刀 (dà dāo)	颠倒 (diān dǎo)

t 音气流大，例如：

忐忑 (tǎn tè)	天台 (tiān tái)	吐痰 (tǔ tán)	拖沓 (tuō tà)
抬腿 (tái tuǐ)	吞吐 (tūn tǔ)	厅堂 (tīng táng)	淘汰 (táo tài)
推托 (tuī tuō)	逃脱 (táo tuō)	偷桃 (tōu táo)	疼痛 (téng tòng)

舌尖中音——n

嘴角微提露笑容　牙齿咬齐一条缝
舌尖顶着上牙龈　先发恩音在鼻孔
脱离接触转元音　完成呐音全动程
若将呐音发成勒　起音舌位有毛病

n 音气流从鼻孔送出，例如：

| 男女 (nán nǚ) | 恼怒 (nǎo nù) | 呢喃 (ní nán) | 牛奶 (niú nǎi) |
| 忸怩 (niǔ nì) | 能耐 (néng nài) | 泥泞 (ní nìng) | 袅娜 (niǎo nuó) |

得、特、呐、勒四个音虽同属于舌尖中音，但气流有大有小，舌尖又有上下位置的错动。呐音气流从鼻孔送出，所以要找到恩音的位置和感觉。因鼻元音 N 恩的归音点正是舌尖音呐的起音点。用相同舌位借用法是一种纠正语音的有效途径。我国南方四川、福建等地区常出现呐勒混淆现象，把刘姥姥说成牛脑脑，反过来又将"那年"读作"辣连"，"车内"读成"侧肋"，是方言习惯。

舌尖中音 l

嘴角微提露笑容　牙齿张开一指横
舌尖上翘抵牙背　先发日音把气送
舌尖拉下转元音　完成勒音全动程
若想勒音发得正　舌尖翘起再发声

呐音与勒音发声要领的不同点，首先是开牙一指横的宽度与咬牙一条缝的口型，然后是先发日音把气送和先发恩音在鼻孔的舌位；第三点，舌尖拉下转元音与脱离接触转元音的动作。发日音或儿音时舌尖的状态正是勒音的起点舌位。借用舌位的办法是行之有效的，所以叫"舌尖定位法"。

l 音的气流顺着舌头两边送出，例如：

来啦 (lái la)　　伶俐 (líng lì)　　拉练 (lā liàn)　　老娄 (lǎo lóu)
褴褛 (lán lǔ)　　琳琅 (lín láng)　琉璃 (liú li)　　老陆 (lǎo lù)
牢笼 (láo lóng)　磊落 (lěi luò)　　老刘 (lǎo liú)　老李 (lǎo lǐ)

舌尖前音——z c s（又称平舌音）

舌尖前音兹呲私　抵住牙缝咬得死
气流向外挤牙缝　苍桑岁载造字词

当 z c 发音的时候，用舌尖抵住上牙背，然后再快速放开，感觉是气流冲破了舌尖的阻碍而出，例如：

遭灾 (zāo zāi)　　祖宗 (zǔ zōng)　藏族 (zàng zú)　增产 (zēng chǎn)
栽赃 (zāi zāng)　自责 (zì zé)　　遭罪 (zāo zuì)　操作 (cāo zuò)

措辞 (cuò cí)　　璀璨 (cuǐ càn)　　怆促 (cāng cù)　　字词 (zì cí)
粗糙 (cū cāo)　　参差 (cēn cī)　　层次 (céng cì)　　遵从 (zūn cóng)

发 s 音的时候，舌尖顶着上下牙缝，舌面中间下陷形成一个小沟槽，气流就是通过这道小沟槽挤出牙缝的，例如：

诉讼 (sù sòng)　　三四 (sān sì)　　松散 (sōng sǎn)
四嫂 (sì sǎo)　　搜索 (sōu suǒ)　　酸涩 (suān sè)　　损伤 (sǔn shāng)
宿舍 (sù shè)　　私自 (sī zì)　　算术 (suàn shù)　　孙叔叔 (sūn shū shu)

舌尖后音——zh ch sh r（又称翘舌音）

支吃诗日在舌后　　舌尖翘起往上够
气从舌头两边流　　战争创伤孰忍受

发 zh ch 的时候，舌尖微翘顶住上腭前部，阻挡气流，然后靠喉部肌肉的挤压，在舌尖微动的同时通过气流，例如：

执着 (zhí zhuó)　　指摘 (zhǐ zhāi)　　辗转 (zhǎn zhuǎn)　　斟酌 (zhēn zhuó)
支柱 (zhī zhù)　　战争 (zhàn zhēng)　　执掌 (zhí zhǎng)　　卓著 (zhuó zhù)
专著 (zhuān zhù)　　咫尺 (zhǐ chǐ)　　穿插 (chuān chā)　　蟾蜍 (chán chú)
春潮 (chūn cháo)　　冲撞 (chōng zhuàng)　　橱窗 (chú chuāng)

发 sh r 音的时候，舌尖在上腭前部舌尖面形成一个小凹槽，靠喉部肌肉的挤压，使气流通过舌尖面的小凹槽，例如：

柿霜 (shì shuāng)　　沙石 (shā shí)　　闪烁 (shǎn shuò)　　商社 (shāng shè)
赏识 (shǎng shí)　　烧伤 (shāo shāng)　　设施 (shè shī)　　身手 (shēn shǒu)
审慎 (shěn shèn)　　施舍 (shī shě)　　事实 (shì shí)　　实施 (shí shī)
首饰 (shǒu shì)　　收售 (shōu shòu)　　书生 (shū shēng)　　税收 (shuì shōu)
生疏 (shēng shū)　　饶恕 (ráo shù)　　忍让 (rěn ràng)　　仍然 (réng rán)
容忍 (róng rěn)　　荣辱 (róng rǔ)　　柔弱 (róu ruò)

除翘舌音与舌面音的混淆（江西、福建等地），全国普遍的问题是平翘舌的混淆，涉及大部分地区。因为它们同属于舌尖音，只是有前后之分（翘舌音又称为舌尖后音）很多人发不好，关键是不肯开牙关，那种似是而非的哨音现象也是由于口型开度小，舌尖翘不起来的缘故。

舌面音——j q x

舌面轻轻向上抵　形成凹槽流气息
舌边槽牙轻轻挤　提着嘴角牙咬一
气从舌面流出去　收缩开放机妻希
辅音元音来搭配　拼读正确没问题

舌尖抵住下牙背，发机妻的时候，舌面贴住硬腭前部再放下，使气流通过；发希音时，舌的两边轻抵槽牙缝，气流是从舌面卷起的凹槽通过的。字头强调微笑提嘴角，牙咬成"一状"。如果不提嘴角，耷拉着脸，可能就会变成"居、屈、须"了。舌面音与舌根音的混淆，也是地方音习惯所致。纠正时，按发声要领去做，没有捷径。例如：

犄角 (jī jiǎo)	积极 (jī jí)	机警 (jī jǐng)	荆棘 (jīng jí)
集结 (jí jié)	计较 (jì jiào)	季节 (jì jié)	家居 (jiā jū)
嘉奖 (jiā jiǎng)	讲究 (jiǎng jiū)	接见 (jiē jiàn)	结交 (jié jiāo)
解决 (jiě jué)	晋见 (jìn jiàn)	究竟 (jiū jìng)	窘境 (jiǒng jìng)
焦距 (jiāo jù)	倔强 (jué jiàng)	交警 (jiāo jǐng)	警觉 (jǐng jué)
气枪 (qì qiāng)	砌墙 (qì qiáng)	轻巧 (qīng qiǎo)	轻骑 (qīng qí)
秋千 (qiū qiān)	气球 (qì qiú)	取钱 (qǔ qián)	娶妻 (qǔ qī)
牵强 (qiān qiáng)	恰巧 (qià qiǎo)	蹊跷 (qī qiāo)	鹊桥 (què qiáo)
确切 (què qiè)	亲切 (qīn qiè)	求情 (qiú qíng)	铅球 (qiān qiú)
强求 (qiáng qiú)	情趣 (qíng qù)	齐全 (qí quán)	奇缺 (qí quē)

发 x 音时舌的两边轻抵两边槽牙缝，气流从舌面卷起的小凹槽通过（字头口型微笑露牙成"一"状），例如：

34

小心 (xiǎo xīn)	嬉戏 (xī xì)	喜笑 (xǐ xiào)	遐想 (xiá xiǎng)
现行 (xiàn xíng)	相信 (xiāng xìn)	想象 (xiǎng xiàng)	欣喜 (xīn xǐ)
行凶 (xíng xiōng)	消息 (xiāo xī)	学校 (xué xiào)	新星 (xīn xīng)
渲泄 (xuān xiè)	修行 (xiū xíng)	现象 (xiàn xiàng)	休闲 (xiū xián)

舌根音——g k h

舌根往上碰软腭　阻挡气流在小舌
脱离接触转元音　辅音就是哥嗑喝

除去喝佛音（h f）混淆，还有舌面音机哥（j g）混淆的现象。

舌面音与舌根音的混淆主要表现在广东、广西和山东沿海地区，在东北也有表现，如：上街—上该、回去—回客、解开—改开。发哥磕音 g k 的时候，软腭与舌根收缩相碰，使气流受到阻力，瞬间又开放。发 h 音时舌根与软腭不相碰，气流是从它们之间形成的气孔通过的。山东淄博与威海的舌根音咬得紧，喉头舌根有挤压感，福建、广东、广西的舌根音咬得松，比较开放。

发 g k 时软腭与舌根收缩相碰，使气流受到阻力瞬间又放开。例如：

高干 (gāo gàn)	尴尬 (gān gà)	敢干 (gǎn gàn)	梗概 (gěng gài)
公关 (gōng guān)	钢管 (gāng guǎn)	孤寡 (gū guǎ)	开阔 (kāi kuò)
杠杆 (gàng gǎn)	高贵 (gāo guì)	各国 (gè guó)	拐棍 (guǎi gùn)
公共 (gōng gòng)	公关 (gōng guān)	骨骼 (gǔ gé)	国光 (guó guāng)
瓜葛 (guā gé)	挂钩 (guà gōu)	古怪 (gǔ guài)	灌溉 (guàn gài)
开垦 (kāi kěn)	苛刻 (kē kè)	可靠 (kě kào)	空旷 (kōng kuàng)
克扣 (kē kòu)	亏空 (kuī kōng)	可口 (kě kǒu)	宽阔 (kuān kuò)

发 h 音时舌根与软腭不相碰，气流从它们之间通过时主要受到来自软腭的阻力（软腭往下收缩，与舌根形成一个气孔）。

例如：

海货 (hǎi huò)	含混 (hán hùn)	好汉 (hǎo hàn)	恍惚 (huǎng hū)
黑红 (hēi hóng)	呼唤 (hū huàn)	花环 (huā huán)	欢呼 (huān hū)

辉煌 (huī huáng)　合伙 (hé huǒ)　祸害 (huò hài)　挥霍 (huī huò)
和好 (hé hǎo)　好坏 (hǎo huài)　回还 (huí huán)　红火 (hóng huǒ)
哼哈 (hēng hā)　含糊 (hán hu)　胡混 (hú hùn)　呵护 (hē hù)

思考题：

(1) 四声与四呼的区别是什么？

(2) 发声器官五个部位的作用。

(3) 试述吐字原理。

2

朗诵的音变规律

朗诵是建立在说话基础上的放大与延伸。人在说话的时候，并非单个地往外蹦字。语言是由一连串的字词排列成一定的句子，字与字之间挨在一块儿读，就难免互相影响，产生音变的现象。其结果不是变声就是变调，甚至韵可能也会变化，归纳起来，音变情况有六种。即：轻声、变调、"啊"的音变、"哟"的音变、"这"与"那"的音变和儿化音。

一、轻声的变化

由于字、词之间互相影响，有些字就读成了轻而短的调子，多发生在词尾的字上，轻声有区别词性的作用，可增强语言的节奏感，使词语之间产生清楚的界线。在汉语语法里，对轻声也有规定。归纳如下：

1. 语气词："吧、吗、呢、啊、哇、啦、呀、哪"；说吧，行吗？你呢？好啊，走哇！快啦，谁呀？那儿哪？

2. 助词"的、地、得"。例如：我们的、快乐地、干得好。

3. 名词词尾"们、子、头"。例如：弟兄们、孩子、石头、你们、我们、儿子、孙子、老头子、老婆子、枕头、里头、外头。

4. 动词后面的"了、着、过"。例如：死了、完了、等着、来过。

5. 动词重叠的第二个音节。例如：说说、笑笑、蹦蹦、跳跳、逗逗、想想、瞧瞧、试试。

6. 动词后面表示趋向的词。例如：走出去、跑过来、掉下来。

7. 名词后面表示方位的"上、下、里"。例如：天上、地下、嘴里。

8. 动词后面的"我、你、他"。例如：我打你、你骂我、我揍他、敢碰我、抽你、放了他。

9. 称谓的第二个音节读轻声。例如：爸爸、妈妈、姥姥、舅舅、叔叔、大爷、姑姑、爷爷、奶奶、哥哥、弟弟、姐姐、妹妹、老婆、丈夫、爱人。

10. 汉语中还有很多双音节的第二个音节读轻音。例如：机灵、黏糊、糊涂、芋头、石榴、痛快、别扭。

11. "一"在重叠中间变轻声。例如：擦一擦、看一看、乐一乐、想一想、踩一踩、试一试、摸一摸。

朗诵中的轻声若掌握不好就会出笑话。

二、声调的变化

在读句子的时候，后一个字对前一个字产生音调的影响。致使前面的字不读它原来的声调就叫变调。最常见的变调现象是上声，去声，一字和不字以及重叠形容词的变化。上声与上声相连，前面的音节变成阳平声。

例如：

老马 (lǎo mǎ)　死狗 (sǐ gǒu)　保险 (bǎo xiǎn)　小柳 (xiǎo liǔ)（原调）
　(láo mǎ)　　　(sí gǒu)　　　(báo xiǎn)　　　(xiáo liǔ)（变调）

导火索 (dǎo huǒ suǒ)　往里走 (wǎng lǐ zǒu)（原调）
　(dáo huǒ suǒ)　　　(wáng lǐ zǒu)（变调）

三个以上的上声相连的词也可以截一个字变一个阳平声。例如：

小老虎 (xiǎo lǎo hǔ)　母老虎 (mǔ lǎo hǔ)　纸老虎 (zhǐ lǎo hǔ)（原调）
　(xiáo láo hǔ)　　　(mú láo hǔ)　　　(zhí láo hǔ)（变调）

2 朗诵的音变规律

导演想选好景点（dǎo yǎn xiǎng xuǎn hǎo jǐng diǎn）（原调）
（dáo yǎn xiáng xuǎn hǎo jíng diǎn）（变调）

遇有重叠动词则前一个字读阳平，后一个字读轻声。例如：

你醒醒（nǐ xǐng xing）　我想想（wǒ xiǎng xiǎng）（原调）
　　　（nǐ xíng xing）　　　（wǒ xiáng xiang）（变调）
马奶奶手里打铁板儿（mǎ nǎi nǎi shǒu lǐ dǎ tiě bǎnr）（原调）
　　　　　　　　（má nǎi nai shóu lǐ dǎ tiě bǎnr）（变调）
李姥姥嘴里数鼓点儿（lǐ lǎo lǎo zuǐ lǐ shǔ gǔ diǎnr）（原调）
　　　　　　　　（lí lǎo lao zuí lǐ shǔ gú diǎnr）（变调）
郝姐姐总想耍笔杆儿（hǎo jiě jiě zǒng xiǎng shuǎ bǐ gǎnr）（原调）
　　　　　　　　（háo jiě jie zóng xiǎng shuǎ bí gǎnr）（变调）

以上例句原来所有的字都是上声。

【"一"在去声前变成阳平声】

例如：

一去不返 yī qù bù fǎn（原调）

一去不返 yí qù bù fǎn（变调）

一辆汽车 yī liàng qì chē（原调）

一辆汽车 yí liàng qì chē（变调）

【"一"在阴平、阳平、上声前变成去声】

例如：

一厢情愿 yī xiāng qíng yuàn（原调）

一厢情愿 yì xiāng qíng yuàn（变调）

一仆二主 yī pú èr zhǔ（原调）

一仆二主 yì pú èr zhǔ（变调）

一锤定音 yī chuí dìng yīn（原调）

一锤定音 yì chuí dìng yīn（变调）

【"一"的音变对比】

("一"的本声)

合二为一　一比一比一　一分为二　二分之一　心口合一
一硝二黄三木炭　第一套方案　一慢二看三通过
一二三、三二一　七六五四三二一　一二三四五六七

("一"变二声)

一箭双雕　一去不返　一线希望　一味迁就　一炮打响　一见如故
一醉方休　一派大好　一脉相承　一上一下　一意孤行　一步升天
一概而论　一臂之力　一路平安　一视同仁　一蹴而就　一定之规

("一"变四声)

一反常态　一本正经　一板一眼　一奶同胞　一伙歹徒　一劈两瓣
一语双关　一败涂地　一忍再忍　一口咬定　一左一右　一马当先
一鼓作气　一言为定　一点一滴　一举两得　一老一小　一忍再忍

【七、八字在去声前变阳平声】(也可不变)

"七"可以读成"旗"，"八"可以读成"拔"。例如：

七个巧咔　七岁口咔　七窍流血　七月流火　七个八个　七上八下
八项注意　八面玲珑　八面来风　老八路咔　七弄八弄　七月八月

【"不"字在去声前变阳平声】

不会 bù huì　不爱 bù ài（原调）
不会 bú huì　不爱 bú ài（变调）

【"不"字在词语中间变轻声】

上不来　说不好　了不起　弄不懂　行不通　美不够　下不去
怪不怪　冷不冷　香不香　臭不臭　好不好　赖不赖　行不行

2 朗诵的音变规律

【"一七八不"变调口诀】

  一七八不是本调 变调规律要找到
  去声前头变阳平 单用词尾不变调
  一不若在词中间 应读轻声不可高
  若是一后非去声 该读去声别乱跑

单音节形容词重叠部分，不论什么声调，均可变为阴平声，也可不变，双音节形容词重叠部分的前一个音变轻声，后一个音及其重叠部分变成阴平声。例如：

软软的 ruǎn ruǎn de（原调）软软的 ruǎn ruān de（变调）

小小的 xiǎo xiǎo de（原调）小小的 xiǎo xiāo de（变调）

漂漂亮亮的 piào piào liàng liàng de（原调）

漂漂亮亮的 piào piào liāng liāng de（变调）

结结实实的 jiē jiē shí shí de（原调）

结结实实的 jie jie shī shī de（变调）

三、"啊"的音变

"啊"字可做感叹词，也可以做助词。

做感叹词时，分别有阴平、阳平、上声、去声的四声变化，所以字典中把它当作四个字来对待。

  字典将啊分四声 四个音阶可多用
  叹息疑问和肯定 斥责催促及叮咛
  思索模拟与形容 还有唱歌或朗诵

【"啊"有十种用法】

① 赞叹，咏叹：啊——多美呀！啊——真香啊！啊——太好啦！

② 疑问，反问：啊？你说什么？啊？那怎么办呢？

③ 肯定，叙述：啊，对，是这样。啊，我说件事。

④ 斥责，惊诧：啊？！怎么会这样呢？啊？！太不像话了。
⑤ 催促，招呼：啊——你倒是快点啊！啊——你过来！
⑥ 叮咛，嘱托：啊……你们可一定要注意安全啊……
⑦ 思索，掩饰：啊——让我想想，啊，嗯……这个这个啊！
⑧ 模拟，形容："啊——啊——"乌鸦忘乎所以地唱起来。
⑨ 练声，唱歌：狐狸媚声媚气地说，来，跟我唱，啊13531
⑩ 朗诵，抒情：啊——我们伟大的祖国呀！

【啊字在句子末尾时有以下变化】

1. 前面的音素是 a o e i ü 时读 "ya"（呀）例如：

他们老哥仨 (sā) 呀

像个大木瓜 (guā) 呀

拉来一大车 (chē) 呀

你可别嫌多 (duō) 呀

今天去赶集 (jí) 呀

苹果大鸭梨 (lí) 呀

真是及时雨 (yǔ) 呀

使劲往上举 (jǔ) 呀

2. 前面的音是 u ao iao 时读 "wa"（哇）例如：

别往这儿倒土 (tǔ) 啊 (wa)

谁是王老五 (wǔ) 哇

你可别贱招 (zhāo) 哇

从里往外掏 (tāo) 哇

我说你别恼 (nǎo) 哇

咱们哥俩好 (hǎo) 哇

3. 前面的音是 an en un 时读 na（哪、呐、呢）例如：

办事要认真 (zhēn) 哪　　可不近呢

黄土变成金 (jīn) 哪　　真叫沉呢

山水连着天 (tiān) 哪　别跑偏呐

宽阔大无边 (biān) 哪　真挺鲜呐

枪要托得稳 (wěn) 哪　不用问呐

射击瞄得准 (zhǔn) 哪　学中文呐

4. 前面的音是 ang, eng 的时候读 nga 软腭往上碰。例如：

小李和大张 (zhāng) 啊 (nga)

哥俩抬大筐 (kuāng) 啊 (nga)

大刘和老王 (wáng) 啊 (nga)

还得使劲扛 (káng) 啊 (nga)

窗外好风景 (jǐng) 啊 (nga)

谁在拍电影 (yǐng) 啊 (nga)

5. 前面的音是 zhi chi shi ri er 的时候读 ra 例如：

谁在背唐诗 (shī) 啊 (ra)

八九不离十啊 (shí)

你看值不值 (zhí) 啊 (ra)

有病及时治啊 (zhì)

你倒快点吃 (chī) 啊 (ra)

事不宜迟啊 (chí)

今天双休日 (rì) 啊 (ra)

早起看红日 (rì) 啊 (ra)

老二 (èr) 啊 (ra) 我的儿啊 (ra)

你吃不吃木耳 (ěr) 啊 (ra)

6. 前面的音是 z、c、s 的时候读 −ia。例如：

你倒是快点写字 (zì) 啊 (−ia)

别往身上滋 (zī) 啊

每人写几个单词 (cí) 啊 (−ia)

一天来几次 (cì) 啊

你别用手撕 (sī) 啊 (−ia)

你可别找死(sǐ)啊

四、关于"哟"的音变

(1) 哟字作为句尾感叹词,它的变化与啊的音变规律相近。例如郭小川的诗《祝酒歌》,骆耕野的诗《不满》中都有许多哟字出现。基本上是沿着啊的音变规律往下套。例如:

(1) 前面的音素是 a o e i u 的时候,哟字不变。相当于呀。

好马哟不用鞭摧

三伏天下雨哟雷对雷

伟大战略转移哟

深挚的爱哟

祖国哟,快乐哟

(2) 前面的音素是 u ao yao 的时候读 waou,相当于哇。

好鼓哟不用重捶

军号哟响彻营盘

摇哟摇哟

(3) 前面的音素是 an en un ün 的时候读 naou(孬),相当于哪。

有所前进哟

勇往直前哟

不用问哟白云哟

(4) 前面的音素是 ang eng 的时候读 嗷 aou,相当于啊。

今儿晚上哟

阵阵地躁动哟

紧追着富强哟

(5) 前面的音素是 zhi chi shi ri er 的时候读 rou,相当于 ya。

同志哟,展翅哟

充实哟,红日哟

小二哟，我的儿哟

(6) 前面的音素是 zi ci si 的时候读－iau，相当于－ia。

美丽的身姿哟

战士的枪刺哟

面对着生死哟

五、"这"与"那"的音变

"这"与"那"在生活中常读作 znèi、nèi 这其实是"这一、那一"的缩音，如同"甭"字是"不用"的合成或儿化音这儿、那儿一个道理。这种读法应用在以下几种情况：

【说数字名称时变音】

那俩人儿	这件事儿	那一家子	这一辈儿
那一堆儿	这一块儿	那一伙儿	这一串儿
那仨梨	这俩枣儿	那副对联儿	这篇稿儿
那辆车	这条路	那袋儿味精	这瓶儿醋
那根儿葱	这头蒜	那张桌子	这碗儿饭
那匹马	这只羊	那包儿茶叶	这块儿糖

【赞美时变音】

| 那小孩儿 | 这朵花儿 | 那甜橙 | 这香瓜儿 | 那小猫儿 | 这小狗儿 |
| 那松鼠 | 这小手儿 | 那老头儿 | 这老婆儿 | 那小脚丫 | 这小伙儿 |

【贬损时变音】

这小子	这孙子	这丫头	这孬种	那流氓	那娘们儿
这无赖	那德性	这蠢货	这坏蛋	这家伙	那泼猴儿
那恶棍	这群恶魔	那个畜牲	那玩意儿	那混球儿

【"这"与"那"在说郑重严肃的话时不变音】

这里是中华人民共和国的首都北京。那还是去年夏天的事。

这可不是一件小事，那可得说清楚。

这跟我没关系，这真是的，这可怎么办呢？这是怎么说的！

那谁知道哇！那只好那么办了。那行，那好，那一定。

这天，这水，这船。那山，那河，那人。

"这么"与"那么"要读"镇么"与"嫩么"这种口语化的发音是如何形成的呢？"么"的第一个字母 m 带有鼻音成分 n（恩）。于是，"这"与"恩"拼成了 zhèn（镇），"那"与"恩"拼成了 nèn（嫩）。例如：

这么说那件事儿还是不能办么？

那么你说到底应该怎么办呢？

这件事应该这么这么这么办才好；那件事应该那么那么那么办才行。不然的话可就……

【变音综合练习】

一二三，三二一　七个八个差不离

八项注意八路军　七个巧来七个梨

七只麻雀七粒米　八只鸡蛋八个鸡

老董老柳和老李　小伍小米和小许

母老虎哇小老虎儿　一大一小真稀奇

鸡呀、鸭呀、猫哇、狗哇、兔啊还有鱼

牛哇羊啊猪哇马呀七高八低没问题

不三不四、不大不小、不肥不瘦不整齐

不闻不问、不懂不会、一慢二看三通过

葱啊蒜哪、米呀面哪、油哇盐哪往起举

五灵脂啊是鸟屎啊、二百二啊、吃冰棍儿啊

冲啊、杀呀、蹦啊、跳哇、追呀、跑哇、摔呀、打呀没关系

多音字练习

①春天种地播种，到了秋天自然是种了什么种子就结什么果实。可总不会种金子结金子吧？听说有个农民叫种金富他那个姓啊不念 zhòng（重）也不念

zhǒng（种）而是念 chóng（虫）。

②有的人总是变着法儿的找事儿，应该管管他，不能老说没办法，没法子。执法者犯了法也得依法办事，法律面前人人平等么，绝不能像变戏法儿似的。

③血气方刚的人不怕流血牺牲，血流成河，战士的鲜血没有白流。那殷红的血、青春的血和乌黑的血、混浊的血混合在一起汇成血的河流。血染的风采残阳如血呀……

④人应该经常洗脸，不然的话，阻塞了毛孔就容易犯毛囊炎，起小疙瘩。就好比是塞子堵住了下水道，犯臭味儿一样，需要及时清理。

六、儿化音

儿化音是汉语语音当中不可或缺的重要元素。"儿"可以广泛地与其他字音相拼，将不同字音变成相同尾音。儿化音可以用来表示小和少，还可以表示喜爱或轻蔑。儿化音具有改变词义，软化词性的功能。

儿化音在诗歌创作和诗歌朗诵中虽早已被广泛应用，但理论上始终没有得到足够的重视。纵观唐、宋、元、明、清历代旧诗韵、旧词韵、旧曲韵，《切韵》206辙，《广韵》107辙，《中原音韵》19辙，汉语语言韵律是由繁到简，越归越简炼本是好事，但是《北京音系十三辙》将"儿、日"划归到"一、七"辙里，没有儿化音的位置，显然是不合理的，也有拿它做"小人辰儿，小言前儿"来对待不被重视。其实儿化音在戏曲和曲艺唱词里应用的更广泛，非但不是小辙，而是宽韵大辙。现将儿化音划归在《十五辙的韵律级表》里排行第十，取名为"二儿"辙。

也有人误以为儿化音是北京话，其实儿化音并不只是北京人的语言专利。四川人把小孩子称作"娃儿"，把最小的女孩称作"幺妹儿"，我们在《抓壮丁》里听到不少带四川调的儿化音，如"姜富贵儿""潘驼背儿""雨子娃儿"，还有川剧《凌汤圆儿》里边的种种儿化音；杭州把小孩子叫"小伢儿、男伢儿、女伢儿"，刺猬叫"刺雪儿"，绳子叫"索儿"，筷子叫"筷儿"，乌鸦叫"乌老哇儿"，麻雀叫"麻巧儿"，玩耍叫"耍子儿"，调羹叫"飘羹儿"，傍晚叫"晚快边儿"，零食叫"消闲果儿"，找碴叫"寻事儿"，谈恋爱约会叫"靠位儿"，一点点叫"一滴滴儿",一会儿叫"一息息儿",瘸子叫"撬棍儿",瞎子叫"笨眼儿",傻子叫"露儿",等等;山西大同人把您字读作您儿,把愁字读作愁儿;唐山人把干什么叫"揍儿啥",难缠叫"嘎咕儿";天津人把逗乐说成"真哏儿"把鸭梨叫作"鸭梨儿";东北人的儿化音诸如"广告儿、感情儿、火腿儿、老乡儿",统统加上了儿化音,如同倪萍在春晚上用山东胶东方言表演的"天气预报儿""今儿刮儿,明儿刮儿,后儿还刮儿,一连刮儿三天,尽刮东北风儿",显得滑稽可笑。还有诸如:超市儿、交警儿、楼房儿等用得不对的地方。

其实北京人在对儿化音的运用上还是比较讲究的,像说到"东直门、宣武门、德胜门"这些城门的时候;说"东大桥、卢沟桥、钟楼、鼓楼"的时候,从来没有加儿化音的。还有"骡马市、橄榄市、肉市、米市、谋个差事、公事公办"等郑重其事的都很规范,电视连续剧《大宅门》里扮演二奶奶的演员有一句台词说得不准确,"都丢了差事儿了"是不对的。只有小事、私事、喜事、好事、坏事可以用儿化音,唯独正经的"差事"万万不可儿化。

儿化音的应用

汉语拼音诸音节　有个儿音很特别
广泛用于儿化音　统一尾音也贴切
表示小来表示少　表示喜爱或轻蔑
改变词性硬变软　变化词义真叫绝

儿化音可以广泛地拼在其他字音后面

汉语拼音字母里的儿音虽只有10个属字(儿、而、耳、尔、迩、洱、饵、二、贰),但它可与绝大部分字母拼成儿化音,在区别词义改变词性方面起到十分微妙的作用。除表示小、少和喜爱,还能表示不屑,这是从前所未被注意的。

我们不妨把儿与其他十四辙相拼。例如:

(1)与"发花"辙的字相拼(ar)
鲜花儿　豆芽儿　密码儿　闲话儿　杂耍儿　支架儿　一打儿
香瓜儿　苦麻儿　白塔儿　小褂儿　脚丫儿　吃哑儿　腊八儿

2 朗诵的音变规律

(2) 与"怀来"辙的字相拼（air 读成 ar）

球拍儿　小孩儿　刘海儿　鞋带儿　名牌儿　口袋儿　宽窄儿
冒开儿　井台儿　好歹儿　锅盖儿　葱白儿　瓶塞儿　乖乖儿

(3) 与"言前"辙的字相拼（anr 读成 ar）

上班儿　拼盘儿　搓板儿　零件儿　杏干儿　老蔫儿　瓷砖儿
空翻儿　好玩儿　打眼儿　大腕儿　歌篇儿　窗帘儿　铜钱儿

(4) 与"婆娑"辙的字相拼（or、er）

手戳儿　老婆儿　冒火儿　粉末儿　细脖儿　使托儿　打嗝儿
唱歌儿　小河儿　皱褶儿　逗乐儿　自摸儿　小锅儿　烟盒儿

(5) 与"乜斜"辙的字相拼（yer 读成 ar 或 er）

锅贴儿　半截儿　空姐儿　树叶儿　主角儿　细篾儿　歇歇儿
小街儿　过节儿　书帖儿　足月儿　小雪儿　小碟儿　小鞋儿

(6) 与"人辰"辙的字相拼（enr 读成 er）

草根儿　饭盆儿　书本儿　纳闷儿　树墩儿　作文儿　逗哏儿
皮筋儿　没门儿　没准儿　木棍儿　上身儿　脑奔儿　笔芯儿

(7) 与"日蚀"辙的字相拼（rer 读成 er）

豆汁儿　吃食儿　锯齿儿　找事儿　写字儿　没词儿　挨呲儿
树枝儿　亲侄儿　枪子儿　铁丝儿　小四儿　装死儿　扎刺儿

(8) 与"一七"辙的字相拼（ir、yar）

小鸡儿　小旗儿　小米儿　招弟儿　老姨儿　凉席儿　介毗儿
马驹儿　金橘儿　小曲儿　没趣儿　粉皮儿　茶几儿　沉底儿

(9) 与"灰堆"辙的字相拼（eir 读成 er）

烟灰儿　来回儿　汽水儿　约会儿　麦穗儿　配对儿　受罪儿
摸黑儿　小锤儿　壶嘴儿　幺妹儿　玉坠儿　花蕊儿　香味儿

(10) 与"姑苏"辙的字相拼（ur 读成 er）

小屋儿　酒壶儿　松鼠儿　舞步儿　享福儿　光秃儿　起醭儿
老姑儿　小吴儿　壁虎儿　立柱儿　炒股儿　摆谱儿　鼓肚儿

(11) 与"油求"辙的字相拼（our 读成 or）

小偷儿　孙猴儿　小狗儿　肥瘦儿　工头儿　掏兜儿　小丑儿
老抠儿　弹球儿　烟斗儿　纽扣儿　地漏儿　小豆儿　竹篓儿

(12) 与"遥条"辙的字相拼（aor）

跳高儿　黄毛儿　书稿儿　灯泡儿　分毫儿　辣椒儿　开窍儿
钱包儿　吃桃儿　叫好儿　跑调儿　插销儿　灯罩儿　吹哨儿

(13) 与"江阳"辙的字相拼（angr）

小张儿　香肠儿　钉掌儿　小样儿　秘方儿　小筐儿　蛋黄儿
瓜秧儿　偏旁儿　翅膀儿　卖唱儿　小嗓儿　挠痒儿　闻香儿

(14) 与"中东"辙的字相拼（engr）

金星儿　分成儿　布景儿　银锭儿　房顶儿　田埂儿　柿饼儿
小葱儿　麻绳儿　电影儿　钢镚儿　花瓶儿　青杏儿　凉棚儿

儿化音将不同字音变成相同尾音

通过以上儿与其他 14 个韵辙拼出来的结果，使许多原来不同的字音变成了相同的尾音。所谓儿化，即是把儿与它前面的字化成一个字音来读，这样，原本十四韵辙的儿化音就变成六个韵辙了。它们是 ar\er\aor\or\angr\engr。

例如：

1. 原来的"发花"辙，"怀来"辙，"言前"辙，"乜斜"辙，"婆娑"辙的儿化音变成一个新辙（ar）

(ar)	(air)	(anr)	(ier)
鲜花儿	球拍儿	上班儿	锅贴儿（ar 的一声）
豆芽儿	小孩儿	拼盘儿	（ar 的二声）
密码儿	好歹儿	搓板儿	（ar 的三声）

闲话儿　　锅盖儿　　零件儿　　　　（ar 的四声）

2. 原来的"婆娑"辙，"乜斜"辙，"人辰"辙，"日蚀"辙，"一七"辙，"灰堆"辙的儿化音变成了一个新辙 er

（ir）　　　（ur）　　　（eir）　　（nr）　　　（rr）

小鸡儿　　马驹儿　　烟灰儿　　树根儿　　豆汁儿　　（er 的一声）

小旗儿　　金橘儿　　来回儿　　没门儿　　吃食儿　　（er 的二声）

（er）　　　（ur）　　　（ier）　　（nr）　　　（rr）

皱褶儿　　唱曲儿　　空姐儿　　书本儿　　锯齿儿　　（er 的三声）

（er）　　　（or）　　　（ier）　　（nr）　　　（rr）

逗乐儿　　粉末儿　　树叶儿　　纳闷儿　　没事儿　　（er 的四声）

3. 原来的"姑苏"辙儿化音的一声二声与"由求"辙儿化音的一声二声也变成相近似的 or 音。这种现象若非儿化音是绝对不可能的。

小姑儿　小屋儿　小叔儿　小偷儿　老抠儿　小妞儿（or 的一声）

酒壶儿　小吴儿　手炉儿　孙猴儿　弹球儿　抹油儿（or 的二声）

儿化音可以改变词义

【动词变成名词】

① 拍（动词）：拍手　拍肩膀　拍皮球　拍蚊子　拍照片
　 拍儿（名词）：乒乓球拍儿　网球拍儿　苍蝇拍儿

② 说（动词）：说话　说书　说戏　说媒　说事
　 说儿（名词）：写小说儿　看小说儿　听小说儿

③ 抢（动词）：抢劫　抢座位　抢救　抢险　抢镜头　抢头条新闻
　 抢儿（名词）：当老抢儿啦（专指抢劫犯）

④ 摊（动词）：摊派　摊牌　摊鸡蛋　摊上了
　 摊儿（名词）：书摊儿　菜摊儿　水果摊儿　卦摊儿

⑤ 圈（动词）：圈地　圈牲口（名词）花圈　瓦圈
　 圈儿（名词）：项圈儿　圆圈儿　火圈儿　笋圈儿　面包圈儿

⑥ 刺（动词）：刺杀　刺激　冲刺（名词）刺刀　刺猬

刺儿（名词）：竹刺儿　枣刺儿　槐树刺儿（形容词）　刺儿头

⑦ 捻（动词）：捻佛珠　捻票子　捻臭虫
   捻儿（名词）：纸捻儿　棉花捻儿　灯油捻儿

⑧ 坠（动词）：坠落　往下坠　打坠坡
   坠儿（名词）：耳坠儿　玉坠儿　玛瑙坠儿　钥匙坠儿

⑨ 挠（动词）：挠痒痒　挠头皮　抓挠抓挠
   挠儿（名词）：痒痒挠儿

⑩ 蹲（动词）：蹲点儿　蹲坑儿　蹲监狱　蹲门槛儿
   蹲儿（名词）：屁股蹲儿　石头蹲儿　芥末蹲儿　门蹲儿

【动词变形容词】

① 颠（动词）：颠跑　颠覆　颠倒　颠簸　上下颠动
   颠儿（形容词）：乐颠儿颠儿的　他颠儿啦
   美得屁颠儿屁颠儿的

② 走（动词）：走路　走后门　走过场　走动走动
   走儿（形容词）您瞧他那两步走儿　多难看哪！

③ 唱（动词）唱歌　唱戏　唱票　唱曲儿
   唱儿（形容词）卖唱儿的　小唱儿

④ 揍（动词）揍人　揍揍　找揍
   揍儿（形容词）这小子真不够揍儿

⑤ 凑（动词）凑钱　凑合　凑热闹　凑份子　凑近点儿
   凑儿（形容词）乱七八糟杂八凑儿

⑥ 蹿（动词）蹿高　蹿房　蹿过来蹿过去
   蹿儿（形容词）他一下子就蹿儿啦（发火了）

⑦ 玩（动词）玩耍（名词）玩具
   玩儿（形容词）好玩儿　玩儿了完了　玩儿人的主儿

⑧ 跑（动词）跑步　跑买卖　跑前跑后
   跑儿（形容词）准没跑儿　一溜小跑儿

⑨ 喝（动词）喝水 喝酒 喝奶 喝药 喝西北风
　　喝儿（形容词）听喝儿的　好吃好喝儿啊！
⑩ 看（动词）看书 看报 看戏 看望 看守
　　看儿（形容词）等着瞧他的好看儿呢！
⑪ 抠（动词）抠手　抠脚　抠鼻子　抠眼睛
　　抠儿（形容词）认死抠儿　别提他有多抠儿啦（抠门儿）

【儿化音可以软化词性】

① 皇姑坟　公主坟　索家坟　英家坟　八王坟（硬词性）
　　皇姑坟儿　公主坟儿　索家坟儿　英家坟儿　八王坟儿（软词性）
② 火神庙　灵官庙　五圣庵　黄寺　（硬词性）
　　火神庙儿　灵官庙儿　五圣庵儿　黄寺儿（软词性）

像坟地、寺庙一类，具有神鬼意义的地名，词性很硬，加上了儿化音，住在那的人便不觉得阴森恐怖了，在北京像这样的地名还有很多，反而觉得很柔和自然了。

【儿化音表示小和少】

别针儿　牙签儿　酒盅儿　手绢儿　烟盒儿　项链儿　滚珠儿
球拍儿　口罩儿　鞋垫儿　手套儿　帽檐儿　药水儿　瓶塞儿
瓷砖儿　冰棍儿　笔帽儿　弹球儿　竹竿儿　油渣儿　磁盘儿
小摊儿　小碗儿　小瓶儿　小罐儿　小碟儿　小勺儿　小铲儿
小豆子儿　小不点儿　一抠抠儿　不丁点儿　一小撮儿
眯一觉儿　打个盹儿　一小块儿　一小条儿　一小绺儿

【儿化音表示喜爱】

小胖子儿　小姑娘儿　小小子儿　小女孩儿　小耗子儿　小汽车儿
小细腰儿　小鸭子儿　小狮子儿　小老虎儿　小松鼠儿　真有趣儿
真逗哏儿　美滋滋儿的　亮晶晶儿的　粉扑扑儿的　酸溜溜儿的
小猫儿　小狗儿　小鱼儿　小鸟儿　小马儿　小猴儿　小牛儿
小羊儿　小猪儿　小丑儿　小驴儿　小鹿儿　小手儿　脚丫儿

脸蛋儿　好玩儿　逗乐儿　碰巧儿　开窍儿　老头儿　老婆儿
老伴儿　遛弯儿　酒窝儿　蛐蛐儿　蝈蝈儿　蝴蝶儿　小鞋儿

此外，在对于人的姓氏称呼加儿化音，叫小什么的时候，除表示年龄小、个子小之外，这里也包含有喜爱的成分在其中。

例如：小赵儿、小李儿、小王儿、小周儿、小吴儿、小丁儿、小乔儿

【儿化音表示不屑与轻蔑】

例如：

小细脖儿　大脑壳儿　小罗锅儿　小日本儿　漂亮姐儿
穿小鞋儿　小混混儿　气不忿儿　带豁嘴儿　净偷懒儿
献殷勤儿　耍官僚儿　管闲事儿　打官腔儿　小屁孩儿
腆着肚儿　直犯横儿　翘着腿儿　大麻坑儿　直打挺儿
疤痢眼儿　捡狗剩儿　流坏水儿　老皮猴儿　出怪腔儿
迷魂药儿　耍心眼儿　真没溜儿　嘎巴豆儿　捡破烂儿
杂八凑儿　柴火妞儿　耗子胆儿　跳大神儿　抽白面儿
戴高帽儿　耍手腕儿　三不管儿　一身膘儿　打水漂儿

儿化音的这个作用以前未被人们注意，这种轻蔑、戏谑的词汇选择和语气变化是丰富多彩的，生动有趣的。当然也有中性词。像风儿、眼儿、神儿、面儿、帽儿、刺儿、腔儿、嘴儿、缝儿、胆儿、管儿、逗儿，那要看用在什么地方了。

【儿化音强化双音节形容词】

例如：

甜甜儿的　酸酸儿的　凉凉儿的　软软儿的　好好儿的
快快儿的　悄悄儿的　慢慢儿的　胖胖儿的　瘦瘦儿的
漂漂亮亮儿　乐乐呵呵儿　软软乎乎儿　慢慢悠悠儿
热热闹闹儿　暖暖和和儿　白白净净儿　痛痛快快儿
凉凉快快儿　绿樱樱儿的　粉扑扑儿的　亮晶晶儿的

2 朗诵的音变规律

【儿化音与子字音的冲突】

在很多情况下，你若不用儿化音，而选择"子"作尾音，所得出来的结果完全相反，语义对立。例如：

老头子—老头儿　老婆子—老婆儿　菜帮子—菜帮儿
介毗子—介毗儿　胖墩子—胖墩儿　外孙子—外孙儿
鞋底子—鞋底儿　小四子—小四儿　吹笛子—吹笛儿
老妹子—幺妹儿　唱曲子—唱曲儿　小旗子—小旗儿
猪蹄子—猪蹄儿　手印子—手印儿　被里子—被里儿
脚印子—脚印儿　壶嘴子—壶嘴儿　野兔子—野兔儿
羊肚子—羊肚儿　木匣子—木匣儿　眼镜子—眼镜儿
萝卜缨子—萝卜缨儿　　西瓜瓢子—西瓜瓢儿

【儿化音用在前后有区别】

例如：

人头儿（按人数来统计）

人儿头（钱币和邮票上的头像）

爷们儿（男人长辈对晚辈的招呼）

爷儿们（男人长辈与晚辈的关系）

娘们儿（对妇女的贬称）

娘儿们（妇女对晚辈的自称）

哥们儿（平辈男人之间的昵称）

哥儿们（男人之间的平辈关系）

姐们儿（平辈女人之间的昵称）

姐儿们（女人之间的平辈关系）

花心儿（花的蕊）

花儿心（对异性有非分之想）

花布儿（好看的布头儿）

花儿布（印有花纹图样的布）

花瓶儿（插花使用的瓶）

花儿瓶（有花纹，好看的瓶）

枣刺儿（不是枣核或枣叶）

枣儿刺（不是槐刺或梅花刺）

角门儿（房子把角的门）

角儿门（多角形的门）

【用在词汇中间的儿化音】

例如：

今儿个　明儿个　昨儿个　前儿个　后儿个　哥儿俩　爷儿俩
姐儿俩　娘儿俩　哥儿们　姐儿们　爷儿们　娘儿们　板儿爷
兔儿爷　鬼儿爷　倒儿爷　片儿警　片儿汤　事儿妈　珠儿茶
把儿糖　花儿匠　花儿心　刺儿头　人儿头　担儿挑　腿儿着
叭儿狗　埝儿上　口儿上　根儿上　线儿上　摊儿上　圈儿梁
班儿上　坎儿上　盘儿里　碗儿里　碟儿里　罐儿里　倍儿棒
鸟儿人　心儿里美　百儿八十　千儿八百　万儿八千　吊儿郎当
可惜了儿的　劲儿劲儿的　事儿事儿的　窝儿里横

不能儿化的儿音

当我们学会说儿化音以后，反而要注意别乱用儿化音。除前面讲的大物件（城门、大楼、大桥之类）郑重其事的（诗篇、差事、出头之日、知名品牌、与会者名单、举足轻重的棋子）不能读儿化音以外，在描绘性很强的歌词、唱词、诗歌、儿歌的"儿"字大都做一个单独的音阶来处理，不可读成儿化音。再有就是朗诵愁苦哀怨的文学作品时不要用儿化音。例如：

云儿飘，心儿跳，鱼儿在水中游，船儿在河里跑；草儿青青，羊儿蹦跳，牛儿哞哞叫，马儿啊你慢些走，家中的事儿你操劳，蜜蜂儿飞来飞去，孩儿们手牵着手儿嬉笑，大红枣儿甜又甜，红梅花儿开在夜晚小河边，知心的话儿说不完；小小球儿，猫儿，狗儿，驴儿都有多欢喜……

某些姓氏也不适合加儿化音的，那是因为相同尾音会造成误解。

2 朗诵的音变规律

例如：

小舒　小沈　小寅　小苟　小姬　小金　小于　小皮　小宛　小魏　小米

儿化音区别词意 100 例

早点儿（提前些）	早点（早餐）	白面儿（一种毒品）	白面（小麦粉）
晚点儿（错后些）	晚点（交通迟到）	粉面儿（指淀粉）	粉面（油头粉面）
甜点儿（口感甜）	甜点（甜点心）	开面儿（给面子）	开面（绞脸毛）
咸点儿（口感咸）	咸点（咸点心）	净面儿（净刨木器）	净面（纯白面）
轻点儿（不能重）	轻点（轻轻点击）	有面儿（懂礼数）	有面（有白面）
重点儿（不能轻）	重点（重要之处）	要面儿（要面子）	要面（要吃面）
亮点儿（别太暗）	亮点（闪光点）	前门儿（前边的门）	前门（指正阳门）
暗点儿（别太亮）	暗点（提醒暗示）	后门儿（后边的门）	后门（指地安门）
要点儿（要一些）	要点（简要之处）	红门儿（红色的门）	红门（指红帮）
焦点儿（脆一些）	焦点（关注之点）	没门儿（别奢望了）	没门（没安装门）
卖点儿（出售些）	卖点（商品优势）	点火儿（发动汽车）	点火（把火点着）
加点儿（添一些）	加点（加班延时）	灭火儿（汽车熄火）	灭火（把火扑灭）
收点儿（收敛些）	收点（股票买进价）	明火儿（火柴之类）	明火（公开抢劫）
打点儿（打节拍）	打点（安排好）	上火儿（生气了）	上火（生病了）
几点儿（掷色子呢）	几点（问时间呢）	棋子儿（扔的棋子）	弃子（扔的孩子）
乱点儿（不整齐）	乱点（胡乱指点）	变脸儿（变脸谱）	变脸（怒形于色）
红脸儿（演忠臣）	红脸（气急了）	点炮儿（打牌失误）	点炮（点燃炸药）
白脸儿（演奸臣）	白脸（大白脸）	老炮儿（老油条）	老炮（老式火炮）
开眼儿（凿孔）	开眼（长见识）	放花儿（摆放花草）	放花（燃放焰火）
打眼儿（钻孔）	打眼（引人注目）	笑话儿（逗乐的话）	笑话（看不起）
俩眼儿（两个孔）	俩眼（两只眼睛）	上道儿（入门儿了）	上道（上路了）
四眼儿（戴眼镜的）	四眼（指四眼井）	说道儿（有说辞）	说道（谁谁谁说）
对眼儿（视线聚中）	对眼（有眼缘）	猫眼儿（一种宝石）	猫眼（猫的眼）
办事儿（操办婚事）	办事（办正经事）	老妈儿（女佣人）	老妈（老母亲）

管事儿(管用好使)	管事(大管家)	一打儿(纸/票子)	一打(12双)
一道儿(划一道儿)	一道(同行一路)	一点儿(不很多)	一点(午夜一点)
一死儿(没完没了)	一死(只有一死)	一堆儿(一小堆)	一堆(堆在一起)
鞋里儿(鞋的里子)	鞋里(鞋壳塄)	高调儿(说得好听)	高调(升迁长级)
要活儿(要事情干)	要活(不要死)	对过儿(对面)	对过(核对过)
线包儿(针线包儿)	线包(变压器)	挑刺儿(故意找茬)	挑刺(挑拣鱼刺)
刺儿头(捣蛋鬼)	刺头(刺向头部)	结果儿(结果实)	结果(结局后果)
扎针儿(使坏告密)	扎针(针灸治疗)	火儿啦(生气了)	火啦(发达了)
红火儿(红火苗儿)	红火(热闹兴旺)	火星儿(火花儿)	火星(星球之一)
金星儿(钢笔品牌)	金星(星球之一)	土星儿(尘土污渍)	土星(星球之一)
过节儿(不愉快)	过节(度过节日)	流水儿(脓疮溃烂)	流水(记流水账)
粉皮儿(一种凉粉)	粉皮(粉色表皮)	坏水儿(坏主意)	坏水(有毒的水)
包皮儿(包书皮儿)	包皮(阴茎外皮)	香水儿(化妆品)	香水(不是臭水)
贴边儿(贴着边沿)	贴边(衣服加边)	小人儿(玩偶)	小人(克星灾星)
点头儿(打招呼)	点头(首肯赞同)	摇头儿(晃脑袋)	摇头(不同意)
大头儿(多的部分)	大头(大脑袋花冤钱)	小头儿(少的部分)	小头(小脑袋)
争分儿(争讲分数)	争分(抢着瓜分)	可可儿(正可好)	可可(咖啡)
三分儿(将及格)	三分(格局三分天下)	锅底儿(涮肉底料)	锅底(锅的底部)
五分儿(满分/刻度)	五分(钱/五五分成)	铜牌儿(铜质小牌)	铜牌(季军奖)
十分儿(计算成绩)	十分(很足的)	银牌儿(银质小牌)	银牌(亚军奖)
撕票儿(绑匪杀人质)	撕票(检票方式)	金牌儿(金质小牌)	金牌(冠军奖)
小偷儿(小贼人)	小偷(小偷小摸)	老婆儿(老太太)	老婆(妻子)
占地儿(占个位置)	占地(征用土地)	伏天儿(一种鸣蝉)	伏天(数伏的天)
老虎油儿(清凉油)	老虎油(虎的脂肪)	倒插门儿(夫随妻姓)	倒插门(将门反锁)
顶尖儿(车工卡具)	顶尖(顶部最尖)	来点儿菜(不要饭)	来点菜(选菜谱)
情儿(情人简称)	情(亲情友情爱情)	分成份儿(扒几堆儿)	分成分(讲出身)
混儿(扑克大小王)	混(胡乱混日子)		

儿化音结语

儿化音是汉语词汇的重要组成　儿化音在语气中有着特殊作用
儿化音表示小和少能立竿见影　儿化音表示爱与憎使语意分明
儿化音能够区别词义软化词性　儿化音还有语言音乐性的功能
但是儿化音也不可以胡用乱用　应该全面掌握儿化音的规律性

思考题：

(1)"啊"的音变有几种？

(2)"哟"的音变与"啊"怎么对位？

(3)你还认为儿化音是可有可无的吗？

(4)"这"与"那"的音变你会了吗？

3

纠 正 语 音

我们许多人讲不好普通话的根本原因是字音混淆问题：

有舌尖前与舌尖后又称平翘舌：支兹音(zhi zi)、吃呲音(chi ci)、诗丝音(shi si)；

舌尖上下：呐勒音(n l)、衣日音(y r)、喝佛音(h f)、

前鼻音与后鼻音：恩鞥音(n ng)、俄儿音(e r)、

舌面音与舌根音：窝俄音(o e)、机哥音(j g)、妻磕音(q k)、希喝音(x h)以及日勒音(r l)，等等。

讲好普通话须从四个方面来入手：即吐字发声，声调，语法规范，识别方言俚语。以东北话为例，从吐字发声方面分析，存在平翘舌问题和衣日音问题，窝俄音问题，淤熬音混淆问题，声调下滑掉值问题以及乱用儿化音，等等。

　　阻力—主力　猪肉—租又　早餐—找搀（平翘舌位混淆）

　　伯伯—be be　婆婆—pe pe

　　馍馍—me me（窝俄音口型混淆）　拜佛—拜 fé

　　农村—能村　暖和—脑乎　摆弄—摆能（窝俄音口型混淆）

　　流脓—流能　卵虫—懒虫　虐待—聂待

　　糊弄—糊能　乱七八糟—烂七八糟（口型混淆）

　　跃进—要进　省略—省料（淤熬音口型混淆）

3 纠正语音

从声调方面来看，也存在着与普通话的差异：

出国—粗果　结婚—解婚　卫生—尾声　将来—蒋来　而且—尔切
知道—直道　感觉—赶脚　改革—改葛　还有—害友　叔叔—熟熟

还有语尾音往下滑落带拐弯上提，也是东北方言的特点。（尾音掉值）
从语法规范上来看，存在着词汇选择与方言俚语的问题。

肮脏—埋汰　肯定—指定　高兴—乐呵　觉悟—脚悟　怎么—咋地
那里—那嘎　难看—磕碜　自觉—搅闷　算了—拉倒　显摆—的瑟
怎么办—咋整　怎么了—咋啦　来得及—赶趟儿　干什么—嘎哈
赶快—麻溜儿的

为了便于纠正语音上的毛病，将发声要领编成口诀，供大家去体会和参考，需要特别说明的是，练习材料只是词汇韵脚的罗列，或许内容很荒诞，未做严谨推敲考究，仅作为技巧练习使用。

各地方言要纠正　声调五度分四声
如何说好普通话　四呼调形有规定
找准口型与舌位　共鸣位置起作用
声母韵母配合好　音节完整全动程

纠正语音不仅牵扯到字头咬不准的问题，还涉及字腹与字尾咬音与归音的问题，字腹或字尾咬不准也同样会造成字音混乱。例如 ao ou 熬欧之间，n ng 恩鞥 eng 之间、ai ei 唉矣之间，yi ye 衣耶之间，i r 衣日之间、e er 俄儿之间，o e 窝俄之间，只要口型与舌位稍微大点小点，前点后点，高点低点，都会造成字音的游离、飘移、混淆、错乱。例如：

【ai ei 唉矣之间】

卖力—魅力　掩埋—眼眉　拜望—备忘　西柏坡—西北坡
买卖—美妹　摆平—北平　瓣开—背开　瓣直—卑职
裨子—被子　麦子—妹子　外甥—卫生　大伯子—大杯子

【ao ou 熬欧之间】

较劲—就近　消息—休息　跳高—跳沟　很吵—很丑
老廖—老六　效力—秀丽　谬论—妙论　大楼—大牢
焦急—纠集　猴头—号啕　洋镐—养狗　抄写—抽血

【i ei 衣诶之间】

钢笔—钢北　经理—更累　挤你—给磊　一起—亚剋 kei
吃梨—气雷　行李—亨雷　我是黎明—俄海雷命

以上词汇多表现在粤语。

【i ie 衣耶之间】

主意—竹叶　喜信—写信　吉日—节日　积极—孑孓
过激—过街　记住—借住　席子—鞋子　站起—暂且
旗子—茄子　主义—主页　喜字—写字　戏妆—卸妆

【i r 衣日之间】

肉眼—右眼　热乎—夜壶　柔韧—油印　人员—银圆
惹祸—野货　叫嚷—教养　忍气—饮泣　飘柔—飘游
生日—生意　日夜—肄业　日出—溢出　柔软—游远
日子—义子　认可—饮渴

【n ng 恩鞥之间与 an ang 安昂之间】

金银—经营　深沉—生成　旁观—膀胱　伸展—生长
专线—装像　民心—明星　亲近—清静　频繁—平房
赏光—闪光　商机—山鸡　放牛—贩牛　上梁—善良

【o er 俄儿之间】

儿子—蛾子　因尔—因恶　二百二—恶百恶　小吃—小车

3 纠正语音

洱海—鹅海　耳朵—恶多　一会儿—疑惑　木耳—木恶
小郭儿—小锅　表侄儿—表折　吃食儿—吃蛇　香尺—相扯

【o e 窝俄之间】

伯伯—be be　客气—阔气　开课—开阔　过河—过活
婆婆—pe pe　喝水—豁水　仙鹤—鲜货　大哥—大锅
馍馍—me me　恭贺—供货　先河—鲜活　哥哥—蝈蝈

【四声混淆】

苍鹰—苍蝇　掩映—眼影　瞎想—下乡—退想—暇香
影业—营业　俨然—嫣然　舞蹈—误导—舞刀—五道
应有—影友　牙龈—牙印　集会—机会—忌讳—几回
一样—异样　谣言—耀眼　眉毛—美貌—没毛—没帽
引诱—因由　油盐—油烟　取气—取齐—娶妻—去齐
主义—主意　压抑—牙医　艺术—医术—遗书—一竖
猪草—猪槽　大喜—大戏　忧郁—由于—有余—鱿鱼
谈吐—贪图　庄稼—装甲　芬芳—分房—粉房—纷放
汽车—骑车　支援—志愿　私人—死人—四人—斯人
天空—填空　仿佛—防腐　吸烟—喜烟—喜宴—戏言
组织—阻止　小姚—小咬　秃子—兔子—吐字—涂字
虱子—柿子　锯子—橘子　老邬—老吴—老伍—劳务
伯伯—伻伻　香蕉—橡胶　大姑—打鼓—打固—搭咕
战争—站正　秋千—求签　使节—世界—师姐—十节
显形—现行　叼鱼—钓鱼　发了—乏啦—发腊—发辣
狸猫—礼貌　经济—竞技　尖子—剪子—腱子—剪字
花香—滑翔　椅子—胰子　做事—作诗—拙实—噘柿子

呐音与勒音 n l 的分辨

呐勒音 n l 混淆的问题在我国川贵、两湖、两广福建地区表现得比较明显。

常把湖南读作"福兰"把思念读作"失恋",常把妞妞读作"溜溜",又把姥姥读作"恼恼"。那么二者的区别在什么地方呢?这里分别编了这两个音的发声口诀,并且找到了发好这两个音的小窍门儿,即借用相近的舌位,比如:发呐音的时候,舌尖要顶住上牙背而发恩音的时候舌尖也是顶着上牙背起音,我们不妨借用恩音的舌位来转到呐音上来,找到感觉以后再缩短它们的动程。(呐音的起音是n)

发呐音 n 的要领

注意微笑开双唇　舌尖抵住上牙龈
先发恩音在鼻孔　呐音字头是个恩
然后配合诸元音　脱离接触来回拼

【呐 n 音借舌位练习】

恩恼恩怒恩恼怒　恩奶恩牛恩奶牛
恩妮恩娜恩妮娜　恩农恩奴恩农奴
恩男恩女恩男女　恩忸恩怩恩忸怩
恩您恩娘恩您娘　恩拿恩馕恩拿馕
恩牛恩奶恩牛奶　恩能恩耐恩能耐
恩牛恩年恩牛年　恩牛恩拧恩牛拧
恩难恩能恩难能　恩南恩宁恩南宁
恩袅恩娜恩袅娜　恩难恩弄恩难弄

【呐 n 音绕口练习】

nèi	nián	nán	nǚ	nú	nào	nóng
内	年	男	女	奴	闹	农
ní	nà	nüè	niǔ	nǎi	nuò	néng
尼	那	虐	扭	奶	诺	能
nín	niáng	nòu	náng	nèn	niǎo	nuó
您	娘	耨	馕	嫩	袅	娜
ng	nè	niē	něi	nuǎn	nòng	níng
嗯	呐	乜	馁	暖	弄	宁

3 纠正语音

找到了呐 n 音的感觉再找勒 l 音的感觉，而勒音也要借用相近的舌位来解决，那就是日 r 音。勒音与日音 lr 字头起音的舌位状态都是先把舌尖上翘，然后再转元音，对于某些用软腭往上碰发勒音的人，如同广西人读牛字，像囔鼻儿的人读刘字那样，还要引导他们用俄语的 p 意大利语的 R（舌尖打嘟噜）辅助纠正。

发勒 l 音的要领

一是微笑开牙关　　好像咬着铅笔杆
千万不能嘟着脸　　舌尖上翘没空间
二是舌尖抵牙背　　舌背添到至高点
借助日音或儿音　　抵着牙背向下舔
配合元音口形变　　找到感觉成习惯

【勒 l 音借舌位练习】

日轮日流日轮流　　日浏日涟日流涟
二林二郎二琳琅　　二老二栾二老栾
儿领儿略儿领略　　儿留儿恋儿留恋
日磊日落日磊落　　日历日练日历练
二流二浪二流浪　　二老二练二老练
儿劳儿累儿劳累　　儿浏儿揽儿浏览
日理日论日理论　　日楼日栏日楼栏
耳玲耳聋耳玲珑　　尔拉尔链尔拉链
儿嘹儿亮儿嘹亮　　二罗儿兰二罗兰
日烂日梨日烂梨　　日凌日乱日凌乱
尔凛尔列尔凛冽　　尔老尔脸尔老脸
日牢日笼日牢笼　　日懒日龙日懒龙
日音儿音起舌位　　再把动程来缩短

【勒 l 音绕口练习】

lǜ	liǔ	lín	láng	liàn	luó	lán
绿	柳	琳	琅	恋	罗	兰
lā	lái	liǎ	lǘ	liáo	liàng	luán
拉	来	俩	驴	嘹	亮	銮
lǐng	lüè	láo	lóng	léi	lù	lěng
领	略	牢	笼	雷	路	冷
lè	liè	lǐ	lùn	lèi	liú	lián
勒	裂	理	论	泪	流	连

【讷勒 nl 辨音练习】

男子 (nán zǐ)————兰子 (lán zi)

脑子 (nǎo zi)————老子 (lǎo zi)

恼怒 (nǎo nù)————老路 (lǎo lù)

男女 (nán nǚ)————褴褛 (lán lǚ)

妞妞 (niū niū)————溜溜 (liū liū)

老吕 (lǎo lǚ)————老女 (lǎo nǚ)

旅客 (lǚ kè)————女客 (nǚ kè)

难住 (nán zhù)————拦住 (lán zhù)

说理 (shuō lǐ)————说你 (shuō nǐ)

老刘 (lǎo liú)————老牛 (lǎo niú)

水牛 (shuǐ niú)————水流 (shuǐ liú)

烂泥 (làn ní)————烂梨 (làn lí)

大娘 (dà niáng)————大梁 (dà liáng)

三年 (sān nián)————山连 (shān lián)

牛年 (niú nián)————流连 (liú lián)

新郎 (xīn láng)————新馕 (xīn náng)

浓重 (nóng zhòng)————隆重 (lóng zhòng)

呢子 (ní zi)————梨子 (lí zi)

水牛 (shuǐ niú)————水流 (shuǐ liú)

那一年 (nèi nián)——泪涟 (lèi lián)

农奴 (nóng nú)——隆炉 (lóng lú)

【呐勒 n l 音绕口练习】

奶牛和牛奶

刘奶奶拉着老奶牛挤牛奶，
李姥姥拎着牛奶拉老奶牛，
不知刘奶奶拉着奶牛挤的牛奶多，
还是李姥姥拎着牛奶拉的奶牛多，
刘奶奶说：有牛奶拉奶牛，
没有牛奶不必拎着牛奶拉老奶牛，
李姥姥说：是奶牛挤牛奶，
不是奶牛不必拉着老奶牛挤牛奶。

驴 吃 梨

李莉丽拿着俩梨，梨子落地沾了泥，
老倪老黎拉俩驴，驴的后面拉着犁，
莉丽拿梨去喂驴，驴子拉犁又吃梨，
哩哩啦啦不用力，老倪老黎干着急。

男女和褴褛

男旅客拎着蓝领男雨衣，
女旅客拿着绿领女雨衣，

男旅客说女旅客的绿领女雨衣衣衫褴褛。
女旅客说男旅客的蓝领男雨衣衣衫褴褛。
说理不说你,说你不说理,花花绿绿很美丽。
男男女女蓝蓝绿绿哪里有什么褴褛不褴褛。

李亮当新郎

李亮乐呵呵的当新郎,男男女女闹洞房。
新娘来了闹着吃烤馕,扭扭捏捏拿奶糖。
李亮拉来一桶酸牛奶,新娘拎着陈年酿。
轮流给来宾点烟又敬酒,累坏了新郎和新娘。
也累坏了老倪老黎老牛老刘老南老兰老吕。
老李老陆和老梁,——还有老丈人和丈母娘。

老农和鸟笼

南岭来了个刘老农,
岑南来了个牛老农,
南岭的刘老农拎着蓝鸟笼蹓岑南,
岑南的牛老农拿着绿鸟笼蹓南岭,
俩老农蹓到林里乱拿乱弄来交流,
哩哩啦啦难舍难分弄不拢,
刘老农把南岭的兰鸟笼留给了牛老农,
牛老农把岑南的绿鸟笼留给了刘老农。

3 纠正语音

平舌音与翘舌音的分辨

舌尖前音 zi ci si 与舌尖后音 zhi chi shi ri 的区别在什么地方呢？二者的区别在于舌尖是顶着门牙缝还是往上翘起来，其他条件基本上一样。如果我们对比一下舌尖前音与舌尖后音的要领，便不难发现只有第二句是不一样的，其他五句意思完全相同。

舌尖前音（又称平舌音）的要领

自然微笑开双唇　舌尖顶着上牙龈
上下牙齿齐暴露　门牙缝里出声音
气流受阻挤咽喉　声带喉头有共振

【舌尖前音的字例】

zōng	zú	zào	zuì	zuān	zūn	zá
宗	族	造	罪	钻	尊	杂
cù	cóng	cái	cǎo	cuàn	cūn	cā
促	从	才	草	窜	村	擦
zì	cǐ	cāng	sāng	cuī	suì	zài
自	此	苍	桑	催	岁	载
sū	sōng	sì	sǎo	sān	sūn	sā
苏	松	四	嫂	三	孙	仨

舌尖后音（翘舌音）要领

自然微笑双唇开　舌尖往上翘起来
上下牙齿齐暴露　牙缝出声通路窄
气流受阻挤咽喉　振动喉头与声带

【舌尖后音的字例】

zhǔ	zhāng	zhàn	zhēng	zhī	zhù	zhào
主	张	战	争	支	柱	召
chā	chāi	chuāng	chōng	chēn	chuī	cháo
插	拆	窗	冲	抻	吹	潮

shuí	shuō	shuì	shōu	shuāi	shuā	shùn
谁	说	税	收	摔	刷	顺
ruì	rán	rěn	ràng	róng	rǔ	ráo
瑞	然	忍	让	荣	辱	饶

关于"似是而非"的哨音

有的人说话懒得张嘴，女孩居多，舌尖的位置变化很小，既不顶着牙缝，也不翘起来，发"似"或"是"的时候，舌尖介于二者之间，字头带哨音，分不清似或是，因此称作"似是而非"。这就要求我们说舌尖后音的时候，口型一定要开得大一些。纠正办法：咬着铅笔杆儿，找到口型开度，练习舌后音字例逐渐养成说话提嘴角开牙关的习惯。

纠正哨音练习：说谁是谁，说什么是什么，上树拴绳子，甩手摔刷子，上山收柿子，三叔三婶儿涮勺子，四叔四婶吹哨子，沈师傅说说笑笑耍狮子。

【舌尖前与舌尖后辨音练习】

子字歌谣

zhóu	zhí zi	zhǎo	chǐ zi	zhī zi	zhì zi	zhuān	chí zi
轴	侄子	找	尺子	支子	志子	砖	池子
shuǎ	shī zi	zuō	shì zi	shī zi	shì zi	suàn	rì zi
耍	狮子	嘬	柿子	虱子	式子	算	日子
chù	zhǔ zi	shōu	zū zi	sū zi	shǔ zi	sù	chóu zi
怵	主子	收	租子	苏子	黍子	素	绸子
cuán	zhú zi	chuān zhū zi	zhù zi	rù zi	shū	shū zi
攒	竹子	穿珠子	柱子	褥子	梳	梳子
chòu	shuān zi	chǒu shān zi	shān zhe	shàn zi	zuò	chú zi
臭	拴子	丑山子	煽着	扇子	做	橱子
tiě	suàn zi	qián chuàn zi	chēng zi	chuán zi	shuǐ	cuān zi
铁	算子	钱串子	撑子	橼子	水	氽子

3 纠正语音

chuáng	chéng zi	chī chéng zi	chā zi	chà zi	zhǎo chá zi
床	乘子	吃橙子，	叉子	岔子	找碴子

shòu shǎ zi　shāi shā zi　shāi zi　chǎn zi　chú zhā zi
瘦 傻子　 筛 沙子　 筛 子　 铲 子　 除 渣 子

sì shěn zi　shuàn sháo zi　zhuāi zhe sūn zi　chuī shào zi
四 婶 子　 涮 勺 子　 拽 着 孙 子　 吹 哨 子

sān sǎo zi　jù sǔn zi　sāi zi　suō zi　suàn chuí zi
三 嫂 子　 锯 榫 子　 塞 子　 梭 子　 蒜 锤 子

xiǎo sān zi　zhà sǎn zi　quán zhe shēn zi　zhuō chóng zi
小 三 子　 炸 馓 子　 蜷 着 身 子　 捉 虫 子

shuān shéng zi　shù zhuāng zi　chuí zi　chòng zi　sōu gōng zi
拴 绳 子　 竖 桩 子　 锤 子　 冲 子　 锼 弓 子

xiǎo cuó zi　shuā cáo zi　chě zhe sǎng zi　chàng qǔ zi
小 矬 子　 刷 槽 子　 扯 着 嗓 子　 唱 曲 子

chē chuāng zi　zuàn chuáng zi　cūn zi　chǎng zi　chuān cháng zi
车 窗 子　 钻 床 子　 村 子　 厂 子　 穿 肠 子

三十三个僧人

三十三个僧人出城走了三十三里山路
瞧见村庄里三十三家村民杀羊又宰猪
三十三个僧人转身从村子里撤出
见村头长着三百三十三岁的榕树
三十三个僧人聚在大榕树下住宿
拾柴烧水，生火做饭，清理做扫除
喝着山泉茶水，椰汁、酸枣汁、杏仁露
吃着香菇冬笋黄花儿松子儿木薯和腐竹
念着金刚经、心经、大悲咒和往生咒
坐在草席子、草垫子、竹帘子、木蹲子上超渡。

长城长春和长虫

长城造纸厂遵守操作程序经常受称赞
长春汽车制造厂经常检查测试增产又增值
长吃长住在春城，春城处处春常在
长虫围着砖堆转，转完砖堆钻砖堆

平翘舌词汇辨别

知识—姿势	珠子—租子	初步—粗布	打闪—打伞
制止—字纸	中和—综合	数目—肃穆	木柴—木材
支援—资源	铡草—杂草	午睡—五岁	诗人—私人
智力—自力	主力—阻力	商业—桑叶	筛子—塞子
摘花—栽花	使命—死命	推迟—推辞	棉籽—棉纸
找到—早稻	大字—大智	闪光—散光	山歌—三哥
残余—单于	蚕丝—蝉师	高层—高橙	藏书—常叔
残联—蝉联	摧了—吹了	初心—粗心	胜似—盛世

喔音与俄音о e 的分辨

我国东北及内蒙古东部地区也包括唐山人存在的不正确的双唇音（拨泼摸佛）的发声。把 bo po mo fo 读作 be pe me fe 问题症结的所在是把韵母搞错了，造成口型的不对。о e 音混淆在南方是相反的，例如：和平与活平、喝水与豁水、大哥与大锅、开课与开阔。

说到唇音双唇碰　窝俄元音要分清
窝音口圆往起拢　不能光是下唇动
俄音微笑牙打开　声位靠后震喉咙

3 纠正语音

【拨泼摸 bo po mo 绕口练习】

风雨瓢泼

老婆婆用簸箕来把麦子簸，
簸去糠壳磨面再去蒸馍馍，
老伯伯把菠萝装进大笸箩，
卖了菠萝再去买那香饽饽，
忽然一阵风雨雷电似瓢泼，
把伯伯婆婆的计划全打破，
吹跑了簸箕里的麦子淋湿了磨盘上的面，
浇烂了笸箩里的菠萝泡坏了香饽饽……
老婆婆摸着脖子气得两眼直冒火，
老伯伯抡着胳膊急得嗓子赛破锣。

搬玻璃板

潘伯伯搬玻璃板，彭伯伯刨薄木板，
用彭伯伯的薄木板包潘伯伯的玻璃板，
不磨、不破、不偏、平平安安才保险。

编白皮蒜

白伯伯在八面坡拔了八亩白皮蒜，
白婆婆帮助白伯伯编了八百辫子蒜，
白伯伯说：是我拔的那八面坡的八亩白皮蒜，
你就帮我编八百辫子蒜，不是我拔的那八面坡
的八亩白皮蒜，你不必帮我编那八百辫子蒜。

白平板拜判官

白平板拜判官,城隍庙里为了难。
左边拜了王判官,右边又拜庞判官。
也不知是王判官管庞判官呢,
还是庞判官管王判官?
烧香许愿左顾右盼忙坏了白平板。

包破棉被

伯伯抱着破棉被,婆婆抱着薄棉被,
用婆婆的薄棉被包伯伯的破棉被,
就变成既不薄也不破的厚棉被了。

焖饭和焖面

左边摆着半盆焖白米饭,
右边摆着半盆扁豆焖面,
爱吃焖白米饭的盛焖白米饭,
爱吃扁豆焖面的盛扁豆焖面。

伯伯婆婆馍馍

郭大哥支大锅,和白面蒸馍馍,
白婆婆烧柴锅,玉米面贴饽饽,
郭大哥蒸一锅暄腾腾的白馍馍,

白婆婆贴一锅香喷喷的贴饽饽，
老伯伯乐呵呵吃完馍馍吃饽饽，
吃饱喝足嘴一抹全都装进大笸箩。

步兵炮兵当标兵

步兵跑步奔炮兵，炮兵跑步奔步兵，
步兵不必奔炮兵，炮兵也不必奔步兵，
步兵和炮兵都想跑步当标兵。

以上绕口令，既是纠正窝俄ｏｅ音混淆的材料，也是唇音咬字练习的材料。

衣音与日音ｉｒ的分辨

说到衣日音(ir)从东北到天津一直延伸到广州都有混淆的现象，常常把"日本人"读"亿本银"，把"绕道"读作"要道"，将"猪肉"读作"租又"，将"永远"说成"荣软"。"人民"读成"银民"，"人员"读成"银元"，二者的混淆是由口型与舌位状态的颠倒错乱造成的。包括允许的允字，很多人读成 rǔn，请看衣日音对比。

衣日音(ｙｒ)的分辨

衣音舌抵下牙缝　嘴角微提露笑容
舌面隆起挡气流　咬住舌边不放松
日音舌尖卷凹槽　上翘来把硬腭顶
牙缝开得比衣大　双唇咧开一指横

【衣音(ｉ)词例】

医药　一样　义演　意义　一页　异样　译音　烟叶　掩映
咽炎　眼影　眼药　油盐　演义　银燕　阴影　阴阳　引诱

营业	影业	应有	扬言	羊油	扬益	养鸭	咬牙	优雅
摇曳	谣言	耀眼	咬音	有瘾	友谊	牙龈	衙役	牙医

【日音(r)词例】

荏苒	仍然	忍辱	忍让	人肉	仁人	容忍	容让	荣辱
融入	冉冉	嚷嚷	柔软	柔弱	柔韧	软弱	如若	荣任

【衣日音(ir)的分辨词例】

油肉	优柔	淹肉	揉腰	揉眼	软硬	儒雅	容易	仁义
如意	锐意	仪容	椰蓉	盈入	一日	游韧	又如	犹如
易如	油然	俨然	悠然	嫣然	已然	依然	毅然	怡然
荣耀	友人	咬人	诱人	妖娆	入药	羊肉	印染	热饮

【衣日音(y r)的绕口练习】

游　泳

chì rì yán yán kù rè tiān
赤 日 炎 炎 酷 热 天

yóu yǒng yóu dào rì yuè tán
游 泳 游 到 日 月 潭

yóu zuǒ bian yóu lái de shì yáng róng yuǎn
由 左 边 游 来 的 是 杨 荣 远

yóu yòu bian yóu lái de shì yī yǒng yuán
由 右 边 游 来 的 是 伊 永 元

yáng róng yuǎn yóu zhe yǎng yǒng
杨 荣 远 游 着 仰 泳

rào lái rào qù shēn róu ruǎn
绕 来 绕 去 身 柔 软

yī yǒng yuán piāo róu yōu yǎ
伊 永 元 飘 柔 优 雅

yóu 游	lái 来	yóu 游	qù 去	shén 神	yí 怡	rán 然	
yáng 杨	róng 荣	yuǎn 远	yǒng 踊	yuè 跃	yóu 游	yì 弋	
yīng 英	yǒng 勇	róu 柔	rèn 韧	pō 颇	yǒu 有	yōu 优	yuè 越 gǎn 感
yī 伊	yǒng 永	yuán 元	yóu 由	yú 于	rěn 忍	ràng 让	
yóu 游	rèn 韧	yǒu 有	yú 余	yī 依	rán 然	ruì 锐	bù 不 jiǎn 减

抗 日

dāng 当	nián 年	róu 柔	ruò 弱	yì 抑	guó 国 mín 民
zāo 遭	yù 遇	rì 日	běn 本	qīn 侵	lüè 略 jūn 军
yán 炎	huáng 黄	zǐ 子	sūn 孙	nán 难	róng 容 rěn 忍
zǔ 组	zhī 织	kàng 抗	rì 日	yì 义	yǒng 勇 jūn 军
yì 毅	rán 然	jué 决	rán 然	lái 来	dǐ 抵 yù 御
yīng 英	yǒng 勇	shā 杀	dí 敌	wèi 为	guó 国 rén 人
yào 要	ràng 让	rì 日	kòu 寇	qiú 求	ráo 饶 mìng 命
rěn 忍	ràng 让	shǒu 手	ruǎn 软	bú 不	yīng 应 yǔn 允

前鼻音与后鼻音的分辨

恩鞥 en eng 音的混淆若表现在我国南方各省，常常在鞥音里加入恩音的成分，若表现在西北地区（山西、陕西、甘肃、新疆）则把恩音读成鞥音，即所谓前鼻音与后鼻音颠倒或不纯（归音不到位）。

     恩音舌尖顶牙缝 舌尖一碰就出声
     嘴角微提露牙齿 声位靠前鼻共鸣
     鞥音软腭封鼻孔 共鸣直通到头顶
     口型开得比恩大 舌根后高脑振动

【鼻音词例】

(安 an 的双音词例练习)

安全	连贯	全班	传单	捐献	懒散	战线	贪婪
鲜艳	千万	婉转	蜿蜒	团员	攀岩	简单	演员
偏见	蓝天	健全	传唤	片面	泛滥	眷恋	干旱
参观	判断	钻研	关键	感叹	牵线	权限	厌倦

(恩安 en an 音混合词例练习)

存单	云烟	银燕	军舰	金钱	人员
深渊	阴暗	姻缘	神仙	深浅	新鲜	审案	困难
春天	温泉	频传	纷繁	侵犯	进餐
金銮	心酸	隐瞒	勤勉	温暖	闽南	侵权	门闩
荏苒	金环	心肝	春蚕	银环	心弦

(昂安 ang an 混合词例练习)

长安	长篇	长叹	谎言	荒诞	枉然	茫然	当然
黄泉	旁边	窗帘	床单	长官	港湾	档案	庄严
党员	光环	项链	想念	相见	相恋	亮剑	狂澜
长篇	掌权	香甜	长叹	商战	讲演	香烟	晃眼

(鞥安 eng an 混合词例练习)

| 勇敢 | 平凡 | 宏观 | 公关 | 应变 | 惩办 | 明暗 | 平安 |
| 承担 | 生产 | 经典 | 中断 | 风帆 | 停刊 | 终端 | 警探 |

3 纠正语音

精简　零件　公函　公款　行骗　松散　平坦　仍然
定案　惊险　庭院　中转　兴叹　虫卵　请柬　空泛

(恩 n 的双音节词例练习)
愤恨　愤懑　沉闷　沉稳　谨慎　审慎　审问　振奋
昏沉　君臣　亲近　亲信　新婚　近亲　新春　春分
进军　贫民　军心　军民　伦敦　金银　混沌　狠心
真金　门诊　军训　遵循　村镇　蠢笨　珍品　亲吻

(安恩 an en 混合词例练习)
安心　宽心　关心　钻心　欢欣　翻新　偏心　烟熏
全新　全勤　弹琴　前进　感恩　监禁　千斤　半斤
叛军　三军　连襟　搬运　铅印　天阴　短信　圆润
转瞬　含混　翻滚　坚信　山村　犯困　军训　春运

(昂恩 ang en 音混合词例练习)
羊群　祥云　网民　乡亲　光阴　香槟　将军　黄金
钢筋　当心　访问　芬芳　光临　钢琴　枪林　乡音
良心　强劲　相信　上进　将近　防汛　狂饮　芳心
样品　奖金　降临　航运　账本　饷银　掌心　闯劲

(鞥 eng en 恩混合词例练习)
城镇　农村　丛林　平民　警棍　井喷　铜棍　铜盆
送信　情深　成品　省劲　英寸　腾印　工薪　应聘
成捆　迎亲　平均　重新　承印　幸运　英俊　称心
从军　红军　诚信　倾心　恒心　雄心　应运　用心

(昂 ang 的双音节词例练习)
亮光　光芒　刚强　强项　慌张　张望　张扬　狂妄
妄想　想象　洋相　荡漾　放荡　阳光　广场　厂房
敞亮　怅惘　畅想　凉爽　爽朗　昂扬　方糖　芳香
彷徨　创伤　房梁　皇粮　榜样　强壮　浪荡　亮堂

（安昂 an ang 混合词例练习）

健康　善良　坚强　山羊　产房　延长　演唱　担当
典当　殿堂　端阳　凡响　前方　感想　山岗　观赏
远航　酣畅　宣讲　联想　炼钢　善良　南方　暖房

（鞥昂 ing ang 音混合词例练习）

精光　惊慌　叮当　清香　乒乓　清唱　形象　丞相
红黄　精养　景象　影响　倾向　蜂房　疯狂　冲撞
重阳　凤凰　庆祥　城防　红墙　通常　工厂　营养
平躺　营房　疯长　熊掌　铜床　警长　成长　梦想

（恩昂 en ang 混合词例练习）

金刚　心慌　秦皇　秦腔　斤两　银两　心肠　寻常
熏肠　印章　军粮　金黄　军港　紧张　真忙　进账
金枪　隐藏　林场　轮唱　熏香　群像　准将　云冈
音箱　音响　音像　韵腔　运粮　金象　村庄　心房

（鞥 eng 的双音节词例练习）

影星　惊醒　京城　晶莹　兵营　庆幸　情景　风景
明星　惊恐　隆重　轰鸣　朦胧　程控　勇猛　英勇
梦境　宁静　光荣　轻松　命令　动听　生成　情形
东风　平等　疼痛　功能　姓名　风筝　英雄　从命

（昂鞥 ang eng 混合词例练习）

光明　章程　光影　僵硬　光荣　苍蝇　相应　响应
强硬　强令　装熊　壮丁　窗棂　芳名　房东　畅行
杠铃　仿声　矿坑　伤痛　忘情　胀痛　上影　上映
房顶　讲情　康定　康宁　凉亭　当兵　香菱　乡情

（安鞥 an eng 混合词例练习）

前锋　先生　甜橙　繁重　弹弓　反映　干净　犯病

3 纠正语音

欢迎　感动　寒冷　缓冲　坚硬　蛮横　减轻　剪影
伞兵　转动　眼睛　前景　坦诚　天空　鲜明　顽童
完成　仙境　显灵　县城　战争　陷阱　宪兵　验证

（恩鞥 en eng 音混合词例练习）
宾朋　亲朋　亲情　心情　亲生　今生　心声　进京
人种　任重　深重　深情　深层　深情　分钟　引领
品茗　隐情　云层　银铃　军龄　吟诵　尽情　春城
昆虫　文明　殉情　蚊蝇　稳重　闻听　温情　神圣

【前后鼻音的词例分辨】

梆子—搬子　样子—燕子　祥子—弦子　聋子—轮子　影子—引子
墩子—冬子　蝇子—银子　棚子—盆子　膀子—板子　强子—钳子
酱子—腱子　房子—凡子　棒子—瓣子　缸子—柑子　缝子—份子
滚动—拱动　瞒着—忙着　织锦—置景　混沌—红彤　沉重—承重
分隔—风格　分身—风声　监禁—将近　浅显—抢险　牵手—枪手
简化—讲话　贱肉—酱肉　纷繁—蜂房　粉刺—讽刺　金旗—惊奇
坤车—空车　混水—洪水　金质—精致　亲信—青杏　混蛋—红蛋
一半—一磅　开饭—开放　讲坛—讲堂　深沉—生成　今天—惊天
担心—当心　铜钱—铜墙　新年—新娘　亲近—清净　来晚—来往
上船—上床　专员—庄员　民心—明星　姓陈—姓程　红心—红星
因循—英雄　人民—人名　很近—很静　吩咐—丰富　频繁—平房
晴伦—青龙　伸展—生长　缠针—长征　信用—幸运　进关—精光
侵犯—轻放　前线—强项　勇敢—云岗　弹琴—谈情　生擒—生情
沿线—洋相　显现—想象　村民—聪明　关门—光芒　引线—影像
一人—一营　上进—上镜

【恩韵 en 绕口练习】

串　亲

彭欣欣，笑吟吟，拎着香槟去串亲，
走街串巷过村镇，香槟美酒香喷喷。
打了一瓶香一村，村镇街里乱纷纷，
老人全都睡不醒，儿童也全直犯困。
山羊上山直摇晃，公鸡满院乱打滚，
表兄醉得晃肩膀，哄着嚷着想结婚。
表妹喝得昏沉沉，愣把鱼盆当脚盆，
蹬得青鲢胡乱蹦，踩得王八乱咬人。
三娘连声喊救命，外甥慌得直拱门，
全村摆成龙门阵，喝得头晕眼发昏。
安恩昂鞥发不准，愣把鞥音读成恩，
安恩声位在前鼻，昂鞥本是后鼻音。
安恩舌尖顶牙龈，昂鞥软腭碰鼻根，
安恩口型牙咬齐，昂鞥张口开双唇。

【安韵 an 绕口练习】

酱　菜　园

说出前门，再往南，南边有一个酱菜园。
有个老汉门前站，门上挂着蓝布棉门帘。
老头儿穿着蓝长衫，一条手巾搭在肩。
眯着双眼把头点，叫声顾客您听我言。

咱们园子是老字号,货真价实品种全。
有各种咸菜和酱菜,山珍海味麻辣甜。
有熟疙瘩,酱坯兰,大淹儿萝卜和糖蒜。
有淹芥菜,渍酸菜,酱瓜儿姜丝玉兰片。
有王志和的臭豆腐,松花蛋和咸鸭蛋。
有冬菜紫菜什香菜,八宝冬笋甜又咸。
有瓶装罐装和散装,还有竹篓酱菜坛。
保证食品卫生营养好,色香味美又价廉。
哎瞧一瞧来看一看,包您心满意足笑开颜。

【鞥韵 eng 绕口练习】

吊 铜 铃

东洞庭,西洞庭,洞庭湖畔有山峰。
高高山上一条滕,滕条头上吊铜铃。
风吹滕动铜铃动,风住滕停铜铃停。
铜铃响起哗楞楞,震得山谷有回声。
铜铃停时悄悄静,只听僧人在念经。
阿弥陀佛声不停,敲着木鱼晃铜铃。

【昂韵 ang 归音练习】

说 马

曹禺《王昭君》

要说起马的品相啊,真正的好马,马头就是"王",
要正要方;眼睛是"丞相",要神要亮;

脊梁骨是"将军"，要硬要强；

肚子是"城池"，要宽要张；

四条腿是"王的命令"，要快要长；

两耳像劈开的竹管，尖而刚；

皮毛像太阳下的缎子，闪亮光。

这样的马，不乱吃不乱动，骑上去，它不狂奔、不张扬。

但是在宽阔的草原上，它驰骋起来，千里万里，

像风也似的飞翔。在它眼里，没有不能到的地方。

怎么样，棒不棒？做何感想？

(闭住嘴分别发 m n mg 能帮助你找到前后鼻音的感觉。)

舌面音与舌根音的分辨

在山东威海与淄博地区，把解放军(jiě fàng jūn)读作(gǐ fàng gūn)，把升国旗(shēng guó qí)读作(shēn guó kí)，把前进(qián jìn)读作(kián gièn)，广东广西干脆把解放军读成"改放棍"(gǎi fàng gūn)，把蛤蚧读成"哈盖"，把基围虾读成(gēi wéi hā)"给围哈"，香港读"夯炕"，阿雄读"阿红"，问题比较严重的是作为大众传媒体的电视台《世界你好》节目主持人语音上也存在这一类毛病，九七年把"国庆升国旗"的"庆"和"旗"分别读成(kìng kí)前进(qián jìn)读成(kián gìn)这种毛病的根源，在于口型与舌位不对。东北人也有将"回去"说成"回客"的，西北人也有将"吓唬"说成"哈唬"的，都属于舌面音与舌根音的混淆。

【舌面音与舌根音的混淆词例】

芥兰—盖兰	香港—夯炕	解放军—改放gun	鲜锥—改锥
蛤蚧—哈盖	国旗—国kí	基围虾—给围哈	鞋子—孩子
搭界—搭嘎	清理—坑你	雄赳赳—洪沟沟	阿强—阿扛

舌面音的发声要领

舌边舌尖挤牙缝　舌面轻轻往上碰

3 纠正语音

字头微笑咬成一　气挤舌面擦出声

舌根音的发声要领

舌面平摊舌根缩　轻轻往上碰软腭
张嘴开牙约半寸　气擦舌根哥嗑喝

【舌根音（哥 g）的词例】

尴尬　孤寡　古怪　更改　梗概　骨干　杠杆　攻关　高光
跟光　勾光　广告　高歌　改革　瓜葛　规格　瓜果　钢轨
高贵　高跟　拐棍　故官　关公　挂钩　光顾　巩固　观光

【舌根音 g 绕口练习】

归国观光钢钩挂，关公购钩拐尜尜。
古怪更改哥尴尬，给根高贵滚呱呱。

【舌根音（科 k）的词例】

开课　开垦　开矿　宽阔　快口　苦口　夸口　可靠　刻苦
苛刻　空壳　口渴　克扣　科考　坎坷　慷慨　矿坑　空旷
亏空　扛筐　挎筐　扣筐　快看　扩孔　扩宽　扣款　亏款

【舌根音（科 k）的绕口练习】

科考克扣款亏空　刻苦苛刻困卡控
慷慨垦宽快口渴　空旷开阔跨魁坑

【舌根音（喝 h）的词例】

航海　海货　祸害　祸患　恢宏　灰黑　缓和　和好　和婚
很好　好汉　好坏　挥汗　汇合　槐花　红花　昏花　皇后
呼号　花卉　慌话　画弧　洪湖　黄河　哼哈　划痕　毁坏

【舌根音（喝 h）的绕口练习】

皇后画弧毁好汉，划痕含混霍呼唤

朗诵训练指导

黑虎憨厚绘花环，哼哈挥毫护海涵

【舌根音绕口练习】

考公共课

高光阁刚刚考过公共关系课，
耿冠国刚刚考过公共管理课。
不知是高光阁的公共关系课考得好呢，
还是耿冠国的公共管理课考的分更高。

【舌面音（机 j）的词例】

加急	剪辑	焦急	阶级	紧急	经济	脚尖	节俭	嘉奖	绝交
计较	境界	嫁接	奖金	拘谨	监禁	接近	窘境	捷径	讲究
急救	检举	京剧	胶卷	警觉	坚决	将军	究竟	竭绝	交加

【舌面音（机 j）绕口练习】

寂静九江金鸡叫，
将军嫁接尖京椒。
舅舅拒绝捐犄角，
姐姐倔强炯劲嚼。

【舌面音（七 q）的词例】

琴棋	氢气	秋千	乔迁	取钱	气枪	牵强	秦腔	蹊跷	轻巧
恰巧	鹊桥	亲切	确切	娶亲	清泉	求情	铅球	乞求	崎岖
情趣	齐全	求全	侵权	清泉	欠缺	奇缺	抢球	强求	全球

3 纠正语音

【舌面音与舌根音绕口练习】

舅舅捐献

姐姐恭恭敬敬请舅舅归国观光,
哥哥规规矩矩给舅舅敬酒歌唱。
九十岁高龄的舅舅击鼓抒豪情,
夸奖哥哥姐姐又称赞改革开放。
还为自己的家乡建设慷慨解囊,
共捐献了九千九百九十万法郎。

【舌面音与舌根音绕口练习】

申 奥

各国代表去莫斯科齐聚集,
选举下届奥林匹克比赛地。
萨马兰奇主席宣告投票结果,
中国北京把主办的桂冠摘取。
喜讯激励着十三亿华夏儿女,
捷报频传,举国欢呼庆胜利。

【舌面音 q 绕口练习】

求全亲切抢娶妻　千秋鹊桥穷亲戚
秦腔劝曲群情起　蹊跷牵强恰轻骑

氢气球

齐剑秋揪着七个氢气球，
纪晓晶拽着七个气球轻。
也不知是齐剑秋的氢气球比纪晓晶的气球轻呢，
还是纪晓晶的气球轻过了齐剑秋的氢气球。

【舌面音（西x）的词例】

嬉戏　详细　欣喜　信息　心虚　唏嘘　乡下　消夏　新秀
新鲜　休闲　肖像　遐想　嬉笑　细小　喧嚣　宣泄　潇湘
虾蟹　修鞋　相信　孝心　习性　笑星　心胸　兴修　喜讯

【舌面音（西x）绕口练习】

细小虾蟹选新鲜　新星下乡想休闲
些许现象寻西线　唏嘘玄学枭雄显

新星新秀

新星休闲下乡想绣花，
球星影星歌星潇洒学文化。
新秀消夏下海去捞虾，
青虾白虾龙虾基围虾皮皮虾。
叽叽嘎嘎喊喊咔咔嘻嘻哈哈，
新星新秀休闲消夏下乡下海绣花又捞虾。

（练习材料　请勿对号入座）

3 纠正语音

喝音与佛音（h f）的分辨

有的地区把芬芳读作昏慌，把喝水读作佛匪，这种舌根音与唇齿音的混淆属于方言习惯，如河南、安徽、福建、湖南、湖北个别地区。为了区分二者，我们还是从喝（h）佛（f）音发声的要领来分辨吧！

舌根音（喝h）的发声要领

微笑口开提上腭　舌根上翘形成窝
气出窝口恨黑汉　黄红豪吼化海河

唇齿音（佛f）的发声要领

上牙轻咬下嘴唇　唇齿摩擦气流喷
配合辅音发非否　佛福风范 Φ 芳芬（fài 圆的直径）

【佛音f词例】

分发　芬芳　纷繁　吩咐　夫妇　风发　风帆　风范　丰富
非否　防范　防风　防腐　仿佛　放飞　反复　反腐　凡夫
复方　非法　发福　发疯　发放　伏法　福分　肺腑　非凡

【喝音h词例】

和好　呵护　合伙　呼唤　互换　互惠　胡混　缓和　欢呼
浩瀚　呼喊　怀恨　火海　浑厚　海涵　辉煌　憨厚　恍惚
花环　含混　荷花　含糊　挥霍　悔恨　昏花　祸害　合乎

【喝佛音h f混合词例】

红粉　何妨　风寒　丰厚　腐化　分毫　恢复　愤恨　饭盒
复婚　祸福　反悔　富豪　合肥　回访　护肤　发慌　发挥
复活　互访　焚毁　焚化　风华　附和　会费　犯坏　花粉

【辨别喝佛h f 音词例】

公会 (gōng huì)	工费 (gōng fèi)	开花 (kāi huā)	开发 (kāi fā)
昏慌 (hūn huāng)	芬芳 (fēn fāng)	回回 (huí huí)	肥肥 (féi féi)
送回 (sòng huí)	送肥 (sòng féi)	大户 (dà hù)	大副 (dà fù)
福分 (fú fen)	胡混 (hú hùn)	老黄 (lǎo huáng)	老房 (lǎo fáng)
老胡 (lǎo hú)	老福 (lǎo fú)	恍惚 (huǎng hū)	仿佛 (fǎng fú)
昏花 (hūn huā)	分发 (fēn fā)	喝水 (hē shuǐ)	佛匪 (fó fěi)
杏胡 (xìng hú)	幸福 (xìng fú)	姓何 (xìng hé)	信佛 (xìn fó)

【喝佛音h f 绕口令】

凤凰喝水

冯红红说她发现红凤凰飞到绥芬河来喝水；
洪芬芬说她发现粉凤凰飞到绥芬河来喝水；
王芳芳说她发现黄凤凰飞到绥芬河来喝水；
黄华华说她发现花凤凰飞到绥芬河来喝水；
请问冯红红洪芬芬王芳芳黄华华：
究竟是谁飞到绥芬河来喝水呢？
原来是红凤凰粉凤凰黄粉凤凰花凤凰；
分头飞到绥芬河来喝水的。

数　缝

冯红红缝一件风衣还要数数几条缝。
缝了横缝缝竖缝，缝了竖缝缝横缝。
横缝上面有竖缝，竖缝上面有横缝。
数来数去也数不清究竟缝了几条缝。

理发和理化

李淑华学理发，吕素花学理化，
学会了理发不能代替数理化，
学会了数理化也不一定会理发。

画葫芦符

胡图富糊里糊涂画葫芦，
傅树湖恍恍惚惚画护符，
胡图富涂了个红黄灰黑花昏褐，
傅树湖画了发疯方法非凡符。
只画得寒风呼吼昏慌祸害浮愤恨，
只画得纷繁反复放飞风范发肺腑，
胡图富累得唉哟熬欧仿佛很辛苦，
傅树湖却吃着杏胡似乎觉着很幸福。

衣淤 i u 音分辨

衣音微笑牙咬齐　　淤音口形撮拢聚
衣淤虽属同一辄　　若是混淆出问题
玉器义气不沾边　　第七地区不搭义
英才庸才正相反　　银川云川远距离

【淤衣 u i 音词汇辨别词例】

谦虚—迁徙	英语—应以	例句—立即	老徐—老席	有序—有戏
橘子—集子	举起—几起	拘留—激流	区分—七分	鲤鱼—礼仪
关于—关姨	美誉—美意	渊源—咽炎	月圆—叶岩	许愿—喜筵
屈原—七言	愉悦—一夜	眩晕—弦音	趋于—七姨	取悦—起夜
均匀—金银	熏鱼—心怡	云雨—引以	绿玉—立意	虚拟—西女

日音与勒音 r l 的分辨

在我国福建、山东、江苏、浙江个别地区存在着日勒音混淆的问题,把日读作勒日(lr),把二读作泪儿(ler),于是乎:过日子就成了过"勒日"子,二百二拾二就成了"泪儿百泪儿拾泪儿"。与日音相关的"仍然"便成了 leng lan(愣兰)"柔软"成了(楼卵)leu luno 问题的根源在于:口型开得不够大,误使舌尖顶住了上牙背。纠正时可参照衣日(y r)音,俄儿(er)音,呐勒(n l)音的相关要领。

日音 r 发声要领

要想纠正日勒音混淆　　先将舌尖上翘卷凹槽
注意面带微笑提嘴角　　牙关开得可不能太小
舌尖定位开始发日音　　日后面的元音拼读好
字的动程由慢转成快　　翘起的舌尖别往下掉

【日音舌尖定位练习】

　　日柔日软日柔软　　日仍日然日仍然
　　日茌日莳日茌莳　　日忍日让日忍让
　　日容日让日容让　　日嚷日让日嚷嚷
　　日柔日弱日柔弱　　日软日弱日软弱
　　日如日若日如若　　日忍日辱日忍辱
　　日荣日辱日荣辱　　日融日入日融入
　　日荣日任日荣任　　日容日忍日容忍
　　日柔日韧日柔韧　　日本日人日本人

【日勒音 r l 的辨别词例】

入冬—路东　利润—立论　污辱—污鲁　入党—路挡
溶洞—龙洞　熔岩—龙颜　褥子—路子　出入—出路
热热—乐乐　融化—隆化　软纸—卵子　柔柔—搂搂
轻柔—青楼　白瓤—白狼　让让—浪浪　如果—芦果

舌面音与翘舌音的分辨

舌面音机妻希衣 j、q、x、y 与翘舌音支吃湿日 zh、ch、sh、r 的混淆有两种表现形态。一种表现为嗲声嗲气地说话,口型开得不小,形状却是喇叭状地向前挺噘着,没有提起嘴角来;舌尖没有顶下牙背,而是采取顶着上牙龈的错误姿态。结果发 j、q、x 时,却变成 zhi、chi、shi 的音,并且是中间(字腹)统统加拼了一个衣 i 音过渡,这便产生了怪声怪调。例如:

【机与支 j zh 的分辨解析】

集结—质疑质耶　健将—支厌支样　交卷—支腰志愿
交警—直腰只影　家居—支呀支淤　窘境—支永支硬
解决—支也支约　进军—支运支晕　究竟—支优支硬

【七与吃 q ch 的分辨解析】

牵强—吃烟吃羊　恰巧—吃讶吃咬　亲切—吃因吃叶
轻巧—吃英吃咬　汽枪—迟义吃央　求全—吃油吃元
奇缺—迟疑吃约　群情—吃云吃盈　强娶—吃羊吃雨

【希与湿 x sh 的分辨解析】

信箱—湿印湿央　新星—失音失英　喧嚣—失冤失邀
细小—湿义湿咬　退想—失牙湿痒　行凶—失迎失拥
虾蟹—湿鸭失业　先行—湿烟失迎　修靴—湿尤失约

　　这种毛病的解决方案,嘴角上提时口型收敛。
　　要让舌尖顶住下牙背,克服舌尖上翘的习惯。
　　舌面音与翘舌音分辨,遵循普通话发音规范。

舌面音与翘舌音混淆的另一种表现形态是完全意义上的颠倒,属于福建、台湾、广西部分地区的地方音。他们把支吃湿日(zh、ch、sh、r)的音读成机

妻希衣（j、p、x、y）。例如：

金枝—金鸡	排斥—排气	无耻—五起	升值—升级	旗帜—奇迹
统治—统计	制度—嫉妒	同志—同济	白痴—白漆	公使—恭喜
大致—大计	大使—大喜	唐诗—糖稀	制裁—计财	小吃—小七
做事—做戏	没事—没戏	法制—法纪	赤色—气色	智慧—忌讳
主食—主席	抗日—抗议	日蚀—议席	僵尸—江西	忌日—记忆
周日—周易	诗人—袭人	平日—平易	前日—前翼	后日—后翼

通过词例的对比，我们发现，这些区域的人根本就未曾发过翘舌音，习惯将翘舌音读成舌面音，即是人们所说的"咬舌儿"。要纠正它先要记住翘舌音的发声要领：

翘舌音的发声要领

舌尖上翘的同时卷起小凹槽，
就是翘舌音气息流出的通道，
上下牙之间千万不能使劲咬，
口型舌位可别与舌面音混淆。

【翘舌音与舌面音混合词例】

机智	机织	知己	鸡翅	鸡食	鸡屎	兼职	简直	剪纸	监制	坚持
指尖	织锦	矜持	吃紧	七尺	僵持	降职	僵直	纸浆	假肢	价值
景致	就职	旧址	教室	至交

舌面音与平舌音的混淆

舌面音机妻希 j、q、x 与平舌音兹、呲、丝 z、c、s 的混淆也有两种表现形态。一种是嗲声嗲气地说话，口型虽然没有什么不同之处，而牙关却咬得很死，舌尖顶着牙缝说话，发出不伦不类的怪声怪调，凡是舌面音 j、q、x 作字头的，统统发成了平舌音 z、c、s 的音。例如：

3 纠正语音

【机与兹 j z 的混淆解析】

寂静—兹义兹硬　究竟—兹优兹硬　酒浆—兹有兹央
尖椒—兹烟兹腰　解决—兹也兹约　嫁接—兹压兹耶
金奖—兹因兹养　军舰—兹晕兹砚　拘谨—兹淤兹瘾

【七与呲 q c 的混淆解析】

轻巧—呲英呲咬　群情—呲云呲盈　亲切—呲因呲叶
汽枪—呲艺呲央　恰巧—呲压呲咬　取妻—呲雨呲衣
奇缺—呲疑呲约　求全—呲由呲元　擎旗—呲盈呲疑

【西与私 x c 的混淆解析】

小心—丝咬丝因　行凶—丝盈丝拥　休息—丝优丝义
新鲜—丝因丝烟　学校—丝约丝要　形象—丝盈丝样
退想—丝匣丝痒　现行—丝厌丝盈　唏嘘—丝衣丝淤

舌面音与平舌音混淆的另一种表现形态是完全意义上的颠倒。把舌面音 j、q、x 作字头的音统统发成平舌音 z、c、s 作字头。有这类毛病的地区，不仅是福建、广西、台湾，就连晋中地区也包含在内。例如：

【舌面音与平舌音混淆词例】

公鸡—工资　四季—四字　名气—名次　启事—此事　基本—资本
技术—字数　军旗—皴瓷　土气—吐刺　猜忌—猜字　亲戚—钦赐
气宇—赐与　即然—自然　羁留—自留　脐带—磁带　计划—字画
期货—疵货　西郊—私交　希冀—私自　心齐—心慈　轻骑—青瓷
西亚—嘶哑　偈语—自语　起点—词典　洗手—死守　戏院—寺院
好戏—好似　牺牲—私生　袭击—司机　珍惜—真丝　拉稀—拉丝
洗脚—死角　碧玺—必死　迁徙—铅丝　晨曦—沉思　关系—官司
晰蜴—思议　呼吸—呼绦　东西—东司　大喜—大死　洗钱—死钱

由于把舌面音读成了平舌音，使词义产生了意想不到的混淆。极大地影响了语言交流，若想解决这个方言上的读音错乱问题，还是要先从这两种音的发声要领上进行对比入手。有道是：

平舌音与舌面音不可混淆　二者发声要领区别应找到
平舌音的口型上下咧嘴俏　舌面音的口型微笑提嘴角
平舌音的舌尖顶住门牙缝　舌面音的舌面隆起往上找
平舌音的牙关上下使劲咬　舌面音牙缝儿稍稍开一条

【舌面音与平舌音混合词例】

集子	集资	自己	字迹	自弃	自习	仔细	慈禧	席子	喜字	戏子
习字	妻子	旗子	起子	棋子	几次	计次	祭祀	揩私	急死	气死
西四	细丝	其次	死期	瓷器	三期	三起	丧期	僧旗	散旗	散席

【舌面音绕口令】

姐姐出嫁

姜秀琴姐姐要出嫁，
急坏了舅舅和舅妈。
眼瞧着大喜的吉日已接近。
新房还没来得及装修粉刷。
亲戚朋友街坊要提前去请，
喜棚喜灶全应该抓紧去搭，
舅舅驾着轻骑转来转去，
舅妈前后上下一通瞎抓。
姐姐姐夫旅行结婚，
新事新办破旧立新，
亲近祖国山山水水，
享受青春美景良辰。

3 纠正语音

【以舌面音为主的散文练习】

舅舅家的新鲜事

舅舅家在浙江省诸暨县寿家寨一个山清水秀的小村庄。前年我家拆迁，临时在亲戚家借住。放暑假我便借机去了舅舅家。这次可真让我长见识，瞧见了不少新鲜事……

先说造纸厂吧，就有十几家，都是小作坊。他们把长长的竹子锯成一节一节的捆扎着，我还以为烧柴呢，结果是将它们浸在石灰池里泡糟了造纸，据说他们出产的宣纸还是远销国外的抢手货呢！虽说南朝鲜北朝鲜也都造纸，但他们的高丽纸只适合糊窗户，而这里产的宣纸却是国画纸的精品、极品。

在舅舅家住也有不习惯的就是上厕所。按东北人讲话，那疙瘩分不清男厕女厕经常处境尴尬。听说天台县更新鲜，男女厕所无遮拦，各自坐在石板墙上解手还互相聊天，借张报纸手纸什么的不足为奇，若坐公交车朝两边看就全穿帮了。并且女人只要结婚生过孩子，夏天就敢光着脊梁逛街。真是超前的解放，不过也恰恰从侧面反映出人家反璞归真的纯洁本性。

俄儿音 e r 与儿化音的分辨

南方有些人说不好儿化音，在广东、广西、福建、香港、台湾等地。北方也有说不好儿化音的在河北迁安、迁西、抚宁县山区、北京房山区，他们甚至连儿音也说不好。民间流传着这样一则笑话："说是花了二百二买了个小猪儿，喝水吱儿吱儿的，吃食儿嘎嘣儿嘎嘣儿的，到晚上一瞧踹腿儿了。我说截着墙头儿给扔出去吧，就听见'滋儿'的一声以为又活了呢，闹了半天又砸死一个，白花二百二了。"这要是用当地的话来说就甭提多别扭了。儿音说不好，就更不用说儿化音了，学英语也有困难，所以先要学会说儿音。

说不好儿音的有四种现象，例如：

把二读成饿，儿子读成蛾子 (r 与 e)

把二读成奥，一二一读成一奥一 (r 与 ɑo)

把二读成矣，二百二读成矣百矣（r与ei）

把儿读成日，二百二读成日百日（r与ri）

山东人把老二读成老日，湖北人把日本读成二本，混淆的原因是由于口型相近、气息量相似，其次是水土问题和习惯相袭。请看四段对比歌谣：

【r – e 儿与俄】

儿字不能念成俄　若是念俄它就错
俄音舌尖抵下牙　儿音舌卷抵上腭
俄音共鸣往下压　儿音共鸣向上挪
俄音气息流舌面　儿音气碰舌卷窝

【r – ao 儿与奥】

二字不能念成奥　若是念奥太可笑
收音口型不相同　明显区别应看到
奥音气息流舌面　舌面平摊在牙槽
儿音气息碰舌尖　舌尖打卷往上翘

【r – ai 儿与矣】

二字不能读成矣　若是念矣可不对
儿音舌卷抵上腭　舌根两侧抵牙背
矣音舌边抵槽牙　舌面平摊牙槽内
矣音气息流舌面　儿音气流舌卷回

【r – ri 儿与日】

儿音舌卷向后缩　日音舌卷抵硬腭
儿音气息柔而软　日音气息硬而涩
儿音声位往后卷　日音声位向前挪
日做辅音拼在前　儿作元音排老末

4

关于音韵十五辙的说明

  我国是世界闻名的诗歌大国。几千年来，各朝各代的诗人们创作了数不清的诗歌佳作。特别是唐代以后的古体诗和近体诗，除字句格式的严格要求，其合辙押韵是重要的特点。
  为了方便写作和朗诵诗词歌赋，前辈们很早就总结了北京音韵十三辙，并将用途广泛的儿化音称为"小人辰儿"和"小言前儿"。本书将儿化音定名为"二儿"辙，加上被忽略的"日蚀"辙共计十五辙。
  "日蚀"辙的韵母虽然只有一个"R"，但是在划定翘舌音时它是个代表。如同窝俄（oe）音是鹅喔辙的代表，衣淤，（iu）音是预期辙的代表一样，没有"日蚀"辙，音韵不完整，有了"日蚀"辙，支吃尸日，乃至兹呲私都可以在创作时有了属性。否则便缺失了音韵的完整。况且，我国南方部分地区存在日勒（r、l）音混淆问题，"日蚀"辙的存在突出了日音的作用，并为纠正语音提供了理论依据。
  韵辙在表现情感方面虽然有一定的倾向性，但也会随着时代的变迁与作者的不同习惯而改变。例如"怀来"辙不仅能表现悲哀、苍白，也可以表现痛快与豪迈；"由求"辙不仅能表现忧愁、哀求，也能表现风流、温柔；"姑苏"辙不但能表现哭诉、愤怒，而且可以表现欢欣鼓舞地敲锣打鼓……

  诗词歌赋的创作离不开十五辙的参考作用，诗歌朗诵也同样离不开十五辙的韵律规范，有了十五辙的音韵，朗诵的吐字归音便能产生强烈的乐感。以下所举的十五辙在诗歌创作中的应用，亦是很好的证明。

十五辙韵律级表

辙 名	韵 母	级别范围
发 花	啊 a　呀 ia　哇 ua　挼 rua	响亮级 （宽韵）
言 前	安 an　烟 ian　弯 uan　冤 üan　燃 run	
人 辰	恩 en　因 in　温 uen　晕 ün　人 ren　润 run	
江 阳	昂 ang　央 iang　汪 uang　嚷 rang	
中 东	英 ing　翁 ueng　雍 iong　扔 reng　荣 rong　鞥 eng	
鹅 喔	喔 o　鹅 e　窝 uo　弱 ruo	柔和级 （宽韵）
怀 来	哀 ai　歪 wai（音符2）ruai	
遥 条	熬 ao　腰 yao　饶 rao	
由 求	欧 ou　忧 you　柔 rou	
二 儿	儿 er　鱼儿 yuer　人儿 er　欸 eir 姨儿 yir　纹儿 wer　爷儿 yer （其他儿化音从略）	
预 期	衣 yi　淤 yu	细微级 （窄韵）
乜 斜	约 yue　耶 ye（去声为响亮级）	
姑 苏	乌 wu　如 ru	
灰 堆	欸 ei　危 wei　蕊 rui	
日 蚀	日 ri	

100

4 关于音韵十五辙的说明

【关于汉字的五度四声】

四声要领

①阴平要求稳而平，表现淡定与从容。
　横划一条平直线，避免起落与滑动。
②阳平直接往上升，表现疑问与吃惊。
　避免高音尖和挤，要求微笑松喉咙。
③上声起落有过程，必须先降再提升，
　就像对勾勺子型，不可直接往上冲。
④去声向下有自控，表现肯定与坚定。
　避免衰弱成叹气，避免滑音与虚声。

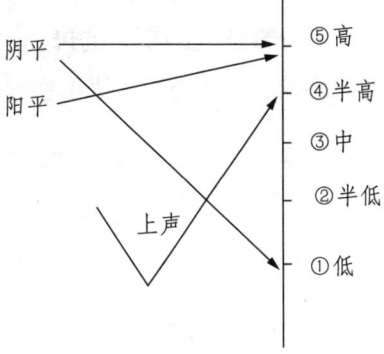

调 值 表

例字	中	国	伟	大
拼音	zhōng	guó	wěi	dà
声调	－	／	∨	＼
调类	阴平	阳平	上声	去声
调值表	（见图）			
调值	55	35	214	51

十五韵辙分辩歌

汉字音韵十五辙，合辙押韵用处多

第一辙是"发花"，韵母 a ya 与 rua wa

小孩先会叫爸妈，语尾感叹多用它

　　　　　　　远上寒山石径斜，白云深处有人家。
　　　　　　　停车坐爱枫林晚，霜叶红于二月花。
　　　　　　　　　　　　　　　　　杜牧《山行》

第二辙是"言前"，韵母 an yan wan yuan ran

舌尖归音抵牙背，表现沉稳抒情感。

　　　　　　　人之初，性本善。性相近，习相远。
　　　　　　　苟不教，性乃迁。教之道，贵以专。
　　　　　　　　　　　　　　　　　《三字经》

第三辙是"人辰"，韵母 en wen yen yun run ren

表现安静与沉稳，常用这个前鼻音。

　　　　　　　云母屏风烛影深，长河渐落晓星沉。
　　　　　　　嫦娥应悔偷灵药，碧海青天夜夜心。
　　　　　　　　　　　　　　　　李商隐《嫦娥》

第四辙是"江阳"，韵母 ang yang 和 wan gang

后鼻音、声靠上，表现激情音洪亮。

　　　　　　　手帕蘑菇与线香，本资民用反为殃。
　　　　　　　清风两袖朝天去，免为闾阎话短长。
　　　　　　　　　　　　　　　　　于谦《入京》

第五辙是"正东"，韵母 eng yeng yong rong weng

鼻腔后部来共鸣，表现文雅和沉静。

> 李白乘舟将欲行，忽闻岸上踏歌声。
> 桃花潭水深千尺，不及汪伦送我情。
>
> 李白《赠汪伦》

第六辙是"鹅喔"，韵母 oe 与 ruo wo
注意口型提嘴角，抬启软腭把话说。

> 鹅，鹅，鹅，曲项向天歌。
> 白毛浮绿水，红掌拨清波。
>
> 骆宾王《咏鹅》

第七辙是"怀来"，韵母 ai wai 音符 2 ruai。
嘴角上提口型开，表现悲哀或豪迈。

> 江北秋阴一半开，晚云含雨却低徊。
> 青山缭绕疑无路，忽见千帆隐驶来。
>
> 王安石《江上》

第八辙是"遥条"，它的韵母 ao yao rao
口型动作变化小，表现豪放情绪高。

> 红雨随心翻作浪，青山着意化为桥。
> 借问瘟君欲何往，纸船明烛照天烧。
>
> 毛泽东《送瘟神》

第九辙是"由求"，它的韵母 ou you rou
归音形态噘着口，表现痛苦和哀愁。

> 故人西辞黄鹤楼，烟花三月下扬州。
> 孤帆远影碧空尽，唯见长江天际流。
>
> 李白《黄鹤楼送孟浩然》

第十辙是二儿，韵母 er yer yuer wer rer
相关字母结成对儿，儿化读音可真叫哏儿。

翻书本儿唱小曲儿,小四儿没事喝汽水儿。
下小雨儿开小会儿,摸黑儿写字一页页儿。

乌蒙《儿化音专论》

第十一辙是"预期",它的韵母 yi 和 yu

归音微笑牙齿齐,表现风趣和俏皮。

  黄四娘家花满蹊,千朵万朵压枝低。
  留连戏蝶时时舞,自在娇莺恰恰啼。

杜甫《江畔独步寻花》

第十二辙是"乜斜",它的韵母 ye 和 yue

嘴角收掠鼻窝撇,表现沉重与轻蔑。

  布衾多年冷似铁,娇儿恶卧踏里裂。
  床头屋漏无干处,雨脚如麻未断绝。

杜甫《茅屋为秋风所破歌》

第十三辙是"姑苏",它的韵母 wu 和 ru

口型喏着脸嘟噜,表现哀挽与哭诉。

  锄禾日当午,汗滴禾下土。
  谁知盘中餐,粒粒皆辛苦。

李深《悯农》

第十四辙是"灰堆",韵母 ei rui wei

舌根后高微张嘴,表现惊奇与赞美。

  舒心的酒千杯不醉,知心的话万言不赘,
  今儿晚上噢,咱们是瑞雪丰年舒心的会。

郭小川《祝酒歌》

第十五辙是"日蚀",韵母只有一个 R "日"

舌尖上翘往起支,句尾支吃与尸日。

  正是东风送暖时,红梅朵朵上高枝。
  楼台昨夜分烟景,无限春光入小诗。

高汉《赠三个大学生》

5

语言表达思想的规律

一、语调是表达思想的形式

人们在使用有声语言进行交流时便产生了言语。言语之间由于每个人的思想方法不同，性格不同，所处的环境条件不同，便产生了形形色色的语调。汉字的每一个音节都是由声、韵、调所组成。但是在单独发出某一种声调时并不具有任何意义，这就如同虫鸣鸟叫或动物嚎叫不能称为语言或语调是一个道理。只有这些高、低、轻、重、快、慢、抑、扬、顿、挫加上音色变化被应用到言语之中才能称为语调。

生活中我们经常形容语调的种类如：油腔滑调、怪声怪调、南腔北调、拿腔拿调；憨声憨气、唉声叹气、怨声怨气、低声下气、嗲声嗲气、平声静气、粗声大气、阴阳怪气、媚声媚气；恶言恶语、冷言冷语、好言好语、低声细语、烦言闷语、豪言壮语、自言自语、闲言碎语、痴言梦语、胡言乱语、窃窃私语、唠叨絮语、淫声荡语……它们分别代表着不同年龄、不同层次、不同职业、不同性格、不同信仰、不同地区、不同境遇、不同心理节奏所说出来的话，即符合各自心理逻辑的语调，与此同时，这些语调还受说话人的嗓音条件所制约。总之：

　　　　语调里变幻着音节长短与强弱
　　　　语调里表现出音频高低和音色
　　　　语调里洋溢着语速间歇节奏感
　　　　语调里综合着抑扬顿挫与柔和
　　　　不同的语调有不同的声音韵律
　　　　折射出人物的命运心情和性格
　　　　不同的语调有不同的气息造型
　　　　表达着人物的愤怒悲伤与快乐

二、构成语调的六个要素

　　人说话句子的长短由语音所构成。语音的高低强弱、抑扬顿挫、停顿连接形成了语调。影响语调的重要元素称为语调要素。它们是音色、音强、音长、声调、断连、气息造型（简称气形）六个要素。

音　色

　　　　语音特色包含两点，都取决于发声器官；
　　　　频率高低或粗或尖，音色如何或扁或圆；
　　　　是否沙哑是否闷暗，是否劈裂有无抖颤；
　　　　是否僵硬是否发干，声音靠后或是靠前。

　　一个人声音上的特色既包含其频率的高低，又包含其生理特征所显现出来的粗细、扁圆、明暗、亮哑的状况。这是由于每个人的声带有长短、厚薄、粗细、松紧之分，喉腔咽腔有大小，腔壁有厚薄、松紧之分的缘故。也与唇、齿、舌、腭、喉及上中下三腔共鸣的综合状况有关联。这就如同一件乐器，琴弦的长短、粗细、松紧，琴片的厚薄与质地，管乐的嘴子、脖颈、喇叭形状和它们的共鸣箱大小，以及乐器本身的形状、质地，都是决定其音色的综合因素。从这个意义上来说，人本身既是一架乐器，又是乐器的演奏者。而且人在说话或唱歌的时候，又加进了性格因素和情感因素，使音色千变万化。尤其当极度悲伤和特别激动的时候，往往失去正常的音色，发出的声音显得很难听。而口技演员与说书人，却能模拟不同音色的人说话以区分人物，有的配音演员甚至在同一部片子里，为好几个角色配音。采取调整口形、舌位、声位，收缩或抻动喉头，改变共鸣区的技巧，来实现语音化妆。由此我们明白，一个人的音色是可以通过训练来改变和提高的。播音员、节目主持人、话剧演员的嗓音圆润悦耳，先天条件好是一个方面，主要还是靠科学的训练方法，以及他们对音色的感悟。

四大名旦之一的程砚秋，音色略带沙哑，号称"云遮月"；周信芳的表演行腔独特有力，自成一派；配音演员童自荣以配"佐罗"著称，独树一帜；以及歌手腾格尔、那英，他们的嗓音都属于沙哑型的，却都把劣势转化成独特的风格，唱出了自己的特色。演员李保田、杜雨露也有自己特殊的语音色彩和造型。

每个人的发声器官基本上都一样，为什么音色会有区别？为什么会出现诸如声音嘶哑、颤抖、干瘪、单薄、僵硬、劈裂，声音发紧、发闷、发扁、发散，鼻音过重，喉音过重，说话漏气等毛病呢？除上面讲的先天条件以外，就是发声方法不规范。

当然也有生理疾病造成的（鼻炎、喉炎、肌肉松弛无力、牙齿不齐、唇腭裂、大舌头）。

我们分析原因，一方面要根据自己的问题，有针对性地去纠正；另一方面，也可以循着规律，刻意模仿某种声音，为塑造角色服务，那就是所谓的化妆音了。

声音嘶哑——声带闭合不严，急慢性咽炎，咽喉充血。

声音抖颤——咽喉肌肉松软无力。

声音干瘪——气管阻塞，喉头紧张。

声音单薄——气息过小，会厌未能卷起（未形成共鸣管道）从而缺少胸腔共鸣与头腔共鸣。

声音僵硬——声带以上的发声器官肌肉弹性不够。

声音劈裂——声带损伤，发高音时不能配合气息进行调整。

声音发紧——牙关咬得死，舌根抬得高，软腭位置低，咽喉窄而紧。

声音发闷——舌位靠后，头部低垂，阻塞了咽喉的共鸣，共鸣不集中，尤其缺少头部共鸣。

声音发扁——口腔开度小，舌面抬得高，声位偏前。

声音发散——发声器官各部肌肉综合性松懈难以控制，气息难集中。唇部牙部缝隙大，俗话说：豁嘴吹灯，肥也甭佛肥（谁也甭说谁）。

鼻音过重——鼻窦炎或软腭下垂，本应从嘴里发的音却由鼻子里出。

喉音过重——呼吸肌肉群控制不利，靠喉部阻挡气息造成说话漏气。

音色的作用同音高的作用有些相似，都可以起到不同角色声音搭配作用，可以合二为一。音色常常被用来区分角色的年龄性格，职业及好人坏人的身份，老年人声音时常用浑浊、沙哑，或干涩颤抖的声音；青壮年的声音浑厚、清脆；少女的声音清丽、圆润、柔美；醉鬼，弱智的角色，必是吐字含混不清。

音　强

说话字音有强有弱　　震颤空气产生音波
音波幅度有大有小　　区别词义重音移挪
讲语法逻辑重音时　　由标点词组来把握
心理重音强调重音　　凭内心感觉来捕捉

好比音乐分 3/4 拍 4/4 拍，语音也会通过它的强弱变化使说话赋予乐感、节奏感。（其实声乐就是说话的延伸与放大）

例如"明天下午我请你去前门外吃饭"这样一句平常话：

重音若在"明"，意思说的不是今天或后天；

重音若在"下"，你就别上午去，也别晚上去；

重音若在"我"，则说得是我请，不是别人请；

重音若在"请"，则强调不是 AA 制，而是我买单；

重音若在"你"，则强调请的人是阁下你，并非别人；

重音若在"去"，则说明我的位置也不在前门外，所以没说来；

重音若在"前",则说明地点不在后门;

北京对称的地名有：天安门地安门,左安门右安门,东直门西直门,东单西单,东四西四……后门即是地安门的别称。

重音若在"外",则强调别去前门内,前门内不是吃饭的地方;

重音若在"吃",让你知道不是去买饭、做饭或者去卖饭;

重音若在"饭",你就会知道请的是一顿正餐,而不是冷饮或小食品。

音强移位

(重音移位)所呈现出来的语义变化是显而易见的,下面再举"完了"二字的例子吧。"了"字若读重音上声是没完没了的后半句;若读轻音去声表示结束了;若读重音去声是表示叹息"死定了"的意思;若读轻声阴平声又变成了疑问句;如果改成"完"字读重音阳平声,则是轻松地告知他人"处理完了"的意思。还有"舌头"的头字若读重了就会听成"蛇头",还会误以为是蛇的头部或贩运人口的黑社会呢? 这与"红旗、东西"重音移位的道理是一样的。

如此看来,音强在语言结构中是起着举足轻重作用的,如果找不准音强的位置,或掌握不好音强轻重的分寸,就无法完成表演创作,节目主持人也难以准确地同受众交流。在朗诵中更不能准确地表达诗意和诗人的情感。

重音重读

是音强在句子中的具体表现,是指说话或朗读时,声音比较重的音节,只有准确地读出重音,才能完整地表达语意和生动地抒发情感。重音又有语法逻辑、重音和心理感觉重音之分,还有强调重音。

语法逻辑重音

一般短句的谓语重　　动宾结构的宾语重
定语状语和补语重　　疑问和指示代词重
列举的并列词语重　　比喻句中的喻体重
轻声音节的头音重　　人名地名的尾音重

【例句】

春天来了,大雁叫了,晴空里的太阳更红更娇了! 谷穗熟了,蝉声消了,

大地上的生活更甜更好了！（一般短句的谓语）

练正步，走方队，练投弹，抢胳膊，练擒拿，一对对，练射击，立卧跪。（动宾结构的宾语）

目前，正是秋收大忙的季节。人们翻滚在麦浪里紧张的战斗着。队旗红得很耀眼，打下来的粮食一片金黄。（定语、状语、补语）

论起庄稼地里的活儿，哪一个是他的对手？遇到这样的难题，谁也不知道如何是好了。

这些蠢货呀，只会平时瞎吵吵。（疑问代词和指示代词）

比如说老张、老李和小赵，还有大刘他们……天空中的星星、月亮、乌云全都蒙上了一层神秘色彩。（列举事务时的并列词语）

那洞里的钟乳石像大象、像小鹿、像盘龙、像卧虎……千奇百怪的，有的竟然像小猴子手持金箍棒！（比喻中的喻体）

傻子、石头、咱们、闲得、萝卜、干净、我们。（轻声音节前面的字）

老舍、普希金、珊瑚岛、动物园、永定门、卢沟桥。（地名、人名的后一个字）

心理感觉重音

朗读重音可以任意转移　但一定要符合语言逻辑
绝对不能前言不搭后语　必须前后呼应才有道理
语法重音服从心理逻辑　是因为语言环境有差异
逻辑重音要标上着重号　以便于正确地体现语义

【心理逻辑重音例句】

他能唱歌（前提是问：谁能唱歌啊？）
他能唱歌（前提是问：他能不能唱歌啊？）
他能唱歌（前提是问：他能唱歌还是能写歌？）
他能唱歌（前提是问：他能唱歌还是能唱戏？）

心理强调重音

心里感觉的轻重，由感情需要确定

强调颜色和气味，强调声音与动静
强调体积或面积，强调感受即心情
若是强调轻柔美，须将重读改轻声

例句：

(心里强调的重音重读)高尔基《海燕》

看吧，它飞舞着像个精灵——高傲的、
黑色的、暴风雨的精灵——它一边大笑，
他一边高叫……他笑那些乌云，它为欢乐而高叫！

例句：

(心里强调的重音轻读)屠格涅夫《树林和草原》

柔和的空气中弥漫着秋天的像葡萄酒似的香气；
远处黄澄澄的田野上笼罩着一层淡薄的雾。

音 长

字音长短在音节　语速节奏凭感觉
感情变化急与缓　决定音长与停歇
高声呼喊音节长　争吵辩论短语节
疑问反问音节长　快板口令短语节
读音前长或后短　表达词义有区别

　　朗诵同音乐一样有拖音和休止符。对于音节长短的处理，完全取决于朗诵者对作品的理解与心理感受。音节长短变化在于说话时情感表达的需要，在一定时间内，说的字越多音节越短，说的字越少音节越长。一般来说，高声呼喊（从远处叫人、叫卖吆喝、喊口令、呼口号）；疑问反问（居高临下的审问、阴阳怪气的疑问、大惊小怪的反问）以及边想边说或朗诵古诗词时音节长；争吵辩论，紧张报数，紧急催促或说快板、绕口令时音节短。高声呼喊就像吹熄灯号那样悠长，争吵辩论就如同机关枪点射—哒哒哒—哒哒哒哒。大家都知道"啊"的四声变化长短不一样，字典把它作为四个字来对待；我们再试着将"那叫什么"四个字分别拖音，（分别去读长每个音节）也会得到不同的含义。

那——叫什么呀？（不解地询问）

那叫——什么呀？（批判地质问）

那叫什——么呀？（傻傻地提问）

那叫什么——呀！（不屑地嘲笑）

啊！——（短短的惊呼紧张地屏住呼吸）

啊好，啊就这样。（痛快地答应）

啊？你说什么？（打电话追问）

啊——这个这个啊——（做报告想词儿）

啊！？太过分了！（生气地责问）

声　调

字音起伏顿挫抑扬，五度四声科学计量；
声调变化形成语调，区别词义影响行腔；
声调影响语调状况，反映情绪表达思想；
六种语调六种造型，高低错落起伏跌宕。

　　汉字的每个音节都有五度四声（阴平、阳平、上声、去声），但是由于人群居住分布广阔，虽然都讲汉语，却常出现"十里不同音"的现象，有人甚至离开家多年，都"两鬓斑白"了还"乡音未改"，为什么呢？是因为各地对语音的四声认识不同。比如说山东、河南人认为一声的字是三声，三声的字该读一声，所以，他们就把一三声颠倒了念。而天津人说话习惯于把一声的字读四声，这起源于明朝开国皇帝朱元璋进京，将安庆那支部队驻扎在天津，保卫北京，所以叫天津卫。从此在那里繁衍生息，其母语与安徽同出一辙。四川人习惯将四声的字读三声，所以四就变成了死。东北人一声读二声的比较多（知道—直到）又将二声读三声（国家—裹挟、结婚—解婚）四声读三声（卫生—尾声）二声读四声（还有—害友）三声读四声（而且—耳窃），不然，怎么会南腔北调呢？由此看来，是地方音的声调影响了语调。因为一句话是由若干词汇组成，词汇又有双音节的（孩子、石头、手机、你们、电脑）、三音节的（摩托车、电视机、运动员、讲卫生、狗不理）、四音节的（蒸蒸日上、二分之一、令人费解、有去无回、保险公司）等等，同字不同调的现象数不胜数。（睡觉、谁叫、水饺、水窖、水胶、摔跤；四惠、私会、撕毁、死灰、四回）它们并不是多音字，而是方言对字音的声调认识有差异。

关于语调，本书在纠正语音时论述得比较详尽。可归纳为六种调势

平直调—水平形　　降抑调—下梯形　　高升调—上梯形
柔和调—渐隐形　　曲折调—波浪形　　顿挫调—间歇形

停　顿

语句的间歇称为停顿，是有声语言无声部分
停顿使语言节奏鲜明，可用来帮助强调重音
停顿是语法修辞手段，能表达言语特殊神韵
声停气不断意犹未尽，用断连技巧解读作品

我们在朗诵的时候，为了更好地抒发情感，表明语义，分清层次，句间要有合理的停顿。停顿之后再接着说，称为断连（也有叫停连的）。说话中间停顿与连接的好坏，极大地影响着语言表达效果，不同的断连形式产生不同节奏感。所以说停顿这种"动中之静"也是"静中有动"啊！有口吃毛病的人常常耽误事就是极好的证明。停顿又分语法逻辑停顿和心理感觉停顿。现在我们举几个最简单的例子，看看你有没有因为停顿问题闹过类似的笑话？

找不准停顿位置，令人费解

四川烧鸡公\鱼头汤。

四川烧鸡\公鱼头汤。

停顿使名称产生混乱

东四\十条。

东\四十条。

停顿改变了商品种类

羽毛球拍\卖完了。

羽毛球\拍卖完了。

停顿改变了所说的对象
男人四十\一枝花。
男人\四十一枝花。

停顿改变了句子结构
已取得学历的\和尚未取得学历的干部。
已取得学历的和尚\未取得学历的干部。

停顿改变了事件的主体
绑架老板十三岁女童\讨工钱。
绑架老板\十三岁女童讨工钱。

停顿增加了事件的主体
船上的人\对岸上的人大声喊叫着。
船上的人\对岸上的人\大声喊叫着。

语法逻辑停顿

标点停顿

顿号最短逗号次短　分号和冒号比较短
句号问号叹号较长　破折号省略号更长
连接号引括号稍长　书名号着重号也长

若该停顿的不停顿，则破坏效果，不该停顿的乱停顿则会显得很滑稽。那么按语法结构来停顿，靠什么掌握它的分寸呢？靠标点符号，标点符号是现代书面语言中不可或缺的组成部分，是文字里面的有机部分，每一个标点符号都有它存在的作用，大小不等的各种断连都是用标点符号来表示的。与断连节奏有关联的15种标点符号是：逗号、句号、分号、冒号、顿号、问号、感叹号、引号、括号、破折号、省略号、着重号、连接号、间隔号、专名号。

5 语言表达思想的规律

点号的作用是点断，表示说话时的停顿和语气。句末点号包括句号、问号和叹号。停顿稍长、语气明显。句中点号包括逗号、顿号、分号和冒号，停顿稍短。

标号有 8 种，主要用来标明专用词、短语句和某种停顿与连接及语气的变化。比如当我们念引号里面的话常常要根据不同的人物来改变语调以分清角色（叙事诗、小说、散文、寓言、故事）念完引号的话稍加停顿。

念括号里的内容因基本为注解性，或补充性的，所以读的时候语气要跳进、跳出。

破折号常引出后面解释说明，破折号也可以给后面带来长久的沉默（停顿）或语塞，或思考拖音。

陈老先生——陈宏道——仍然端坐在红木椅上。（老舍《月牙儿》）
当了几年的差事——虽然是这样的差事——我事事入了辙。（老舍《月牙儿》）
"一二三——四"（操令）
"不要这样说，我不过是一个平常的人，跟你一样的人。我将来一定要接你——"他的声音颤抖起来……（巴金《家》）

省略号因表现惊骇、悲戚的语塞或思绪深远或病人微弱的叮咛，产生语句的断续现象而使用。

"好同志……你……把它带给……"话就在这里停住了。

着重号、连接号、间隔号与专名号。着重号是强调该词汇的重要，因此要读重些、清楚些。

没有停顿说不成句，停顿得好坏直接影响能否准确地表达语义。语句之间的间歇不但是划清段落层次的手段，也同时是突出重点词语和换气的茬口。停顿技巧掌握得好，就能使文章产生乐感；若掌握不好，会使听众不知所云、莫名其妙。停顿除语法逻辑停顿还有心理感觉停顿。语法逻辑停顿里除去标点停顿以外，还有词语之间的停顿。念的时候逗号上场，句号收停，若句号、逗号不清，则逻辑不清。以散文《老师——我的太阳》为例，看标点停顿在朗读中的应用：（"／"表示停顿，"／／"表示稍长的停顿）

……我天天望着通往学校的那条羊肠小路，／想象着自己又背起书包上学去。／／就在那天傍晚，／我看见了您……／／我的老师，／拄着拐杖，／一步一步地挪着。／／汗水打湿了您的长发，／您的脸红得像天边的晚霞，／／我扑进您的怀里，／紧紧抱住您瘦弱的身子：／十几里的山路，／您是怎么走的？／／可无论您怎么向父亲求情，／固执的父亲就是不答应！／／

词语停顿

朗读散文或小说　句子长了易出错
词语之间加停顿　标点之外设间隔
间隔设在主语后　稍加停顿把气托
托气之后偷换气　表达语意更透彻

散文《老师——我的太阳》第一、四段，看看在标点之外，是如何完成词语停顿的：

我／出生在吕梁山上的一个小村庄，／／母亲在我很小的时候／便扔下这个家走了。／／二年级后，／父亲就不再让我读书／／。

那条羊肠小路／布满了您用拐杖杵出来的坑。／一天天由浅变深，／一天一天由少变多，／／第十七天下起了雨，雷电交加／／我想老师／您一定不会来了。／

这里的"小路"与"布满"之间、"老师"与"您"之间即为词语停顿。

心理感觉停顿

强调停顿

停顿由心理状态决定　强调文章的某一内容
用停顿技巧制造悬念　如同拖音所起的作用
或在叙事前慢条斯理　使听者急于探个究竟
或在结语时刻意停顿　使听众印象加深加重

还以《老师——我的太阳》为例，看看如何用停顿强调时间和加深印象的：

您只是淡淡的一笑，／第二天／您又来了，／／第三天，／第四天……／／开始／您还和父亲说我上学的事，／后来／就什么都不说了，／只是在油灯下给我补课。／／

这个时候，／老师您／笑了。／／笑得那么美，／那么甜／那么灿烂／／这笑容伴随着我小学毕业，／中学毕业，直到今天。

感情停顿

感情停顿取决于感受　是朗诵者心韵的流露
完全融入作品的心境　用停顿描绘韵律节奏
心理停顿犹如重强音　紧紧把文章的主题扣
心理停顿好比是电流　把听众的心燃烧击透

以微型小说《军礼》为例：

"快，给我找军需处长！"／／警卫员哇的一声哭了出来：／／"报告军长，／他／就是刚任命的军需处长。／／棉衣不够了……／／每人发的御寒辣椒／／他都没舍得吃一口……"／／

人们不知道这位军需处长的名字，／／可是／永远也忘不了／他留给我们的／那个鲜红的／辣椒。／／

这两段有六处感情停顿，警卫员哽咽着报告是因为感情激动难以控制；朗诵者最后说不成长句子，也是因为难以抑制地悲痛情绪。停顿得当，能创造巨大的冲击力和穿透力。

气形（气息形态的简称）

气息形态在说话时形成，气形对发生机制起作用。
唇齿舌腭喉的综合调控，使气形变成了语言造型。
憋气喷气抖气闻气叹气，演变成怒斥或冷嘲热讽。
提气托气抽气弹气哼气，转变成哭笑或阿谀奉承。

谈到构成语调的第六个要素"气形",气息的形态变化是受人们思想感情支配的。人的情绪及健康状况极大地制约、关联着气息形态,表现在说话时的心情与气息状况的关系。

气息虽无色无味,然而,人在用有声语言交流时的气息形态却变化万千。从物理的角度来解释,语音的震颤改变了空气中分子结构的排序,传到我们耳膜,便感受到它的存在,因此它是有形的。也就是说,先有气息形态,后有语言造型;气息形态影响语言造型。例如:

平声静气(平静地说)　柔声柔气(温柔地说)　粗声大气(粗犷地说)
小声小气(文静地说)　瓮声瓮气(低沉地说)　细声细气(纤弱地说)
怪声怪气(扭曲地说)　厉声厉气(严厉地说)　憨声憨气(憨厚地说)
浪声浪气(淫荡地说)　怨声怨气(埋怨地说)　媚声媚气(献媚地说)
噘声噘气(垂死地说)　嘘声嘘气(悄悄地说)　奶声奶气(撒娇地说)
恶声恶气(凶狠地说)　尖声尖气(咋呼地说)　惴声惴气(胆怯地说)
嗲声嗲气(拿捏地说)　赧声赧气(羞怯地说)　爽声爽气(开朗地说)
嘿声嘿气(冷冷地说)　悻声悻气(怨恨地说)　黯声黯气(压抑地说)
盛声盛气(得意地说)　闷声闷气(生气地说)　抽声抽气(抽泣地说)
低声下气(啜嚅地说)　唉声叹气(无奈地说)　哽声哽气(哽咽地说)
颤声颤气(颤抖地说)　顿声顿气(试探地说)　绘声绘气(描绘地说)
悲声悲气(悲戚地说)　呆声傻气(愚痴地说)　酸声酸气(嫉妒地说)
垂头丧气(沮丧地说)　扬眉吐气(高傲地说)　阴阳怪气(轻蔑地说)
偷气换气(连贯地说)　绷气弹气(嬉笑地说)　提气托气(专注地说)
赌气喷气(愤怒地说)　悬气闻气(欣赏地说)　吹气叹气(烦躁地说)
喧气吸气(吃惊地说)　喘气抖气(挣扎地说)　吸气咽气(强忍地说)

气息与表演六合图

在阐述气息与表演的关系时,前人有"手、眼、身、法、步"五合之说。即心与口合、口与手合、手与眼合、眼与身合、身与气合。其实,你只要顺时针把他们排成一个循环圈,再加上一个"气与心合",便如同电流形成回路一

5 语言表达思想的规律

样,这就是本书所演示的气息与表演六合图。中间是你在舞台上或镜头前,心(心里动作)口(语言动作)手(手势)眼(眼神及面部表情动作)身(肢体表情动作)气(气息形态)他们相互作用与配合的辩证统一关系便显现出来了。

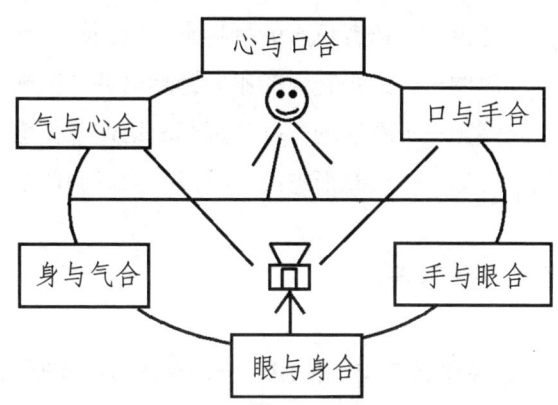

当朗诵者在舞台上或镜头前进行表演时,你的语气是受心理指使的,手势配合语气,眼神和面部表情配合手势,同时,形体动作配合面部表情动作,相应的气息形态支撑着朗诵的语言表演,而这气息形态又一时一刻也脱离不开心理动作的影响和支配。如此一环扣一环地相互作用,形成一个有机的整体。即朗诵表演时的气息状态。

平静的时候气正而自然,伤心的时候气短多长叹
欢快的时候气满嬉笑谈,遮掩的时候气虚语慌乱
放松的时候气息舒而展,柔情的时候气息温而棉
强忍的时候气哽声发黯,咋呼的时候气扬声发尖
疑惑的时候气卷往起悬,醉酒的时候气乱声也烂
愤怒的时候喷气胸胀满,惊骇的时候抖气声发颤
紧张的时候提气来回喘,专注的时候托气等回言
烦闷的时候吹气响频繁,不屑的时候哼气小腹弹
发狠的时候拧气声怪诞,撒娇的时候嗲气声发酸
病危的时候声弱气息奄,怪罪的时候怨气悻悻然

综上所述，语调六要素分别对语调的这一方面或那一方面产生至关重要的作用。总之：

音强——语音振幅的大小影响语调轻重感

音长——字音长短的变化影响语调情绪感

音色——语音色彩的好坏影响语调的美感

声调——四声起伏的不同影响语调音乐感

停顿——断连的分寸把握影响语调节奏感

气形——气息形态的状况影响到语调造型

三、决定语调的心理因素

语调供语言交流使用　　语调被语言动作驱动

语调受语言目的指使　　语调由语言逻辑产生

语调让语言态度左右　　语调用内心节奏平衡

语调受语言形象影响　　语调由综合因素形成

吴青教授总结出关于语言表演时须注意的七项心理因素，这对于我们准确掌握语调，表达情感乃至节目主持人的现场把握都能起到至关重要的作用。它们是：语言交流、语言动作、语言目的、语言逻辑、语言态度、语言形象、语言内心节奏。

语 言 交 流

朗诵时要注意交流对象和人数，好比是指挥员在给不同编制不同人数下达动作口令时，字音长短与强度均不同。你的交流对象是单个人、几个人、几十人、几百人，或想象中的人，其语调都会产生变化。或自言自语或旁敲侧击，或高声呼喊或平声静气。交流对象不同则语调不同。例句：

(1) 立正—向右看齐—向前看—齐步走！（面对一个排、一个连、一个营喊口令）

(2) 老张你最清楚，你说该怎么办？（一个人的）

(3) 还有你，你——你们怎么不说呀！（多个人的）

(4) 我该怎么办呢？难道我就一点办法也没有了吗？……（自言自语的）

(5) 谁偷了我的小狗——别以为我不知道！（指桑骂槐）

(6) 父老乡亲们——我们是抗日的队伍！（大会演讲）

语言动作

语言动作具有达到目的的行动性。朗诵者读到小说中人物对话时，只有找到角色人物的语言动作，才能相应地找到肢体动作与面部表情的准确动作。而不同身份不同性格的人对于同一件事的反应是不一样的，所以他们的语言动作也不尽相同，比如说大家都同样看到工地水管子在哗哗流水，每个人说出来的话，语言动作却不一样。

例如：

这工地的水管子哗哗流水，怎么没人管呢？（抱怨指责）

这工地的水管子哗哗流水，你们赶快去修！（指示命令）

这工地的水管子哗哗流水，应该修一下了。（提醒建议）

这工地的水管子哗哗流水，可要修好哇……（叮咛嘱托）

这工地的水管子哗哗流水，再不修停工罚款！（警告威胁）

语言目的

语调受语言目的的影响是显而易见的。人们嘴里说的其实正是心里想的。任何人说话都不会无的放矢，尤其是那些拐弯抹角的双重性语言，看似费话，其实都有目的性。语言的目的性与潜台词有直接的关系。潜台词也就是由语言目的产生的心里话。为了达到某种目的，除去平铺直叙地指示命令以外，更多的是探究、掩盖、躲闪、试探铺垫、征询反问，引导诱劝的语势。

例如：

一连从正面主攻，二连三连从左右包抄，五点以前必须拿下这山头。（坚定清晰的指示命令）

台词（角色说的话）　潜台词（语言目的）

你—喝酒了吗？（别人我不想知道，我只想问你喝没喝）
你喝—酒了吗？（你到底喝没喝酒，跟我说实话吧）
你喝酒—了吗？（我没问你喝没喝茶，汽水或别的什么）
你喝酒了吗—？（我上哪儿喝酒去呀？我能喝酒吗？）

语言逻辑

语调受语言逻辑影响主要体现在有问有答上面。问什么就答什么，不能答非所问。言语有来有往才符合逻辑。语言逻辑性是人在说话时正常的心理反应，例如电视剧《罪证》里，罗培石面对着妻子的关爱，却狂躁地叫喊着："医生！医生！我又不是你的病人，我是你的丈夫！"看起来似乎不符合常人的语言逻辑，却恰恰符合这位因杀人灭口，怕事情败露而心虚烦躁的犯罪嫌疑人的心理逻辑。表现在重音与停顿上的语气变化如：

此人饶恕他，不得处以极刑（因同情他而给以宽恕）
此人饶恕他不得！处以极刑（因痛恨他而要求严惩）
孩子，你要是再骗我，那就是杀了我了（若把再字当作重音，会给人一种错觉，认为四凤是爱骗人的坏孩子，重音不符合逻辑）
孩子，你要是再骗我，那就是杀了我了（这世上别人都在骗我，唯独我女儿你不能骗我，重音落在你字才是符合逻辑的）

语言态度

人说话时的态度积极不积极，对于语调有直接影响。还有主动说话与被动说话，想说话与不想说话，心情好的时候说话与心情不好的时候说话，语调截然不同。就以最简单的问你好为例吧，可以有兴高采烈的，也可以有漠然冷淡的；有积极主动的，也有很不情愿的或者敷衍了事的……问候老人家您好，问候小孩子你好那种关爱的语气也不一样。

哎你好！你好，你好。（积极主动地）
哎哟—你好哇！真想死你啦！（兴高采烈地）
嗯……你好。（漠然冷淡地）

老板早，老板好，老板早晨好！（奉迎地）
噢，好，好，你好，你们好。（敷衍地）
大妈您好吗？（尊敬地）
小朋友你好哇（喜爱爱）
你好哇！跑这来躲债来啦！（凶狠地）
你好哇……我们可不行（嘲讽地）

语言形象

在朗诵寓言故事的时候，当人们谈及某一事的具体情节，具体的声音与形态，具体的颜色与状况，当时的内心感受时，那种绘声绘色的描述，伴随着肢体表情动作与面部表情动作，其言语表情动作也非常形象化。这种形象化的语言描述，往往带有夸张的成分。三种表情动作协调统一，且全部带有形象感。

例如：

大老虎、大狮子、大象、大蟒蛇、大鳄鱼、大恐龙（口型大，手势大，眼睛睁大，声音张扬）

小花猫儿、小白兔儿、小松鼠儿、小金鱼儿、小鸟儿（口型小，手势小，眼睛眯着，声音轻细柔和）

在很远很远的地方，在很久很久以前（声音带着空旷感）

他的脸色苍白，流着鲜红的血，浑身发抖，可怕的样子（咧嘴皱眉，比手画脚，声音夸张地颤抖）

狂风席卷着乌云，铺天盖地压了下来，雷鸣电闪，大雨倾盆（龇牙咧嘴，手势夸张，声音沉重）

那个大胖子，那个小瘦子……那个人怪怪的，那个人真逗乐！（手势的模拟，面部表情的惊奇，配合语调的描述）

风和日丽，和风细雨，周围静极了。花儿是那么好看，那么香，人是那么美……（眼神柔和，动作轻柔，语调温柔，赞美叹息）

语言内心节奏

其实，影响语调的心理因素最终应归结为语言的内心节奏。人说话之前，当时心理处于一种什么样的状态是最关键、最重要的，也是对语调起决定性作用的。

例如：

别提了，我真是倒霉透了……咋办呢，唉——（沮丧的心情产生了唉声叹气的沉重节奏）

哎呀，这是真的吗？简直太好啦！嘻嘻哈哈（惊喜的心情产生了跳跃的轻快节奏）

不，不，不可能……——这绝不会……（焦虑的心情产生了语无伦次的紧张节奏）

放开我！放开我！你们放——开我！！（愤怒的心情产生了怒不可遏的强烈节奏）

啊，多美呀……多好哇，我真幸福……（幸福的心情产生了赞美叹息的温柔节奏）

这回可好啦，我们不用急了。待会儿我想做一件事（舒缓的心情产生了平稳节奏）

内心节奏影响着、改变着语调的抑扬顿挫。内心节奏不同语调亦不同。这是内心节奏与外部节奏的关系所致。紧张、强烈、轻快，可以归结为快节奏的三种形式；温柔、平稳、沉重，可以归结为慢节奏的三种形式。

以上我们列举了六种语调变化的依据（条件）它们分别制约着语调的软硬高低、轻重缓急、抑扬顿挫、刚柔粗细、大小起伏、冷热忧喜、虚实强弱、直白含蓄。

心理节奏的作用

心情影响脉搏跳动的快慢
心情也会使外部节奏改变
语言是心理节奏的体温表

> 心理是语言节奏的指挥官
> 心理状态的沮丧惊喜不安
> 沉重轻快紧张的语调出现
> 心理状态的愤怒幸福坦然
> 造成语调的强烈温柔舒缓

心理和语言节奏的关系

　　心理节奏　　　　　语言节奏

平稳、坦然、舒缓——平静客观郑重地讲话（平稳节奏）

兴奋、快乐、不屑——欢蹦乱跳地大呼小叫（轻快节奏）

悲痛、低沉、坚定——哀悼、命令、表示决心（沉重节奏）

愤怒、仇恨、斥责——怒斥反抗与歇斯底里发作（强烈节奏）

幸福、甜蜜、满足——柔情地赞美、说悄悄话（温柔节奏）

震惊、害怕、担心——口吃结巴地反复催促、警告（紧张节奏）

还有若干因素，如：地域因素、职业因素、性格因素、生理因素等都会对语调的这一方面或那一方面有所影响。人在激动兴奋的时候，伴随着语言节奏的加快，说话的语调会自然升高，而在绝望与痛苦的时候，伴随着语速节奏的放慢，说话的音调也会变得低沉，甚至在极度悲伤或喜悦的时刻，会出现泣不成声，张口结舌，产生断句现象，还会有哽咽、尖音、嘶哑、颤抖等怪声怪调出现。

当我们掌握了影响语调的心理因素以及其他因素以后，在朗诵时就会把握好语气的分寸感。朗诵者只有把握好了分寸感才算掌握了节奏感。也就是说，要想朗诵好一个作品，首先要从心理因素出发，去理解作者的意图，然后才能以作者那样的心境去表达情感：是赞成还是反对，是歌颂或者批判。若是遇到小说或寓言故事里的人物对话与独白，则会很自然地根据人物的身份、年龄、性格、命运、人物关系、事件冲突、分析出人物的心理状况。在综合了这些诸多因素之后，自然而然地合理地处理语言节奏的外部变化。

前面讲过的吐字、发声、气息、共鸣、重音、拖音、断连、节奏感以及音

色的模拟等，都是朗诵的基础训练。尤其纠正发音，更是基础的基础。朗诵者一定用普通话，掌握了朗诵的基本原理，反复琢磨推敲作品的意境与内涵，充分理解作品，犹如雄兵百万在心中，张口便有气吞山河之势。

朗诵是一门实践性很强的表演艺术。没有吃苦精神去背、去琢磨、去一遍又一遍地修正自己，是无法获得最佳效果的。

6

朗诵的语言技巧

　　朗诵如同唱歌的节拍一样，最是讲究节奏感的，节奏感体现在语调的抑扬顿挫之间。当然，节奏感也包含语速的快和慢，什么叫节奏呢？可以说：

　　　　一年四季的循环往复；二十四小时夜黑昼明。
　　　　潮涨潮落的准时发生，心脏脉搏的反复跳动。
　　　　节奏重复着音节长短，间隔循环着音强轻重。
　　　　节奏是一种对比关系，节奏感是朗诵的生命。

一、语速的掌握

　　语速的快与慢是由我们所要表达的思想内容需要而决定，它直接影响到我们的朗诵效果。作品的内容和体裁决定朗读的速度。适当掌握快与慢，增强语言的表达效果。语速太快，听众不间断的接受一个速度的刺激会感到局促，语速太慢，会使听众感到烦闷，提不起欣赏兴致，使注意力分散；只有快慢适度，才能充分表达作品的思想感情。

　　根据内容掌握语速：朗读的语速必须与情境相适应，根据作品的思想内容、故事情节、人物个性、环境背景来决定用什么样的感情色彩来处理。当然，语速的快慢在一篇作品中并不是一成不变的，还要根据具体的内容有所变化。通俗易懂、描写叙述的宜快；欢快、热烈、紧张、焦急、慌乱的宜快；争吵、急呼、控诉、指责、抨击、辩论的宜快；叙述、絮语、回忆、解说、旁白、追思宜慢；悲痛、沉重、镇定、稳重的宜慢；还有温柔、缠绵的悄悄话以及哲理论文、晦涩深奥难懂的宜慢。环境描述的可轻快一些，紧张情节的叙述可急迫一些。有时为了调动听者的想象力，可作短暂中断，则会达到此处无声胜有声的艺术效果。

总之：

说话速度快和慢　表达心情是手段
急促紧张与慌乱　兴奋激动或争辩
以上情绪要快念　以下应该慢一点
平静陈述与庄严　沉重思念和伤感
晦涩难懂哲理篇　柔情对话多缠绵

例如：

急促：快快快！快点跟我走！
紧张：哎呀，这可怎么办呢，来不及啦！
慌乱：我帽子呢？我手套呢？搁哪儿啦？
兴奋：真是太好啦！我考上电影学院啦！
激动：这样不公平！让我怎么谢您呢？
争辩：你们凭什么抓人？这能怨我吗？
平静：我们都是一把年纪的人了，这些话你也不必说了。
陈述：1921年7月1日，诞生了伟大的中国共产党。
庄严：中华人民共和国成立了！中国人民站起来了。
沉重：×××不幸以身殉职……
思念：他要是在这儿有多好哇……
伤感：唉，完了，这下儿全完了……
缠绵：我走吧？嗯，人家不让你走么——

语速节奏变化受心理节奏的指使，但要注意语速快的时候（快板，贯口）

避免吃字和粘连。语速慢的时候（慢板，拖音）避免散乱和断线。要做到吐字清晰，语义连贯，气流均匀，呼吸自然。

二、节奏的把握

朗诵时带有规律性的变化叫节奏。说话要有节奏感，该快的时候快，该慢的时候慢，该起的时候起，该落的时候落。这样有起伏有快慢，有轻重，有停连，才能产生语言的乐感，否则话语不生动，不感人。有位意大利的音乐家，他上台不是唱歌，而是把数字有节奏、有变化地从1数到100，结果倾倒了所有的观众，甚至有人被感动得流眼泪，可见节奏在生活中是多么重要。节奏与语速有关连，但不是一回事，语速只表示说话的快慢，节奏却包含着强弱和起伏。

快节奏

1. 轻快型：（轻快节奏）多扬少抑，多轻少重，语节少而词的密度大。
2. 高亢型：（强烈节奏）语势多为起潮类，峰峰紧连，势不可遏。
例：《白杨礼赞》《海燕》等。
3. 紧张型：（紧张节奏）多扬少抑，多重少轻，语节内密度大，气促，音短。
例：《最后一次演讲》《童区寄传》等。

慢节奏

1. 舒缓型：（平稳节奏）语势多扬而少抑，声较高而不着力，语节内较疏但不多顿，气流长而声清。例如一般的叙述和紧张过后的舒缓。
2. 低沉型：（沉重节奏）语势为落潮类，句尾落点显沉重，音节拖长，语节多而词疏，声音偏暗。例：《卖火柴的小女孩》《最后一课》。
3. 轻柔型：（温柔节奏）语势平稳，清晰而柔和，音节长而甜美。需采用重音轻读的技巧。例如：《荷塘月色》《秋色赋》等。

三、语言基调的定位

　　社会三百六十行各类人员　形形色色的语调声音迥然
　　音色的宽窄扁圆老嫩明暗　气息的沉浮润燥虚实深浅
　　节奏的高低快慢强弱激缓　在声音基调上有各种表现

若想把握好朗诵的基调，就应考虑到人的职业特征，生理特征，性格特征，时代特征，地域特征等不同的因素。在声音造型上，有宽厚与尖细之分，浑圆与干扁之分，苍老与稚嫩之分，明亮与暗哑之分，充实与虚空之分，深邃与浮浅之分，低沉与飘逸之分，圆润与躁吵之分，高亢与低沉之分，强烈与微弱之分，快捷与慢速之分，激越与舒缓之分。不同的人要有不同的声音设计与选择，不可以一盖之。

　　语调里变幻着音节长短与强弱
　　语调里表现出音频高低和音色
　　语调里洋溢着语速间歇节奏感
　　语调里综合着抑扬顿挫与柔和
　　不同的语调有不同的气息造型
　　表达着人物的愤怒哀伤与欢乐
　　不同的语调有不同的声音韵律
　　折射出人物的命运心情和性格

然而，这千种百种的语调形态或者说这百种千种的语气造型，全部围绕着六种基本语调上下左右地变化着。这六种基本语调是：平直调、高升调、降抑调、曲折调、顿挫调、柔和调。

平直调（平稳节奏）

　　表现一般的陈述　表现平淡的交流
　　表现客观的旁白　表现郑重的朗读
　　表现神圣的演讲　表现严肃的宣布
　　语调平直无曲折　节奏没有大起伏

例如：

请大家坐好了，我们现在开会了……（平淡交流）

我是1943年5月出生的，小时候家里很穷。（一般陈述）

这事儿发生在四十年前的一个早晨……（客观旁白）

中华人民共和国宪法第七条规定：（郑重朗读）

佛祖教诲我们要无恨、无怒、无欲、无愁。（神圣演讲）

为了严肃党的纪律，给予×××留党察看处分。（严肃宣布）

高升调（强烈节奏）

表现怀疑质问　表现生气亢奋

表现大声疾呼　高处远处叫人

若是宣传讲演　表现激动愤懑

语调由低到高　句尾向上扬伸

例如：

哎？我怎么看您眼熟呢？您是不是姓张啊？（疑惑设问）

哎呀，真是太棒啦！我们胜利啦！（欢快兴奋）

喂！你快下来——上面有危险！（远处叫人）

同胞们："日本鬼子打上门来了，我们怎么办？我们要以牙还牙，以血还血！消灭它们！"（大声疾呼）

打倒日本帝国主义！打倒汉奸卖国贼！（激动愤懑）

降抑调（沉重节奏）

或是痛苦呻吟　表现疼痛难忍

或是追思悼念　表现心情沉闷

或是指示命令　表现肯定坚韧

语调由高降低　句尾降落低沉

例如：

哎哟……疼死我喽……（疼痛难忍）

我饿呀，我冷啊，好难受哇……（痛苦呻吟）

×××同志在扑救山火中壮烈牺牲……（追思悼念）

在这沙漠里，粮食没有了，水也喝光了，人也病倒了，再往前走，可怎么办呢？（心情沉闷）

一连、二连从正面主攻，三连、四连左右穿插，今晚六点必须拿下101高地！（指示命令）

没问题。保证完成任务！（坚韧肯定）

曲折调（轻快节奏）

表现反问怀疑，使用阴阳怪气。
表现语言犀利，使用双关词语。
表现快乐无比，嘻嘻哈哈逗趣。
若是表现惊奇，曲折程度加剧。

例如：

是吗？我怎么不知道哇？那你说呢？（反问、怀疑）

屎壳郎坐火车——臭到哪儿算一站呢？（语言犀利）

啊？这也太过分了吧？怎么能这样呢！（震怒惊奇）

柔和调（温柔节奏）

表现知足满意　表现赞美叹息
表现柔情蜜意　表现悄声细语
语调轻柔飘逸　表现柔和细腻
全靠气音托送　幸福满足赞许

例如：

噢……我太幸福了……好香啊……（知足满意）

啊……真是太漂亮了……好美呀……（赞美叹息）

亲爱的……想我了吗……我爱你……（柔和细腻）

嘘……这件事可千万要保密……（悄声细语）

顿挫调（紧张节奏）

遭遇突然惊吓　吓得哆嗦磕牙

面对恐吓威胁　说话结结巴巴

突然凶险来临　紧张慌乱害怕

反复催促警告　不知如何表达

例如：

这这这　这到底是怎么回事啊这？

你你你　你想干什么你？我可报警啦我！

我我我　我没干什么呀，你总盯着我干吗？

别别别　你可千万别这样，有有话好好说——

他他他　他总跟着我，他他他，不怀好意——

快快快　快把那里扫一扫，快把烟头捡起来！

以上六种基本语调体现在朗诵上，同前面讲过的六种心理节奏相对应；也是与朗诵的六种节奏感相一致的。如下所示：

（心理节奏）　（语言节奏）　（语调形式）（语势造型）

平稳坦然 —— 安静平稳 —— 平直调 —— 水平形

轻松快乐 —— 兴奋轻快 —— 曲折调 —— 波浪形

坚定悲痛 —— 低迷沉重 —— 降抑调 —— 下梯形

震惊气愤 —— 高亢强烈 —— 高升调 —— 上梯形

幸福甜美 —— 满足温情 —— 柔和调 —— 渐隐形

惊恐害怕 —— 紧张慌乱 —— 顿挫调 —— 间歇形

综上所述：语调和心理的关系

语调稳重时心里也平和，语调轻快时心里也欢乐，
语调悲伤时心里也伤感，语调犀利时心里也尖刻，
语调温柔时心里也甜美，语调爽朗时心里也开阔，
语调圆滑时心里也诡秘，语调卑微时心里也猥琐，
语调强烈时心里也愤怒，语调嗫嚅时心里也艰涩，
语调诚恳时心里也真挚，语调迟缓时心里也疑惑，
语调轻狂时心里也放浪，语调煽情时心里也火热，
语调夸张时心里也伸展，语调风趣时心里也幽默，
语调飘忽时心里也迷茫，语调低迷时心里也失落，
语调暴躁时心里也烦闷，语调慌乱时心里也忐忑。

四、语势的造型

语势是语调造型所形成的一种态势：往上挑起或往下降落，平铺直叙或者跌宕起伏；也许像跳慢三步那样舒展，也许如同慢四步那样温柔优雅。总之，语势是语调节奏中的一种对比关系，是语言节奏感的另一种提法。即：上梯形、下梯形、水平形、波浪形、间歇形、渐隐形。

A. 上阶梯语势（高升调）

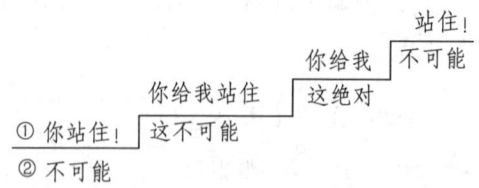

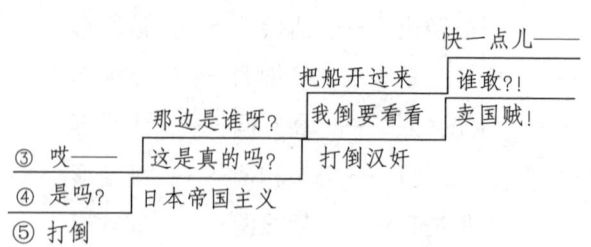

6 朗诵的语言技巧

B. 下阶梯语势（降抑调）

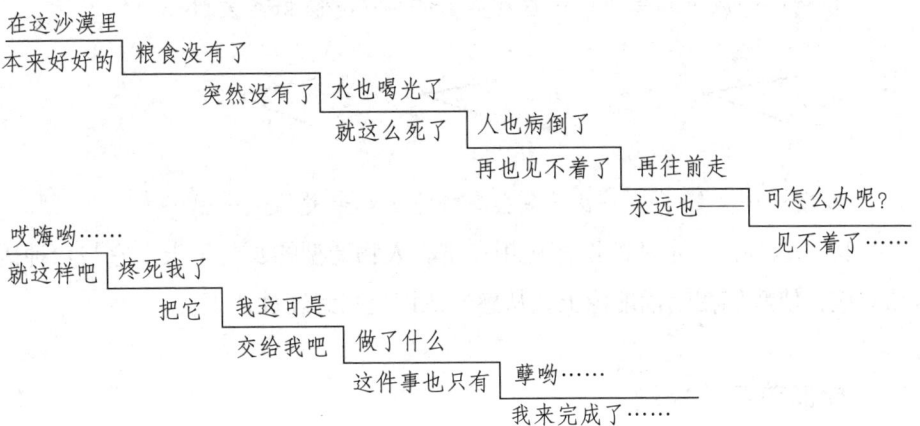

C. 水平形语势（平直调）

同志们请坐好，大家安静一下，我们现在开会了……

这里躺着一代天骄成吉思汗……如今长眠在异乡征途……

我不知道自己的出生年月，从小是个孤儿，家里很穷……

为了严肃党纪国法，决定给予×××留党察看和行政降级处分。

D. 波浪形语势（曲折调）

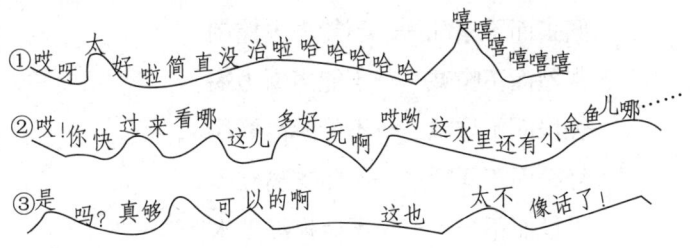

E. 间歇形语势（顿挫调）

你你你□□你要干什么呀你……我我我□□我没干什么

别别别□□你可千万别这样□□这这这□□这到底怎么回事呀

好好好□□好险哪□□快快快□□快点儿藏好喽

F. 渐隐形语势（柔和调）

① 啊……风景真美呀……这花儿真香啊……你好可爱呀……

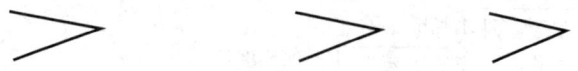

② 噢……太好了……我是多么幸福哇……亲爱的……嗯……

以上六种语调走势的图形应用在带有人物造型的长句子上。它与六种语调相对应，使我们在朗诵理论上，从感性认识提高到理性认识。

五、朗诵节奏的控制

一个文学作品不可能只有一种节奏。因此这六种节奏并不是孤立地去运用，也只有合理地，恰如其分地使它们互相配合，互相衬托，产生对比，产生音乐感，才能增强感染力。

前面我们曾讲过语言表达思想的各种因素，现在讲朗诵的节奏感也同样离不开各种因素的作用。那么如何掌握好朗诵的语言节奏呢？我们用长篇抒情叙事诗《共产党员的手》来剖析一下吧，因为它包含的比较全面，更能说明问题。

朗诵的节奏控制

紧张而不紊乱——不能失去控制
强烈而不嘶喊——不能声嘶力竭
轻快而不虚飘——不能游离飘移
舒缓而不间断——不能支离破碎
平稳而不拖沓——不能拖泥带水
沉重而不刻板——不能生硬雕琢
温柔而不松散——不能气息微弱

1. 节奏紧张而不紊乱

《共产党员的手》全诗有两段节奏需要紧张手法。第一次当主人公看到朝鲜的大好河山被侵略战火所蹂躏，勇敢投入抗美援朝的战斗场面：

6 朗诵的语言技巧

> 他像一只猛虎，
> 在炮火中奔跑着，
> 在燃烧的土地上战斗。
> 他用刺刀把鬼子兵
> 捅死在坦克车底下，
> 他用一颗子弹头
> 射穿了三个敌人的头⋯⋯

夸张地形容与具体描述，节奏紧张而快速，但不能失去控制。要抓住有动感的词加强重音："猛虎、奔跑、燃烧、战斗、一颗、三个、刺刀、捅死、敌人的头"要咬紧字音。不能因为快而囫囵吞枣。

后面的具体描述，虽然语速较前面慢，但内心节奏紧张，朗诵时要提着气，说好描绘词句。前面像"镜头的快速切换"，后面如"欲射拉满弓弦"。而该诗的结尾部分还有一段夹叙夹议的诗，是以无可辩驳的事实来歌颂共产党员身残志坚的革命英雄主义和革命乐观主义精神的。虽然在诗的文字上未采用紧张节奏的词汇，但我们朗诵者，仍应采用紧张节奏的语气把全诗的情绪引向顶峰。使受众仿佛又看到当年主人公在战场上矫捷的身影。

> 谁能说他没有手？
> 谁敢说他没有手！
> 他有手。
> 你看，他在屋外已经
> 吃完了窝窝头。
> 秀秀给他戴上洗白了的，
> 攻打白云山时的军帽；
> 他扛起社里的红旗
> 直奔对面高山头！
> 屯里的大柳树在风里
> 向他招着手，
> 他在山冈插下红旗，

> 带头来秋收。
> 可社的人都分明看见,
> 和当年一样他有手。
> 红旗下他挥舞的——
> 分明是完完整整的
> 两只手……

结尾这一段快节奏如同是在跳华尔兹、快三步充满了优美的旋律,溢满了赞赏。因此就要抓住几个关键的词给以强调:谁能、谁敢、戴上、军帽、扛起红旗、直奔山头、插下红旗、带头来秋收,把延伸了的语句用重音来缩短,使之加快节奏感。

2. 节奏舒缓而不间断

舒缓节奏往往以景抒情,看似无关的景色描写其实都和人的心情遭遇有着内在的连接,例如用"柳树屯的柳树发绿了"带出"秀秀得到了喜报"用"柳树屯的柳树发黄了"衬托秀秀得不到消息的焦虑心情,把柳叶落了同秀秀瘦了连在一起寓意凄凉。后面还有一段:

> 春风起,飘柳絮,
> 他学会了收拾地。
> 可屯的柳树都长了新条,
> 可社的庄稼他全照顾到。
> 胳膊上新泡压旧泡,
> 他依然爱唱又爱笑!
> 大柳树叶子金黄黄,
> 乡亲们推他当了社长。
> 大柳树叶子绿油油,
> 他领着大伙儿挖渠又挖沟。
> 挖开沟渠引河水,
> 社里有水就没忧愁……

当我们朗诵"春风起,飘柳絮"、"可屯的柳树都长了新条""大柳树叶子金黄黄"、"大柳树叶子绿油油"的时候,要把对景物的描写看做是镜头切换的蒙太奇手法,找到了它们所寓意、象征的对象也就找到了节奏感,这种舒缓的、浪漫的节奏便油然而生,便不再因景色的插入而显得突然和间断了;并且在景色后面实实在在的事件中,我们诵出那奇迹般的成就感,我们为主人公的成就而自豪的感情就会油然而生。

3. 节奏轻快而不虚飘

轻快节奏往往都是描写人在顺境中的快乐行为表现。它的节奏快是轻快和欢愉,它不像紧张节奏的快是揪着心提着气的快,也就是说,同样的快语速,反映出来的结果不一样,是因为心情不一样,精神状态不一样。

例如:

当年,他住在屯东头儿,
门前有一棵大垂柳,
清早晨下地先到柳树底下唱山歌儿,
一听山歌儿响,大伙儿就扛锄头
互助组干活儿他领先,
民兵队比武他是炮手。
碾垛上推一把,一连滚三滚;
河边上跺一脚,桥都乱颤悠……
柳树屯儿的姑娘们谁不动心哪!
惊动了西头儿的张秀秀。
他在村东唱上句,
她在村西唱下句,
两个人顺着柳树往里走,
柳树屯儿当中碰上了头……
他望着她的红脸儿笑,
她低头不开口……
每天早上碰一回,

碰上三回就手拉手……
白天下地一块儿去,
上夜校肩并肩儿地走……
自由婚姻比蜜还甜哪,
屯里谁不夸这小两口……

当我们朗诵到"一听山歌响,大伙儿就扛锄头",把繁重的劳动也给诗化了,随后的"他领先,他是炮手"、"一连滚三滚""桥都乱颤悠",朴实无华的词汇组成轻快的节奏,是那样引人入胜。绝不因为轻快而虚飘、浮躁。

当我们在朗诵中描绘这一对青年纯真爱情的时候,心中充满了赞美,因为在这之前,中国几千年的封建统治,婚姻是不自由的。我们欣赏着主人公在劳动中建立起的爱情是多么美好,我们注视着他们手拉手、唱歌、劳动、学习的美丽图景,绝没有半点虚飘与缠绵。一切都是那么明快、积极、新鲜而真实,赞美他们的纯洁和幸福,当后半段朗诵到每一句话的后三个字时,语调都要向上扬。

4. 节奏强烈而不嘶喊

作品中常有表现愤怒、狂吼、号啕大哭、疯笑、呐喊的场面。因为朗诵是一人描摹众多角色,总要在像与不像之间,不可能完全变成某一个角色,而只有你站在旁观者的立场上去评述剧中人的命运时,才可以真的抒发强烈节奏,即使是这样,也不能声嘶力竭地去叫喊,否则便失去了艺术的美感。

例如:当英雄在朝鲜战场失去双手的时候,有三声呼唤一声比一声长,一声比一声强,第三声要把全身剩余之气取上来完成手的三拍音节,但这仍旧不是嘶喊。

高高的白云山哪
你是见过的他有手!——(手字一拍)
白云山上的青松啊
你们是记得的他有手!!——(手字两拍)
朝鲜的山、朝鲜的河呀,
你们是知道的,
他有手!!!——(手字三拍)

我们说，音强的力度加强了，音长的长度延伸了，并非就是在叫喊了。每个人的声音条件不一样，一个人声嘶力竭的叫喊不一定有另一个人平平常常的说话声音洪亮，还有当激情迸发的时候，究竟是往起扬，还是往下压，取决于朗诵者对作品的态度，当然也要根据自身的声音状况，进行合理的选择，但无论如何在总体方案的处理上，总会有一个大家公认的相对合理的基调。比如：

> 有人说他还在战斗，
> 可谁知道他在哪儿呢？
> 那年春天听说他复员回来了
> 听说他复员回来了
> 屯里的大柳树都摇起来喽！
> 村长敲着大锣满街吼：
> "快到村口接炮手……"
> 屯里的大门就开了
> 男男女女老老少少都等在村口。
> 他回来了，踏着大路，
> 他从朝鲜回来了，
> 乡亲们欢呼着拥上去，
> 向他伸出手，向他伸出手，
> ——但是只摸到了空袖口！

不管是谁朗诵这一段，能不为英雄失去双手而痛惜吗？当乡亲们听说英雄回来了，那种倾村而出的热烈能不感染你吗？于是"敲着大锣满街吼"拥上去向他伸出手"便成了最强烈的节奏"、"但是只摸到空袖口"却使每一个人心灵震颤。

关于节奏强烈而不嘶喊还有一个重要的理由是演员的控制，尤其是像朗诵屈原的《雷电颂》那样通篇都充满激情的台词，谁能从头喊到尾呢？常常见到激动发言的人，刚说了几句话，便因起调太高而嗓音劈哑了的，况且最重要的理由是一篇文章的乐感不仅产生在文字结构的错落安排上，还要表现在朗诵者抑扬顿挫的语调之间。所以说：

节奏强烈而不嘶喊　是激情朗诵的要点
文学作品的音乐感　产生于语调的变换
没有高就显不出低　不低高也无法显现
若是通篇都在呐喊　也只能是噪声一片

5. 节奏平稳而不拖沓

《共产党员的手》一开始就出现了沉稳节奏的段落,以倒叙的形式向我们介绍这故事的主人公时,就需要慢而清晰地展开画面,一件一件地摆出他没有手的证据,然后再叙述他并非没有手的理由。有条不紊、前呼后应、朗诵时要沉得住气,做到一层一层地递进,决不拖泥带水。

是啊,他没有手,他没有手,
你看——他只有两只空袖口。
星星还没有隐去,他已经起来,
凝望着对面高山头。
他的妻子正坐在他身旁,
替他端着一碗热粥。
他爱她呀,爱她呀!
却不能抚摸她的头。
他的小贞贞自己会剥鸡蛋了,
可是他呢?他呢……
他却在腕子上绑着筷子,
插一个窝窝头……
手,多么宝贵呀!
可是他的手哪儿去了呢?
山老鸹在晨曦里呀呀地飞过,
仿佛重复地说:啊……
社长啊,你的手哪儿去啦?
是啊,他没有手……
不!他有手!

6 朗诵的语言技巧

他的手不在这里,
在大同江畔的白云山后。
……

这首诗通篇围绕着手来展开故事情节,因此前面两行的"手"字即是重音,千万别误以为"没有"是重音,还有"爱她呀",爱是重音,不要把她字作为重音。

朗诵这种倒叙形式的作品,如同带着观众读电影剧本那样,以镜头的转换来介绍情节。一开始是大柳树下农家小院的全景,然后推到妻子为他端粥的中景,再摇到小贞贞剥鸡蛋的近景,转而摇推到共产党员(主人公)的腕子、筷子、窝头的特写,再仰拍天空,看到山老鸹呀呀飞过。平稳不拖沓就在镜头的运动中,也就是在朗诵者的视象中来实现的,有了视象也便产生了有机连接的语速节奏,同时也就不会拖泥带水了。比如残废军人复员回乡,乡亲们来看他的那一段:

那晚上一更天,
乡亲们都来了。
站着都不说话,
可谁也不想走。
二更天,村长挨着他的肩头,
"歇歇吧,放心,
咱社永远有你一双手。"
三更天,乡亲们都走了。
他用牙咬开背包带儿,
舌尖舔开笔记本儿,
在腕子上绑着一支笔,
歪歪扭扭地写着:
"第一课——手"……
五更天有人看见
他在土道上紧紧地走
左胳膊挎个粪铲儿
右胳膊挎个粪篓。

143

把本来同情惋惜变成鼓励安慰,把本该唉声叹气变成顽强拼搏,"舌尖舔开笔记本,腕子绑着一支笔……左胳膊挎个粪铲,右胳膊挎个粪篓",变沉重为厚重、化悲伤为力量朗诵时心口合一。

随着时间与空间的变换,我们看到主人公顽强地同伤残搏斗。从一更天干什么,二更怎么样,三更天又如何,一下跳到五更天,又翻开新的一页。迎来新的战斗新的曙光。作品结构上的鲜明也为朗诵者提供了平稳的节奏感。就好像美术收藏家不慌不忙地为客人展示他的宝贝,每一幅画都是精品。还有:

> 那年重阳九月九,
> 乡亲们送他出村口。
> 村长给他戴红花,
> 敬他三杯胜利酒。
> 秀秀抱着小贞贞,
> 大柳树底下和他手拉手。
> 秀秀喊:"早去早回呀……"
> 村长喊:"多打美国狼啊!"
> 他笑着挥着手:
> "咱屯的炮手不会丢丑!"
> 他走了,踏着大路,
> 他走了,挥挥手……
> 柳树屯离朝鲜几千里呀,
> 可这朝鲜的山村
> 又多像柳树屯啊!
> 如今这稻田在黑烟里抽搐着,
> 清清的大同江啊,
> 漂满了汽油!……

这里从他告别了乡亲就直接转到了朝鲜战场,朗诵时就要从"柳树屯离朝鲜几千里呀"这一行字里找到旅途遥远的感觉,从"漂满了汽油"里找到憎恨侵略者的情绪。即于简洁中体会凝练。

6. 节奏沉重而不刻板

一般来说，好像话题一沉重，语调节奏就得低迷、悲凉，但也不能千篇一律。一个好作品要使受众从沉重里获得力量。从诗中说到秀秀看着他脸煞白，看着他，看着他就哭了，似乎感觉到空气要凝固地沉重，但是紧接着我们听到的是主人公坚定而亲切的话语：不要哭秀秀，共产党员的手我没丢！坚强的语言形象使我们从沉重中走出来，振奋的语调节奏才是朗诵者的基调。例如：

> 他从朝鲜回来了
> 可是没有带回来手……
> 秀秀抱着孩子，脸煞白，
> 看着他，看着他就哭了。
> 他说："不要哭，秀秀。我有手。"
> 他说他把手留在朝鲜，
> 留在白云山上战斗。
> 把手留在了朝鲜，
> 所以没有带回来手。
> "你呀，秀秀，别忧愁，
> 共产党员的手我没丢！"

7. 节奏温柔而不松散

朗诵者不可能完全把自己化成作品中的人物。因此在用语言来描绘温柔甜蜜的情景时，自己绝不要松松软软、黏黏糊糊或者散乱。而应该用节奏的轻、慢、停顿来衬托温柔。伴之以眼神和口型的动作来体现这柔情的意义。例如：

> 西风嗖嗖又一个秋，
> 油灯在屋里直颤抖。
> 油灯前秀秀替他翻书本，
> 一课一课往下读：
> 第十五，驾驶铁牛，
> 秀秀笑了，

看着他读。
第十六，秋收……
灯，卟地灭了。
窗外月光照着垂柳，
垂柳轻轻地摇哇，
像千条银水在流！
农业社是盏明灯，
他就是那灯里的油。
他的社是个火车头，
他就是那火车轴！

为了使朗诵爱好者能对照练习，以下全文附印了这首经典诗作。事情往往是这样的，当你完全掌握了一个成功作品的朗诵钥匙，就会由此及彼地触类旁通地使茅塞顿开，能举一反三。那么，你再遇到相类似的作品时就能比较容易地驾驭它们了。

（抒情叙事诗）共产党员的手

吕　远

是啊，他没有手，
他没有手，你看——
他只有两只空袖口。
星星还没有隐去，
他已经起来，
凝望着对面高山头。
他的妻子正坐在他身旁，
替他端着一碗热粥。
他爱她呀，爱她呀！

却不能抚摸她的头;
他的小贞贞自己会剥鸡蛋了,
可是他呢?他呢……
他却在腕上绑着筷子,
插一个窝窝头!
手,多么宝贵呀,
可是他的手哪儿去了呢?
山老鸹在晨曦里呀呀地飞过,
仿佛重复地说:"啊——
社长啊,你的手哪儿去啦?"
是啊,他没有手……
不!他有手!
他的手不在这里,
在大同江畔的白云山后……
当年,他住在屯东头,
门前有一棵大垂柳,
清早晨下地先到柳树底下唱山歌儿,
一听山歌响,
大伙儿就扛锄头。
互助组干活儿他领先,
民兵队比武他是炮手。
碾垛上推一把一连滚三滚,
河边上跺一脚,桥都乱颤悠!
柳树屯的姑娘们谁不动心哪,
惊动了西头的张秀秀。
他在村东唱上句,
她在村西唱下句,
两个人顺着柳树往里走,
柳树屯当中碰上了头,

他望着她的红脸笑,
她低头不开口……
每天早上碰一回,
碰上三回就手拉手。
白天下地一块儿去,
上夜校肩并肩儿地走。
自由婚姻比蜜还甜哪,
屯里谁不夸这小两口……

那年重阳九月九,
乡亲们送他出村口,
村长给他戴红花
敬他三杯胜利酒。
秀秀抱着小贞贞,
大柳树底下和他手拉手,
秀秀喊:"早去早回呀……"
村长喊:"多打侵略者呀!"
他笑着挥着手:
"咱屯的炮手不会丢丑!"
他走了,踏着大路,
他走了,挥挥手……

柳树屯离朝鲜几千里呀,
可这朝鲜的山村
又多像柳树屯啊!
如今这稻田在黑烟里抽搐着,
清清的大同江啊,漂满了汽油
他像一只猛虎
在炮火中奔跑着,
在燃烧的土地上战斗!

6 朗诵的语言技巧

他用刺刀把鬼子兵
捅死在坦克车底下，
他用一颗子弹头
射穿了三个敌人的头。

有一回，他跟着战友，
去夺下白云山的高山头，
攀上岩石，爬呀爬呀，
爬上了最高的石崖，
爬到了敌人的背后，
他抓住一棵青松投出了手雷，
忽然，他觉得这青松在爆炸在飞，
他也随着这青松滚下了山沟。
忽悠悠，忽悠悠，
他梦见自己长了八只胳膊
八只大手，
可是醒来却看见，
两只腕子只剩下了骨头……
高高的白云山哪，
你是见过的他有手！
白云山上的青松啊
你们是记得的他有手！！
朝鲜的山、朝鲜的河呀，
你们是知道的
他有手！！！

柳树屯的柳树发绿了，
秀秀得到了喜报，
屯里的人都欢笑，
他们的炮手呱呱叫，

柳树屯的柳树发黄了,
他再也没有了消息,
柳叶落了,秀秀瘦了,
有人说他还在战斗,
可谁知道他在哪儿呢?
那年春天,听说他复员回来了,
听说他复员回来了,
屯里的大柳树都摇起来喽,
村长敲着大锣满街吼:
"快到村口接炮手……"
屯里的大门就开了,
男男女女老老少少都等在村口,
他回来了,踏着大路,
他从朝鲜回来了,
乡亲们欢呼着拥上去,
向他伸出手,向他伸出手,
——但是只摸到了空袖口。

他从朝鲜回来了,
可是没有带回来手。
秀秀抱着孩子,脸煞白,
看着他,看着他就哭了,
他说:"不要哭,秀秀。我有手!"
他说他把手留在朝鲜,
留在白云山上战斗,
把手留在了朝鲜,
所以没有带回来手。
"你呀,秀秀,别忧愁,
共产党员的手我没丢!"

那晚上一更天,
乡亲们都来了,
站着都不说话,
可谁也不想走,
二更天,村长挨着他的肩头,
"歇歇吧,放心,
咱社永远有你一双手。"
三更天,乡亲们都走了,
他用牙咬开背包带儿,
舌尖舔开笔记本儿,
在腕子上绑着一支笔,
歪歪扭扭地写着:
"第一课——手"。
五更天有人看见,
他在土道上紧紧地走,
左胳膊挎个粪铲,
右胳膊挎个粪篓。

春风起,飘柳絮,
他学会了收拾地,
可屯的柳树都长了新条,
可社的庄稼他全照顾到。
胳膊上新泡压旧泡,
他依然爱唱又爱笑。
大柳树叶子金黄黄,
乡亲们推他当了社长;
大柳树叶子绿油油,
他领着大伙儿挖渠又挖沟。
挖沟开渠引河水,

社里有水就没忧愁。

西风嗖嗖又一个秋,
油灯在屋里直颤抖,
油灯前秀秀替他翻书本儿,
一课一课往下数;
第十五,驾驶铁牛,
秀秀笑了,
看着他读……
第十六,秋收,
灯,噗地灭了,
窗外月光照着垂柳,
垂柳轻轻地摇哇,
像千条银水大流,
农业社是盏明灯,
他就是那灯里的油。
他的社是个火车头,
他就是那火车轴!
谁能说他没有手?
谁敢说他没有手!
他有手。

你看,他在屋外已经
吃完了窝窝头,
秀秀给他戴上洗白了的
攻打白云山时的军帽,
他扛起社里的红旗,
直奔对面高山头。
屯里的大柳树在风里
向他招着手,

他在山冈插下红旗，
带头来秋收。
可社的人都分明看见，
和当年一样他有手。
红旗下他挥舞的，
分明是完完整整的两只手……

并非题外话

　　叙事诗《共产党员的手》是1962年，我还是北京电影学院表演系二年级学生时候，台词课吴青老师给我们留的作业。可是，后来我参加了中国人民解放军，是同学韩庭琪给我抄了诗稿寄到部队，我练了一遍又一遍。就是这篇朴实无华、感人至深的诗作激励影响了我几十年。我翻找了许多诗集，可遗憾的是，终究没能找到发表或出版的全文，更不知道作者是谁。直到2005年在一个偶然的机会，才知道是著名词曲作家吕远早在20世纪50年代初，下基层体验生活时创作的。"文革"时被批判成"一个人的遭遇"的中国版。吕远也被打成中国的肖洛霍夫。成了写人性论作品的代表！这些直到专程拜访吕远老师时我才知晓。《共产党员的手》无论从作品的思想高度还是从写作技巧方面都堪称经典之作。主人公是个普普通通的共产党员，他战功赫赫，却不居功自傲，平凡而伟大的人格具有永久的魅力。

　　这篇诗作的艺术手法没有用华丽辞藻堆砌，是那样朴实无华，却无处不彰显大爱大美，展现一个个感人、动人、催人奋进的画面。为朗诵爱好者提供了生动的二度创作空间。要知道，朗诵是最忌讳空洞无物的呀。

7

各种文体的朗诵

一、近现代诗歌朗诵

现代诗歌优美的韵律是朗诵艺术主流,汉语十五韵辙应用在诗歌创作上,给人们带来无穷无尽的音韵之美,旋律之美。诗朗诵即人们传达这美的高雅艺术形式:我们所讲解和分析的《共产党员的手》即"由求辙"的范例。诗人那激越于心底的潜流,变成朗诵者心韵的感受。朗诵者要驾驭着语言之舟,向人们传递心潮节奏。

关于诗歌朗诵的技巧,前人曾总结过不少的经验。可以归结为四句话:

代诗人倾吐心声　将受众引入诗境
为诗句配乐歌咏　表达诗意在深层

1. 代诗人倾吐心声

充分了解时代背景,充分酝酿调动感情,充分运用语言节奏,代诗人倾吐心声,从而引发强烈共鸣。

唐代诗人白居易曾这样谈诗的抒情性:"感人心者,莫先乎情,莫始乎言,莫切乎声,莫深乎义。诗者:根情、苗言、华声、实义"《与元尤书》。意思是说:感情是诗的根,内容是诗的苗,声音是诗的花,意义是诗的果实。

感动人的作品都是先有了情才产生诗句,用切合情感的语气来朗诵,才能表现诗的含义。所以,什么诗也不能拿起来就念,先要了解诗人的心境;诗人作诗时的年代和想要说什么?自己的思想感情与诗人有了共鸣,产生强烈的愿望,再以诗人的身份去朗诵,才能找到准确的情感和鲜明的节奏感。

《少年中国说》是近代中国启蒙思想家,戊戌变法运动领袖之一,梁启超所作的散文诗,写于戊戌变法失败后的1900年,以饱满的爱国热情,讴歌少年的朝气蓬勃,寄希望当时的中国能够像英姿少年一样意气风发,热切希望出现"少年中国",文章多为四字一句,合辙押韵,作者大量运用排比、对仗、递进、比喻、复沓、呼应等多种修辞手法,读起来铿锵有力,朗朗上口,振奋精神,极具感染力。

少年中国说

梁启超

天地苍苍,乾坤茫茫,中华少年,顶天立地当自强。
少年中国者,则中国少年之责任也。
故今日之责任,不在他人,而全在我少年。
少年自由则国自由,少年进步则国进步;
少年胜于欧洲则国胜于欧洲,
少年雄于地球则国雄于地球。
红日初升,其道大光。河出伏流,一泻汪洋。
潜龙腾渊,鳞爪飞扬。乳虎啸谷,百兽震惶。
鹰隼(sun)试翼,风尘吸张。奇花初胎,矞矞皇皇。
干将发硎(xing),有作其芒。天戴其苍,地履其黄。
纵有千古,横有八荒。前途似海,来日方长。

美哉!我少年中国,与天不老!

壮哉!我中国少年,与国无疆!

【提示】《少年中国说》字里行间包含爱国激情,朗诵时不仅要感情充沛奔放,气势浓重炽烈。同时要张弛有度,把握好节奏,要运用感叹、设问、韵白、吟诵等朗诵技巧,以增强它的感染力。时隔一个多世纪,朗诵这篇散文诗,仍使人心潮澎湃、热血沸腾、酣畅淋漓。壮哉、美哉、属于情感重音。

死 水

闻一多

这是一沟绝望的死水,
清风吹不起半点漪沦,
不如多扔些破铜烂铁,(行将灭亡的反动统治,像一沟死水充满臭气)
爽性泼你的剩菜残羹。

也许铜的要绿成翡翠,
铁罐上锈出几瓣桃花,
再让油腻织一层罗绮,(反动文人拼命粉饰,可算尽心竭力啦)
霉菌给他蒸出些云霞。
让死水酵成一沟绿酒,
漂满了珍珠似的白沫。
小珠们笑声变成大珠,(反动政客们的鼓噪之声也不绝于耳)
又被偷酒的花蚊咬破。

那么一沟绝望的死水,
也就夸得上几分鲜明。
如果蚜蛙耐不住寂寞,(反动文人捧臭脚的吹捧如同癞蛤蟆鼓噪)
又算死水叫出了歌声。

这是一沟绝望的死水,

这里断不是美的所在。

不如让给丑恶来开垦,(我正拭目以待,看他们的丑恶下场)

看它造出个什么世界。

【提示】诗人以犀利的语言刺向反动派的要害,仇视、轻蔑、讽刺挖苦是朗诵的基本语调。朗诵之前先要明白,爱国诗人闻一多为什么要写这首讽刺诗;作者1928年从美国回来,看到政局动乱,民不聊生,感到前途渺茫而绝望,所以生出"不如多扔些破铜烂铁,爽性泼你的剩菜残羹"和"铜的绿成翡翠,铁罐锈出桃花"以及"油腻织一层罗绮,霉菌蒸出些云霞"这样的诗句。如果不了解时代背景和诗人的心情,就很难找到情感逻辑重音。

霸王别虞姬

爱 梦

那幽幽的凄楚的叫声

充满了沙场上的哀愁的叫声

在澄净的夜空底下回荡着

梦已经失血,天空翻卷着熊熊火焰,

乌骓(zhui)马的咆哮撕裂长空

我是你的女人啊 霸王(啊读呐)

是你的女人 就选择死在霸王你的怀里

我的唇在渐渐冷去

冷的 如同我眼中这场突如其来的暴雪

冷的所有的语言全冻结在颤抖的喉间

我是你的女人啊 霸王(啊读呐)

是你的女人啊 就以这样的方式

穿透层层风烟 凝望着疲惫的你
静静地躺在你的怀里

我不甘心啊 霸王 我不甘心（啊读呐）
我多么想看到你——
笑对如林的刀枪如雨的箭
成为这个时代的英雄

霸王啊——
你仰天长啸 因为我是你的女人
你拔剑四顾 因为我是你的女人
笑声是一缕长发抓住了风
剑气是万马奔腾踏碎了月

如果此时有一道闪电 那就是我
化作利剑 劈开这阴沉沉压在头顶的天；
如果此刻有一阵旋风 那就是我
舞着狂风 撕破这黑层层的天罗地网
霸王啊
我的唇在渐渐冷去
我的身体在渐渐冷去
为这层峦叠嶂的无限江山
你抛头颅洒一腔热血
你狂傲 你神威 你自负 你冷峻 你柔情 你豪气冲天
你永远是我心中的枭雄

我的唇在渐渐冷去
我的身体在渐渐冷去
我永远是你的女人 我的霸王

【提示】虞姬的独白充满了豪气。所谓人以群分物以类聚 或是近墨者黑近朱者赤；若不是志同道合的人，楚霸王能这样爱她吗？虞姬这也是死前的一个宣誓："我嫁鸡随鸡，嫁狗随狗，嫁个扁担也要扛着走！"注意安恩后面的啊该读呐、哪、呢（na）。

2. 将受众引入诗情画意之中

首先朗诵者要树立内心视象，如同身临其境，为了使形象鲜明，进行必要的语调加工。

高尔基说过，形象思维的方法和特点就在于它是"凭借形象的思维"、"用形象来思考"。从这个意义上来说，没有形象思维就没有诗。诗歌形象思维的功能在于把转瞬即逝的事物转化为经久不衰的诗境（诗的意境美）。我们朗诵者则要凭着丰富的想象力把描绘具象化，在脑子里构成图景，有了内心视象再把受众引到诗的意境中，如同到了诗人描绘的情境之中，如同看到诗中所描绘的人与物，如同亲耳听到诗境中的声音，嗅到诗中的气味。在《小木屋搬走了》这首诗里，描绘了一个女人在山林里呼唤一个男人的名字。她想把自己交给那个男人，那个男人却不知搬到哪里去了。诗中叙述了她如何因迷路而获救，男人如何毫无私心杂念，感动得她非得要嫁给他。朗诵时，内心视象清晰，语气才能鲜明生动，把观众和听众也带到那个情境中去。

小木屋搬走了

小木屋搬走了，
搬得无影无踪！
她用力呼喊着一个男人的姓名，
她永远也忘不了那个男人的面容。

尽管她只和他见过一次面，
那是一个多雪的冬天，
积雪盖住了整个大山，
她迷路了，只有白茫茫一片！

随着她的呼喊声，出现了他的身影。
他一个人，反而更增加了她的惊恐，
他是一个粗壮的男人，
她担心那比死亡还坏的事就要发生！

他把她带进一间小木屋
木屋只有这个男人独住
兽皮钉满了墙上，
还挂着一支猎枪。

那一夜男人守在门道，
炉火一直在微笑，
她没想到能睡了很好的一觉。
第二天男人把她欢送，
红着脸说出自己的姓名，
说他不是那种男人，
应该没有必要担心。

春天来临，
她准备把自己交给那个男人。
可小木屋却没了踪影，
急的她泪流纵横。
她翻山越岭，呼喊着那个男人的姓名，
这呼喊，在大山里响起了回声——

【提示】讲这凄美的故事，也先要有内心视像：内心看见了彼情彼景，才能体验到此情此景，朗诵时才能给受众传达这种急切而真挚的感情。完成角色转换，似乎你就是那个女人——

大漠敦煌

秋酿醇酒

我想,我想带上装满梦的行囊,
牵着骆驼,去那风沙弥漫的远方;
我想,我想沿着遥远又古老的栈道,
去寻找我梦中的大漠敦煌;
寻一把先人遗落的石斧,
看它能否砍出四千年前的火光;
我想找到三苗人留下的陶器,
让它盛满历史的冷热与苍茫。
鸣沙山,你千年不绝的鸣响,
每一声吟唱都有英雄泯血长笑的悲壮,
月牙泉,你甘洌清澈的水塘,
每一个眼神都凝视过扬鞭的牧人、
拓荒的农夫、玉门关的断壁残墙。
哦,我的大漠呀,我的敦煌,
你已不是金戈铁马厮杀遍野的战场,
你用丝绸铺路,你早已名声远扬。

流光溢彩的往事,有你大漠落日的悲怆,
辉煌灿烂的历史,有你光辉夺目的篇章。
我多想借反弹琵琶的神韵止住千年黄沙,
我多想用飞天的梦想止住那百年的彷徨。
多想乘着春风飞度玉门关,
让梦,让梦,露宿在你的身旁——

【提示】抒情而美妙的诗句,把我们带到想象的时空。敦煌闪烁着民族智慧的光辉,是中国的骄傲,也是世界的财富。朗诵时,先闭目遐想,再跟随诗人踏寻丝绸之路上的奇异风光,把受众也引入诗境。

3. 表达更深层的诗意

朗诵者不仅能熟读背诵作品，更要深刻挖掘作品的潜在含义 进行心理补充，找到内心独白，再确定语气形态。

借景抒情是诗的一大特点——透过景物描写挖掘诗的内涵。

例如唐代诗人崔护的《题都城南庄》七绝

> 去年今日此门中，
> 人面桃花相映红，
> 人面不知何处去，
> 桃花依旧笑春风。

如果不细看，不细琢磨，还以为诗人很高兴地回忆往日情怀呢。其实这是用反衬手法创造出的意境，有一种极哀愁的极冷落的心情："去年的现在，这个庄园之内，自己所喜爱的女子，脸色美得像桃花一样，在一片桃花丛中相映成辉，而今桃花依旧，可那位有桃花一样美丽容颜的人到何处去寻找呢？"诗人的失落感跃然纸上。因此我们在掌握语气的时候就要把"今日、人面、桃花"作为强调重音，才能把诗的内涵展现出来。如果把"笑春风"作为重音来读，那就大错特错了。所谓心理补充，就是朗诵者要在字面之外找到诗人的内心独白和潜台词，甚至你所找到的相应的词汇要比诗中用词多得多才行。（如同演员分析角色时所做的案头工作）

4. 如同为诗句配乐歌咏

诗歌朗诵中展示韵脚节律的优美：参差的美、和谐的美、呼应的美和流动的美，润泽听众心灵，咏出神韵气势，还要有韵齐的美。

如同音乐的节拍，有气势雄浑的交响乐章，也有潺潺流水般的小调。诗歌虽有音乐性，但是也要有懂得音乐性的人来把这如歌的诗朗诵出来。有的诗从结构上或许音乐性不太强，需要我们运用优美的音乐和起伏的节奏把诗烘托得更美，使观众赏心悦耳，为此必须综合调动语调的六个要素（音色、音强、音长、声调、停顿、气形）。

合辙押韵是诗歌的基本特点，朗诵时一定要注意把韵脚念得重一些，长一些，以使诗歌的音乐美更加鲜明，使受众感到更有节律，更有神韵。比如郭小川的《祝酒歌》"雷对雷，锤对锤，心黑，倒霉，窝囊废，浪荡鬼，新一辈，千杯不醉，万言不赘，舒心的会，莫停杯，开心扉"，等等。

这些富有乐感的词汇被诗人信手拈来，谱成动听的诗歌，我们每每朗诵至此，由不得你心里不美滋滋的，同时也便感染和润泽了你周围人的心田。那欢乐和谐的气氛便油然而生，使受众与朗诵者完全融汇在一种自豪与幸福的氛围之中。一个好的诗歌作品，又能引发朗诵者的激情，这是相辅相成的。在诗歌朗诵技巧上，显现韵脚，亮示节拍，延长音节都是为将诗歌的音乐性充分地体现出来。当然也不可片面地追求音乐性而忽略了思想性，还要防止拿腔拿调，以求达到音乐性与思想性相融通，相协调，相一致，即声情并茂。综上所述，如果一首诗朗诵能达到最好的效果，那它将是：

如春日的惊雷催人奋飞
如夏日的雨水沁人心肺
如秋日的清风驱人愁苦
如冬日的阳光令人心醉

诗歌除语言练、形象性强，其中最重要的特征，就是韵脚鲜明、节奏鲜明。朗诵起来有乐感。诗歌的种类很多。从形式上看，除旧体诗词、格律诗，就是现代诗歌的抒情诗、叙事诗、散文诗、自由体诗等。例如：

（抒情诗）再别康桥

徐志摩

轻轻地我走了，正如我轻轻地来。
我轻轻地招手，作别西天的云彩。
那河畔的金柳，是夕阳中的新娘。
波光里的艳影，在我的心头荡漾。
软泥上的青荇，游游地在水里招摇。
在康河的柔波里，我甘心作一条水草，

那淤下的一潭，不是清泉，
是天上虹，揉碎在浮藻间，沉淀着彩虹似的梦。

寻梦？撑起一支长篙，向青草更青处漫溯；
满载一船星辉，在星辉斑斓里放歌。
但我不能放歌，悄悄是别离的笙箫。
夏虫也为我沉默，沉默是今晚的康桥！
悄悄地我走了，正如我悄悄地来。
我挥一挥衣袖，不带走一片云彩。

【提示】徐志摩1921年开始创作新诗。他的作品字句清新，韵律谐和，比喻新奇，想象丰富，意境优美，神思飘逸，富于变化，并追求艺术形式的整饬、华美，具有鲜明的艺术个性，为新月派的代表诗人。他的散文也自成一格，取得了不亚于诗歌的成就，其中《自剖》《想飞》《我所知道的康桥》《翡冷翠山居闲话》等都是传世的名篇。

朗诵时前半部分赞美用气音托送，重音轻读。后半部分深深地思绪与重重的叹息，表现无奈与哀愁。与徐志摩同时期的诗人还有林徽因，其代表作品有《你是人间的四月天》也要用重音轻读的技巧来朗诵。

你是人间的四月天
——一句爱的赞颂

林徽因

我说你是人间的四月天；
笑声点亮了四面风；
轻灵在春的光艳中交舞着变。
你是四月早天里的云烟，
黄昏吹着风的软，

星子在无意中闪,

细雨点洒在花前。

那轻,那娉婷,

你是,鲜妍百花的冠冕

你戴着,你是天真,庄严,

你是夜夜的月圆。

雪化后那片鹅黄,

你像,新鲜初放芽的绿,

你是,柔嫩、喜悦,

水光浮动着你梦中期待的白莲。

你是一树一树的花开,

是燕在梁间呢喃,

——你是爱,是暖,是希望,

你是人间的四月天!

下面介绍的这首歌词,既能唱也能朗诵。"鹅窝"辙一韵到底。

有一首歌

有一首歌,在大地上传播,在阳光里穿梭。

有一首歌,在脉管里流淌,在心头上铭刻。

这首歌呀,歌词铿锵有力,旋律气势磅礴。

是照亮心灵的灯,是点燃信念的火。

是吹拂热血的风,是酿造蜜汁的果。

这首歌,曾被大风揉搓,曾被暴雨打磨。

但它愈搓愈加明亮,它愈磨愈是闪烁。

这首歌唱了大半个世纪,越唱越鲜活。

它融入我们的生命,把着我们的脉搏。

这首歌内涵极其丰富,值得一生揣摩。

这首歌告诉我们，是党领导人民推翻三座大山，
是党领导改革开放，创造了中华民族的新生活。
唱着这首歌，我们又听到祖国的召唤，
唱着这首歌，耳畔又响起党的嘱托。
接过革命的红旗，将幸福的种子传播。
让社会平安和谐，日子过得红红火火。
这首歌照亮我们的岁月，伴随我们的生活，
这首歌鼓起理想的风帆，填平征途的沟壑。
这首歌越唱越心明眼亮，越唱越心胸开阔。
它是前进时的火炬，它是焦渴时的清波。
它是沉闷时的惊雷，它是迷茫时的星座。
这首歌唱出了我们中国社会主义的特色，
这首歌鼓舞我们在世界上一带一路结硕果。
这首歌，这首歌就是我们越唱越爱唱的——
《没有共产党就没有新中国》！

【提示】朗诵也要像唱歌那样坚定，激扬与豪迈。用饱满的热情歌颂党的恩情。注意开始别起得太高，避免情绪积累叠加到最后出现嘶喊。

妻子的来信

亲爱的：我不怨你，
不怨你匆匆地走了，
晚风凄凄中你匆匆与我吻别，
那仓促的吻 连我的嘴唇都没有湿润，
你头也不回地大步走了，
留下我在黄昏中挥动一片泪淋淋的柔云；
但我不怨你。
离别之夜你喝醉了，
我第一次看见你喝得如此酩酊；

7 各种文体的朗诵

你喝醉后男子汉手臂多么有力呀!
我依偎着你,知道你心里清醒,
你是借酒来浇离别的愁绪,
你说,昆仑山最雄奇也最柔润,
亲爱的,我理解你才情愿嫁给你,
被你理解的幸福是最大的幸福,
你说是不?!
做军人的妻子就意味着别离,
意味着家是动荡的,但我高兴,
我丈夫是男人中最奇伟最勇敢的男人,
是狂纵飞散的野马,力拔山岭的雄狮,
冷峻中聚集热烈,无情中蕴含多情,
而你,如昆仑山般的爱,
是我一辈子也受用不尽的啊!(啊念呀)
我为你骄傲亲爱的,
你是真丈夫,你是好军人。
你大步走了,
没有叫我的泪水软化你坚强的神经,
你彪悍的气质粗放的性格,
会使所有中国女人都感到高兴,
叫任何侵略者都会感到颤栗。
亲爱的,莫怪我淘气,
我知道我有情敌,
无论怎样我也不能赶她去,
但我不妒忌,
我的情敌是你的大山啊——(啊读呐)
你的军人魂!

【提示】这位军人的妻子深明大义,性格刚强中又不乏幽默感。但是我们在朗诵时千万要注意"啊"的音变规律,别再把 an、en 后面的啊还念作啊,那样念是因为你前面的"恩"音归音不到位(舌尖顶牙背)。

祝酒歌（节选）

郭小川

三伏天下雨呦，雷对雷，
朱仙镇交战呦，锤对锤，
今儿晚上噢，咱们杯对杯。

财主醉了因为心黑，
懒汉醉了因为倒霉。
咱们就是醉了，
也只因为生活太美！

醉酒哭天的是窝囊废，
酗酒作乐的是浪荡鬼。
饮酒赞前程的，
是咱社会主义新一辈。

舒心的酒啊千杯不醉，
知心的话呀万言不赘。
今儿晚上噢，
是瑞雪丰年舒心的会。

山中的老虎呦美在背，
树上的百灵噢美在嘴，
咱们工人呦美在内。

祖国情噢春风一般往这吹，
同志爱呦河流一般往这汇，
豪情美酒自古长相随！

诗百篇，笔一挥，

李白果真喝得昏昏醉？
酒十碗，力千倍，
武松神拳铁胆压虎威！
捷报来，收蓟北，
杜甫放歌纵酒只等伴君归，
题文诗，江州配，
宋江酒后狂洒英雄泪！

一天歇工三天累，
三天歇工不能安生睡；
十天歇工简直觉得犯了罪。

且饮酒，莫停杯，
三杯酒开心扉，
十杯酒，豪情胜似黄河水。
不尽豪情不停杯……

【提示】舒展而浪漫，豪放且幽默，是本诗的风格。适合在朋友聚会时助兴、劝酒、造势。朗诵速度不可太快，须层层往下剥，让听者享受优美的诗句，产生共鸣。

相信未来

食　指

当蜘蛛网无情地查封了我的炉台，
当灰烬的余烟叹息着贫困的悲哀，
我依然固执地铺平失望的灰烬，
用美丽的雪花写下：相信未来。
当我的紫葡萄化为深秋的露水，

当我的鲜花依偎在别人的情怀,
我依然固执地用凝露的枯藤,
在凄凉的大地上写下:相信未来。
我要用手指那涌向天边的排浪,
我要用手撑那托住太阳的大海,
摇曳着曙光那枝温暖漂亮的笔杆,
用孩子的笔体写下:相信未来。
我之所以坚定地相信未来,
是我相信未来人们的眼睛,
她有拨开历史风尘的睫毛,
她有看透岁月篇章的瞳孔,
不管人们对于我们腐烂的皮肉,
那些迷途的惆怅、失败的苦痛、
是寄予感动的热泪,深切的同情?
还是给以轻蔑的嘲笑,辛辣的讥讽?
我坚信人们对于我们的脊骨,
那无数次的探索、迷途、失败和成功,
一定会给予热情、客观、公正的评定。
是的,我焦急地等待着他们的评定。
朋友,坚定地相信未来吧,
相信不屈不挠的努力,
相信战胜死亡的年轻,
相信未来、热爱生命!

【提示】"文革"给党和人民造成巨大损失。有些人受不了折磨而选择轻生。诗人告诫人们,迷途的惆怅和失败的苦痛是暂时的。用三个排比段落强调"相信未来"。与其并列的强调重音是:失望的灰烬、凄凉的大地、孩子的笔体。后面所有的名词与动词都是语法逻辑重音。注意全诗的语势向上扬,别向下压。

南方北方

心 雨

到南方的风中流浪,
是我的向往。
养育我的北方,
便成了思恋的地方。

我以南方的荔枝,
思恋北方的高粱。
我以南方的热烈,
思恋北方的苍凉。

学会了南方人说话,
像鸟一样地歌唱,
便想听听父老乡亲
马鞭甩出的粗犷。
在没有季节变化,
没有寒冷的城市奔走,
更想在下雪的时候,
回一趟故乡。

阅过莺飞草长的江南,
再读北国的风光。
缺少色彩的故乡啊,
让我喜悦也让我忧伤。

尽管北方有我童年的土炕,
南方却是我一生奋斗的疆场。
我的青春,

已化作南方的山水，
我的爱，
已在南方生长。

我的家在南方，
北方却住着我的爹娘。
也曾千里万里地回到北方，
可再也回不到出发的那个晚上。

我像一只候鸟，
既栖息南方也栖息北方。
心如风筝般地系着思念，
也系着梦想。

也许我的后人，
会像我来南方一样
回北方闯荡。
我的灵魂，
却只能在南北之间
穿梭来往。

我熟悉而陌生的南方，
我亲切而遥远的北方。
我熟悉而陌生的南方啊，
我亲切而遥远的北方。

【提示】思乡怀旧是一种美丽的忧伤。此诗散发着忧伤而凄婉的美感，朗诵起来荡气回肠。适合远在他乡工作的人欣赏和抒发思乡之情。若拿它应试，适合播音主持专业。若报考表演专业，可以初试时用，复试时再选激情爆发的段子，相得益彰。

面朝大海　春暖花开

海　子

从明天起，做一个幸福的人
喂马，劈柴，周游世界
从明天起，关心粮食和蔬菜
我有一所房子，面朝大海，春暖花开
从明天起，和每一个亲人通信
告诉他们我的幸福
那幸福的闪电告诉我的
我将告诉每一个人
给每一条河，每一座山取一个温暖的名字
陌生人，我也为你祝福
愿你有一个灿烂的前程
愿你有情人终成眷属
愿你在尘世获得幸福
我只愿面朝大海，春暖花开

【提示】一个阳光少年抒发着欣喜快乐之情，字里行间憧憬着幸福与美好。朗诵时以节目主持人的风格与台下交流，又类似角色的独白。

勇　士

白色的阳光，照在高高的山岭，
在那里，激烈的战斗正在进行。
近旁，响起悲壮的冲锋号，
它鼓舞着我们的士兵。

一个团里的一个新兵,
飞也似的向前冲锋,
子弹在他脚下嗖嗖乱蹦,
山岩后,一个日本鬼子起身相迎,
仇敌相见分外眼红,一场肉搏战,
山谷里震荡着一片喊杀声——

几个回合的交锋,
两把刺刀同时刺进对方的前胸,
两个人静止般地对峙着,
进行决死的斗争!

只因为小战士的刺刀比敌人短了几分,
才没有捅倒那个鬼子兵。
我们的勇士没有时间思考,
他猛力把胸膛向前一挺,
它的刺刀也同时刺穿敌人。
敌人倒下了,勇士站立着,
山谷顿时鸦雀无声——

第二年飞来一只山鹰,
它盘旋着要栖息在英雄的坟茔。
它仿佛是英雄的化身,
不忍离开这故乡的山岭。
过路的士兵啊,
请举起你的右手
向他致敬!

祖国啊，我亲爱的祖国

舒 婷

我是你河边上破旧的老水车，
数百年来纺着疲惫的歌；
我是你额上熏黑的矿灯，
照你在历史的隧洞里蜗行摸索；
我是干瘪的稻穗，是失修的路基；
是淤滩上的驳船
把纤绳深深勒进你的肩膊，
——祖国啊！（读呀）
我是贫困，我是悲哀。
我是你祖祖辈辈
痛苦的希望啊，
是"飞天"袖间
千百年来未落到地面的花朵，
——祖国啊！（读呀）
我是你簇新的理想，
刚从神话的蛛网里挣脱；
我是你雪被下古莲的胚芽；
我是你挂着眼泪的笑窝；
我是新刷出的雪白的起跑线；
是绯红的黎明，正在喷薄
——祖国啊！（读呀）
我是你十亿分之一，
是你九百六十万平方的总和；
你以伤痕累累的乳房 喂养了
迷惘的我，深思的我，沸腾的我；

那就从我的血肉之躯上 去取得
你的富饶、你的荣光、你的自由;
——祖国啊,(读呀)
我亲爱的祖国!

【提示】这是"鹅窝"辙的朗诵段子。关于"啊"的音变规律,许多演员不懂。看见啊就不敢不念啊,读出来显得很傻。其实,你只要把"啊"与前一个字的尾音相拼就行了。啊前面字的尾音是 a\o\e\i\u\yu 的时候,啊读呀(ya)例如:妈呀、车呀、国呀、离呀、鱼呀;如过前面的尾音是 n,啊就该读呐(na)例如:"钱哪、人呐、远呢、近哪、深呐、浅呢"。啊的读音有六种变化!前面讲过的,就不再赘述。

致 橡 树

舒 婷

我如果爱你——
绝不像攀援的凌霄花
借你的高枝炫耀自己;
我如果爱你——
绝不学痴情的鸟儿,
为绿荫重复单调的歌曲;
也不止像泉源,
常年送来清凉的慰藉;
也不止像险峰,
增加你的高度,衬托你的威仪。
甚至日光,甚至春雨。
不,这些都还不够!
我必须是你近旁的一株木棉,

作为树的形象和你站在一起。
根,紧握在地下;
叶,相融在云里。
每一阵风过,我们都互相致意,
但没有人,听得懂我们的言语。
你有你的铜枝铁干,
像刀,像剑,也像戟;
我有我的红硕花朵,
像沉重的叹息,
又像英勇的火炬。
我们分担寒潮、风雷、霹雳;
我们共享雾霭、流岚、虹霓。
仿佛永远分离,
却又终生相依。
这才是伟大的爱情,
坚贞就在这里;
爱——不仅爱你伟岸的身躯,
也爱你坚持的位置,
足下的土地!

【提示】以舒婷为代表的女性诗歌,最为明显的特点是发出呼喊,表达心声。她表达爱的话语不是呢喃,而是高亢的激情宣言。体现独立自主、男女平等。诗人以"如果——绝不"的虚拟否定句式,界定了主体自身形象与价值观;从"我必须"开始,才直接表达爱的想象和爱的观念;一种现代女性所主张的伟大爱情的典型形象跃然纸上。这里所谓的橡树就是男人。你必须找到诗人那样的气质和感觉,才能朗诵好《致橡树》。你如果是个多愁善感的纤弱女子,很难驾驭这样的作品。

我

我怀念童年的我,
那个穿着小褂儿裤衩儿的野丫头。
坐在梧桐树杈儿上,唱着信口编的儿歌。
我想哭就哭,只要我觉得难过,
我想笑就笑,笑是我心灵的欢歌
我敢恨,从不掩饰、闪躲,
为了发泄心中的怒火,
我竟然扑上去,把对手的鼻尖儿咬破;
我敢爱,没有半点儿羞涩。
我的脸是心灵的镜子,
红的是血,热的是火。
我憎恨这个现在的我,
这个衣冠楚楚,温文尔雅,成熟的我。
我学会了无泪的哭,我学会了含泪的笑,
我曾表露过违心的憎恶,
也唱过言不由衷的赞歌;
世俗编成的罗网像毒蛇紧紧把我缠裹!
我窒息,我挣扎,我嚎叫——这不是我,这不是我!
让雷霆把我撕成碎片吧!让烈火把我燃烧吧!
还我一个童心的,透明无瑕的我!

【提示】呼唤真善美,鞭挞假恶丑,唱响了这诗歌的主题。一个假小子型的女生,放开了去朗诵。既要让观众看到童真的情趣,又要展现激情爆发时的英姿。若是男生朗诵,只需将"野丫头"改成"野小子"就成了。需要注意的是,别把"想、只要、心灵的、敢、半点儿"做重音,而应该把"哭、笑、恨、爱、鼻尖、羞涩、现在、成熟、碎片、燃烧、童心、窒息、挣扎、嚎叫、透明无瑕、不是"做重音。

这其中"鼻尖、现在、成熟、无泪、含泪、违心、由衷、童心、透明无暇、不是"为强调重音,其他为语法逻辑重音。

黄 山 松

张万舒

好!黄山松,我大声为你叫好,
谁有你挺得硬,扎得稳,站得高;
九万里雷霆,八千里风暴,
劈不歪,砍不动,轰不倒!
要站就站上云头,
七十二峰你峰峰皆到;
要飞就飞上九霄,
把美妙的天堂看个饱!
不怕山谷里阴风的夹袭,
你双臂一抖,抗得准,击得巧!
更不畏高山雪冷寒彻骨,
你折断了霜剑,扭弯了冰刀!
谁有你的根底艰难贫苦啊,
你从那紫色的岩上挺起了腰;
即使是裸露着的根须,
也把山岩紧紧地拥抱!
你的雄姿像千古高峰不动摇,
每一根针叶都闪烁着骄傲;
那背阳的一面,你横眉怒扫,
向着阳光,你迸出劲枝万千条!
啊,黄山松,我热烈地赞美你,

> 我要学你艰苦奋战,不屈不挠;
> 看!在这碧紫透红的群峰之上,
> 你像昂扬的战旗在呼啦啦地飘。

【提示】 作者对黄山松的赞美就是对坚韧挺拔精神的赞美。把黄山松人格化是宣示着诗人要做那种挺得硬、扎得稳、站得高的英雄,做劈不歪、砍不动、轰不倒的好汉;做扎根基层、艰苦奋战、不屈不挠的勇士。"窈窕"辙对于朗诵者来说,若是嗓音洪亮的人固然能显示优越感,若嗓音一般也可采用压低声音的赞叹。不同人朗诵同一个作品,可以有不同的风格——既可以快捷而激越,也可以沉稳而坚定。甚至可以有意识地进行改变风格、改变音色的训练。

(言志诗) 自白书

陈 然

> 任脚下响着沉重的铁镣,
> 任你把皮鞭举得高高,
> 我不需要什么自白,
> 哪怕胸口对着带血的刺刀!
>
> 人,不能低下高贵的头,
> 只有怕死鬼才乞求"自由";
> 毒刑拷打算得了什么?
> 死亡也无法叫我开口!
>
> 面对死亡我放声大笑,
> 让魔鬼的宫殿在笑声中动摇;
> 这就是我——
> 一个共产党员的自白,
> 高唱凯歌埋葬蒋家王朝。

【提示】这首革命烈士诗抄,在反动派的监狱里,英雄们在墙上刻下了宁死不屈的铮铮誓言,坚定的共产主义信念和视死如归的傲然正气构成了这首诗的咏叹调。朗诵时要咬紧牙关冷笑,如身临其境地进行语言表演,虽然自由是画引号的,但乞求二字是强调重音。其同类优秀代表作还有《囚歌》。

囚 歌

陈 然

为人进出的门紧锁着,
为狗爬出的洞敞开着。
一个声音高叫着:"爬出来呀,给你自由……"
我渴望自由,但我也深知,
人的躯体怎能由狗洞里爬出?
我渴望着那一天,地下的火升腾,
把我和这活棺材一起烧掉,
我将在烈火和热血中
得到永生!

【提示】"人、门、紧锁";"狗、洞、敞开";"爬、自由";是强调重音。"人、狗洞、爬"是心里感觉重音。"烧掉、得到永生"是语法逻辑重音。

(激情诗)我骄傲我是中国人

根据殷之光朗诵稿整理

在无数蓝色的、棕色的眼睛中,
我有着一双宝石般黑色的眼睛。(重音强调黑眼睛)

我骄傲，我是中国人！
在无数白色的、黑色的皮肤中，
我有着大地般黄色的皮肤。　（重音强调黄皮肤）
我骄傲，我是中国人！
黄土高原是我挺起的胸膛，
黄河流水是我沸腾的血浆，
泰山是我站立的脚跟，
长城是我扬起的臂膀，
我骄傲，我是中国人！（强调重音在每句话的后五个字）

我是中国人，
我的祖先最早走出森林：　（强调走出森林）
我是中国人，
我的祖先最早开始耕耘：　（强调开始耕耘）
我是指南针、印刷术的后裔，
我是圆周率、地动仪的子孙。　（强调四大发明）
在我们中国不光有史册上万古不朽的
孔夫子、司马迁、孙中山、毛泽东、邓小平——
还有那文学史上万古不朽的
《三国演义》《水浒传》《西游记》《红楼梦》。
我是中国人，
在我们的国土上不光有——
雷电轰不倒的长白雪山、黄山劲松，
还有那风雨不变的"一二·九"传统，延安精神！
我是中国人，
联合国大厦里中国的议论举足轻重：
我是中国人，　　　　　（每个字都要掷地有声）
奥林匹克赛场上华夏儿女正频频得分：
我是中国人，

五星红旗在南极科考站迎风招展： （重音在迎风招展）
我是中国人，
我们的宇宙飞船遨游在蓝天白云！ （重音在蓝天白云）
中国制造，一带一路得到全世界公认！
党领导我们正在实现美丽的中国梦！
翩翩欲飞的莫高窟壁画交相辉映，
我们就是飞天，飞天就是我们！
我骄傲，我是中国人！

【提示】这长中国人志气的抒情诗，朗诵者应充满自豪感。为增强效果，可以将原本一人朗诵变成对口诵或多人集体朗诵。在如数家珍的成就部分，亦应与时俱进地加进新内容，使好作品具有永久的生命力。殷之光朗诵有激越昂扬的特点。

朗诵时，要随着作品的层层递进，由远而近，由浅到深，有概括有提升地改变节奏，调整气息，使受众既感到层次的变化。又要被一气呵成、不断线的气势所激励，受到振奋，起到赏心悦耳、鼓舞人心的作用。

不 满

骆耕野

像鲜花憧憬着甘美的果实，
像煤核怀抱着燃烧的意愿，
我心中孕育着一个"可怕"的思想
我要大声地叫喊出——"我不满"！
谁说不满就是异端？
谁说不满就是背叛？
是涌浪，怎能容忍山间的狭窄，
是雏鹰，岂肯安于卵壁的黑暗。

不满激扬着对海洋的神往哟！（噢）ào
不满苏生着对蓝天的渴念！
生命的创造多么痛楚而伟大哟，
请赐给母亲以满足的甘甜：
"不！还是祝福孩子尽快成长吧，"
婴儿问世已叩响了母亲不满的心弦。
啊，谁能说不满就是不爱？
谁敢说不满就是抱怨？

哥伦布不满铅印的海图，
才发现了大洋的彼岸；
哥白尼不满《圣经》的论断，
才揭开了宇宙的奇观；
刻卜勒不满"日心说"才去发展真理，
亚里士多德不满柏拉图，才能"青出于蓝"。
啊，谁说不满是背弃拔类出萃的先人？
啊，谁说不满是亵渎德高望重的圣贤？
不满：茹毛饮血的人猿才去寻觅火种，
不满：胼（pián）手胝（zhī）足的祖先才去摸索种田；
不满：雄丽的赵桥才取代了简陋的木桥，
不满："精巧"的石斧才让位于青铜的冶炼；
不满：才产生了妙手回春的华佗，
不满：才造就了巧夺天工的鲁班。
啊，不满正是对变革的希冀，
啊，不满乃是那创造的发端。
我是电流，我不满江河的浪费；
你白白流逝的，乃是我生存的乳泉；
我是高炉，我不满地球的吝啬，
你深深藏匿的，正是我生命的火焰；

7 各种文体的朗诵

我是庄稼,我害怕自然保姆的任性,
变幻莫测的风雨使我忐忑不安,
我是市场,我向往琳琅满目的富有,
陈列单调的橱窗叫我满面羞惭;
我是年迈的城镇,我的服饰多么古旧,
请为我戴上摩天大厦的皇冠;
我是拘谨的生活,陈腐的世俗多么恼人,
请不要过多地干涉青年的爱恋;
我是低产的田地,我不满蹒跚的耕牛哟(wo)
我是发紫的肩头,我不满拉船的绳纤,
我不满步枪,不满水车,不满帆船,
我不满泥泞,不满噪音,不满污染。
不满像舰队告别港湾的头一阵笛鸣哟(噢)(aou)
不满像雄鸡向往黎明的第一声啼唤。
我是规划,锁在保险柜里多么窒闷,
我要走下蓝图,我要和新兴的工地团圆;
我是革新,躺在功劳簿上多么可耻,
我要摸索新路,我要攀登纪录的峰巅;
我是政策,我不满踌躇的"伯乐",
为什么不立刻启用朝野的遗贤?!
我是创造,我不满夜郎自大,
快为我打开与世隔绝的门闩;
我抗议马拉松会议,以时间的名义,
你随意糟践的,乃是我生命的内涵;
我控诉宗教式的软禁,以真理的呼喊,
我是花,我要生长,要献蜜,
我要求助于实践园丁殷勤的刀剪。

啊,不满像胎儿在母腹里的阵阵躁动哟(aou)

不满像母性的痛楚而伟大的分娩!
我不满官僚主义,
轻浮地荡尽了先烈的遗产;
我不满文化水平,
难以托起四化的航船;
我不满大话和空谈,
睡在海市蜃楼上描绘缥缈的明天;
我不满抱怨和牢骚,
躲在时代的堤岸上指责涌进的波澜;……
啊,不满就是一个绝妙的议事日程,
不满就是一部崭新的行动提案;
不满已催生出伟大的战略转移哟!
不满已催挂起新长征的战斗风帆!
噢,河床在不满中伸直了脊梁,
石油在不满中涌出了海面;
科学在不满中冲破了禁区;
指标在不满中跨上了火箭;
思想在不满中睁开了慧眼,
真理在不满中延伸了航线;
贫穷在不满中紧追着富强哟(aou)
现状在不满中疾速地登攀!

啊,不满像两个矛盾间过渡的桥梁哟(aou)
不满像一粒细胞产生的裂变;
不满便有所发明,有所创造,有所前进哟(naou)
不满将通向繁荣,通向幸福,通向完善!
像鲜花憧憬着甘美的果实,
像煤核怀抱着燃烧的意愿,
我心中溢满了深挚的爱哟,

对现状我要大声地叫喊出：
"我不满"！

【提示】一首思辨式的激情诗。诗中运用大量的排比递进句，融入了许多地理、历史、人文知识。将近100句的长诗基调是"积极进取向上，永不骄傲自满"，歌颂改革开放的举措。全诗从头至尾使用一个"言前"辙。与郭小川一样，诗人也喜欢用"哟"字做语尾感叹词。朗诵者须注意"哟"的音变规律。（用啊的变化规律往下套）朗诵者请注意：在读到"不满像母性的痛楚而伟大的分娩"。再一口气把句子读完整，尤其是不要在"母性的痛楚"与"伟大的分娩"之间停顿或换气。

这首优秀诗作可以一人独诵，也可二人对诵或三人轮诵，还可以多人轮诵、齐诵等形式进行训练或演出。

（现代诗）我爱这土地

艾　青

假如我是一只鸟，（我像鸟儿一样微不足道）
我也应该用嘶哑的喉咙歌唱：（为祖国奔走呼号）
这被暴风雨所击打着的土地，（这贫穷落后的家园）
这永远汹涌着我们的悲愤的河流，（这苦难的国土）
这无止息地吹刮着的激怒的风，（为国担忧的心）
和那来自林间的无比温柔的黎明……（看到曙光）
——然后我死了，
连羽毛也腐烂在土里面，（死也要变成肥料滋润土地）
为什么我的眼里常含泪水？
因为我对这土地爱得深沉……（我有一颗赤子之心）

【提示】诗句与整体的关系，表达了情思的律动。虽不合辙押韵，却有其内在的张力。该诗抒发的是赤子之情。尽管祖国母亲贫穷落后，甚至战乱腐败——"土地被暴风雨击打着，河流被悲愤的浪涛汹涌着"。但作者透过激怒的风，还是看到"林间无比温柔的黎明"，愿意为祖国献身——活着为国奔走呼号，死去变成肥料滋养大地。因为担忧国家的命运，所以眼中常含泪水。朗诵时请把重音标注好，以加深我们对语言逻辑的理解。我们还可以给它压上韵，看是否能加深理解：假如我是一只鸟／我也应该用嘶哑的喉咙唱歌／这被暴风雨击打着的土地／这永远汹涌着我们悲愤的江河／透过无止息吹刮着激怒的风／看黎明前林间的温柔与婆娑／然后我死了／连羽毛也埋进国土腐烂着／为什么我的眼睛常含泪水／因为我对这土地爱得执着。／

借 句

席慕蓉

一生倒有半生周而复始，
总是在清理同一张桌子。
以为只要窗明几净，
生命就可以重新开始。

于是，不断丢弃那些被忽略了的留言，
不断撕毁那些无法完成的诗篇。
不断发出暗暗的惊呼，不断喟叹。
原来昨日的记忆曾经是那样光华灿烂，
却被零乱地堆叠在抽屉的里端。
应该说很容易能拭净桌面的灰尘，
瓶中的花也可以随时换新。
实在犹疑难舍的往事，
就把它们装进纸箱里封存。
但是要如何存得住
那深藏在文字里的我年轻的灵魂？

从来也没有学会如何向自己道别，
我只能把一切再还给那混乱的世界。

在微雨的窗前，记忆出现刹那的停歇，
有些模糊的角落又会复原与幻灭。

不知道要怎么向她解释？
说我们同行的路途最好就到此为止。
于是一生到有半生周而复始，
总是在清理同一张桌子。
清理所有的过时、遗忘与错置，
以致终于来不及挽救我的历史。

【提示】诗人借隐地一句话"一生到有半生，总是在清理同一张桌子"来抒发自己的感怀。生活中常有即景生情，触物生情的，也有别人的一句话使自己产生共鸣，掀起情感世界的喟叹涟漪。人一生中的情感历程，有许多阴差阳错的遗憾，想忘是忘不掉的。有些心灵的伤口也很难用岁月抚平，有时甚至迂回反复出现，又勾起久远的回忆而感到无奈。

全诗分成五个小段落。第一段与第五段是前后呼应，说的就是这句主题。"剪不断，理还乱"一拖就是半辈子过去了。

中间三段是延伸，展开地叙述自己如何想忘却和告别过去，却又挥之不去的心境。朗诵时要把无奈的心境表现出来。

蒙古族诗人席慕蓉的作品，浸润东方古老哲学，带有宗教色彩，透露出一种人生无常的苍凉韵味。席慕蓉最近还回内地为歌唱家德德玛写歌词，在电视台亮相。

初 相 遇

席慕蓉

美丽的梦和美丽的诗一样
都是可遇而不可求的
常常在最没能料到的时刻里出现

我喜欢那样的梦

在梦里一切都可以重新开始

一切都可以慢慢解释

心里甚至还能感觉到所有被浪费的时光

竟然都能重回时的狂喜和感激

胸怀中满溢着幸福

只因为你就在我眼前

对我微笑一如当年

我真喜欢那样的梦

明明知道你已为我跋涉千里

却又觉得芳草鲜美落英缤纷

好像你我才初相遇

【提示】这是席慕蓉的一首富有哲理的抒情诗,诗情画意中真切而细腻。朗诵时注意如梦似幻的美感。(微笑提嘴角)

楼兰新娘

席慕蓉

我的爱人 曾含泪 将我埋葬

用珠玉 用乳香

将我光滑的身躯包裹

再用颤抖的手 将鸟羽

插在我如缎的头发上

他轻轻阖上我的双眼

知道他是我眼中最后的形象

把鲜花撒满在我胸前

同时洒落的还有他的爱和忧伤

夕阳西下 楼兰空自繁华

我的爱人孤独地离去

遗我以亘古的黑暗

和亘古的甜蜜与凄凉

而我决不能饶恕你们

如此鲁莽地把我惊醒

曝我于不相识的荒凉之上

敲碎我 敲碎我

曾那样温柔的心

只有斜阳 仍然是当日的斜阳

有谁 有谁

能把我重新埋葬

我应仍是 楼兰的新娘

【提示】此诗是席慕蓉广受称赞的佳作,取材于考古学家在罗布泊发掘的一具千年木乃伊。朗诵时要有如泣如诉的感觉。

护士长日记

卢为屏

这是一个妻子的日记,
字里行间有玫瑰吐着爱的芬芳。
一笔一画中有康乃馨温馨的祝福,
但没有丈夫;
丈夫在电话里一声轻轻的问候,
会让你热泪盈眶!

这是一个母亲的日记,

省略号点点滴滴蕴含着母性的温柔。
问号里萦绕着日日夜夜的牵挂,
但没有女儿;
女儿在梦中和你一起,
沐浴着人民公园明媚的春光……

这是一个女儿的日记,
一千只纸鹤在为白发老人默默祈祷。
菊花的微笑是人间最美好的夕阳,
但没有父母;
父母在深夜的期待中,
将楼梯间的每一个声响都当成回家的脚步。
这是一个战士的日记。
分分秒秒都有殊死的搏斗!
时时刻刻都将前仆后继,
但没有豪言壮语;
在你累倒又站起的瞬间,
你的身躯就是撼天动地的誓言!

这是天地间最大写的人的日记。
蓝天因白云而高远深邃,
生命因白色而纯洁神圣,
但没有感叹号,
像纪念碑一样——
矗立在人们不朽的心中!

当毒魔让你带上三十层口罩,
不让你歌唱,
你就拿起笔在病历本上写下生命的华章。
当世界只让你露出一双眼睛,

你就用这双眼睛，
让走在死亡边缘的人们看到生的希望！

面对着这一场生与死的较量，
我还没有为这一场灾难写下诗行。
可当我在拯救灾难的现场，
看到那么多女人用柔弱的身躯
去抗击死神的疯狂；
用天使的静美去战胜心里的恐慌；
当一个女人在日记里说："我不想做一个逃兵"时，
我不歌颂，我不将奉献崇高和伟大——
连同日常生活中越来越珍贵的词汇
连同我感动和愧疚的泪水送给我的姐妹，
那么，人类的良知将宣布一个诗人的死亡！

【提示】《护士长日记》歌颂白衣战士在抗击"非典"病毒战斗中的英勇献身精神。诗人从"日记"这个特殊的视角，展现一个护士长为人妻、为人母、为人子女、为白衣战士的多重身份，在生死关头经受考验的性格美、人格美、人性美。

这种现代诗虽不受格律限制，句式长短不一，但它从整体结构中仍然显现着诗的节奏感和音乐感。有一种内在的旋律贯穿全诗。要求我们朗诵的时候尽量突出每一小段的韵脚，实在这一段没有韵脚的时候，段落尾部采取提气与托气的技巧，和下段紧凑连接的手法来解决，如第四、五段（或第4、5小节）就没有一句押韵的，那么在念"誓言"和"心中"的时候就应往起挑而不能往下落。尤其东北人更要注意克服语尾音掉值的习惯。

尽管许多现代诗不注重格律，该诗还是有一个基本韵辙的，例如"芬芳、盈眶、春光、夕阳、歌唱、华章、希望、诗行、疯狂、恐慌、死亡"属于"江阳"辙，并注意保持每段六行字的格式。那么读最后一段的时候，由于只有结尾一个亡字又回到"江阳"辙，它前面的三行字就要像辩论时常用的贯口技巧来朗读，咬紧"死亡"二字戛然而止，然后是留给听众回味的空间。

朗诵好一篇诗作最主要的窍门是先找到诗句的潜台词,以便使用最恰当的语气将诗句的深层含义准确地表现出来。

孽 火

庞贞强

大家拼命地逃离火场
我却义无反顾的靠近火情
看着自己十九岁的容颜用烈火洗脸
火苗钻进每一个毛孔
不得不把身体变成最后一件衣衫
轻轻盖住白发爹娘的悲痛
我这里如此的炙热
可 可你们那里 为什么——
结了厚厚的冰?
如果不记得我的生日
那么今天 我冲进烈火中的今生
就是我来世的永恒
烈火就是生日的红色蛋糕
我把自己变成一岁的蜡烛
看着身体泪一样流动
流下时烈焰发出噼啪的响声
可妈妈的泪水却只是静静地流
滴入泥土里默默无声
因为妈妈知道我已经归于泥土之中

大家拼命地逃离火场
我却义无反顾地靠近火情

7 各种文体的朗诵

如果温度足够的高

我愿意变成青春的耀眼的光斑

如果我在烈火中牺牲

我爸就是你爸我妈就是你妈

这是出发前最后的短信内容

我的战友啊

真不知他们内心的痛如何才能抚平

就请你替我这个当儿子的把爸妈孝敬

如果生命的归宿逃不出一场大火

就让我浴火重生!

一个是您生我的日子

一个是我钻进烈火消失的那一刻钟

大火就像一片麦田

每一年我都回来收成

因为我的身体已经变成了麦种

已经融进泥土之中

变成了一束丁香花

悄悄地盛开在某一个巷口

那里有我还没有开始的爱

可正是因为 还没有开始

所以永远

永远的存在——

【提示】作者以第一人称，我——一个临危不惧，义无反顾消防战士，冲进火海！儿子对父母的爱，母亲对儿子的爱，战友之情，还有那在某一个巷口青涩的，没有开始的爱情。英雄之所以成为英雄，是他能克服常人的七情六欲，为了大爱，英勇献身——

(诙谐诗) 树上的樱桃

裴多菲

树上有樱桃千万颗,
我却只有一个老婆。
但就是这一个,
我仍然嫌多。
她整天打我骂我折磨我,
早晚总会气死我。
她正是一个天生的怪物,
她一靠近我,
我就打哆嗦。
我曾经想给他一点颜色,
可是当她盯着我的脸,
我的什么勇气便都没了。
已经有三次了她差点儿搁车,
天哪,那时候我真是偷着乐!
但是魔鬼并没有把她带走,
她太坏了,连魔鬼也干没辙……

【提示】朗诵者摆出一副无奈受气的可怜相,须用夸张描述的语调来完成。裴多菲的妻子确实是全城著名的美女,他也的确是个怕老婆的人。尤其是外国人性格外向,裴多菲幽默风趣,玩笑开得很大。这种诗不一定考试用,可以朋友聚会烘托氛围。

二、叙事诗的朗诵

用诗的形式刻画人物,通过写人叙事来抒发情感,这种体裁形式,有故事有人物,情节完整,而且情景交融。有抒情诗的特点,有层次清晰的视像感。

我国古典诗歌中著名的叙事诗有《木兰辞》《孔雀东南飞》《长歌行》《长恨歌》《琵琶行》，当代著名作品除前面已经分析过的吕远的《共产党员的手》，还有艾青的《大堰河，我的保姆》、闻捷的《复仇的火焰》、郭小川的《一个和八个》等。叙事诗的朗诵技巧是：张弛有度，娓娓道来，细腻传神，激越满怀。

传　单

顾　工

我曾站在黄浦江边，
忧郁着绝望的泪眼，
曾经在我的小阁楼里。（接近口语化，亲切而自然地）
写过多少悲伤感叹……
那时我才十六岁　　（一位革命老战士的沉思回忆）
便开始怨恨这江水的混浊，　　（中速沉稳）
害怕人们堆笑的脸。
只有十六岁的我，
就开始整夜整夜地失眠；
有一天傍晚，
我徘徊在街头路边。
突然发现，　　　　　　（加快）
衣服口袋里有一份传单。
封面上印着"大东亚战争的胜利，"
封底是黄色影星的媚艳。　　（有视象的描述）
可是打开一看，
里面却是"新民主主义论——毛泽东"！
它就像闪光的北斗，
炽烈的火焰；　　　　（从心底发出的认知和赞叹）

照亮了整个上海,
整个的东方海滩。

从此我不再擦那绝望的泪眼,
不再写那叹息的诗篇;
也不再失眠。
我开始忙碌着,开始参战;　　　(充满自豪地)
开始散发那我曾经看过的传单。
穿过一条又一条里弄,
把它们塞进那一个又一个门槛……
从此我感觉到
我的血是滚烫的、鲜红的,
我的心是跳动的,欢腾的。
噢,传单,传单……
我终于学会了这样一首歌
"起来!被压迫的奴隶。"　　(赞叹革命的传单一字一句,
啊!传单……传单。　　　　句尾要停顿长些)

马头琴的传说

佚　名

朋友啊,
你可曾到过美丽的大草原?
那里有万里无云的蓝天。
雄鹰在自由地盘旋,
白云飘过绿色的山峦,
勤劳的牧民在这里世代繁衍。
那悠扬的牧歌飘着奶茶的香甜,

7 各种文体的朗诵

马头琴声似乎带着淡淡的伤感,
忧伤的曲调飘荡在牧人的心田。
掀开岁月的长河哟,
流传着马头琴的传说:
白音塔拉的帅小伙儿名叫苏和,
每天骑着马儿在草原上奔波。
那白色的骏马与他朝夕相伴,
好比亲兄弟好朋友相濡以沫。
苏和离不开他的白骏马呀,
从不让无言的伙伴冻着饿着;
白骏马十分默契地与他配合,
为主人排解困难,消除寂寞。

突然,恶魔爆发了一场疾病,
白骏马再也不能与他相依为命。
苏和枕在马鞍上做了一个梦,
梦见他的白骏马飞翔在空中,
白骏马教给他做一把马头琴,
马头琴就是白骏马的象征:
马的腿骨为柱,头骨为筒,
棕毛为琴弦,尾骨为琴弓,
瞬间,白骏马变幻成马头琴,
就好像白骏马又死而复生。

马头在琴的顶端跟着摆动,
拉琴的人就像是骑马旅行;
马头琴声犹如骏马在嘶鸣,
孤独的苏和又恢复了笑容;
马头琴声高低错落,变化无穷,
踏着草原上悠扬的歌声,

199

马头琴伴奏牧民的好来宝哟,
歌唱蒙古高原上的万物生灵。

【提示】这凄美的传说变成悲壮的叙事诗,沿着故事的脉络形成四个自然段。步步深入,引人入胜。朗诵时也要由浅入深,如数家珍,站在高处,悉心描述。语法逻辑重音都在句子的尾部。

三、散文诗的朗诵

散文诗篇幅短小,概括性强,有诗的意境,语言精练而含蓄,有鲜明的节奏感。但又像散文一样不受诗的韵律与格律限制,它是兼有诗和散文的特点,是介于诗与散文之间的一种文学体裁,是散文化了的诗,亦是富有诗意的散文。若想朗诵好这篇散文诗,要有一定的文化素养和文学底蕴。

海 燕

高尔基

在苍茫的大海上,狂风卷集着乌云。在乌云和大海之间,海燕像黑色的闪电,在高傲地飞翔。

一会儿翅膀碰着波浪,一会儿箭一般地直冲向乌云,它叫喊着,——就在这鸟儿勇敢的叫喊声里,乌云听出了欢乐。

在这叫喊声里——充满着对暴风雨的渴望!在这叫喊声里,乌云听出了愤怒的力量,热情的火焰和胜利的信心。

海鸥在暴风雨来临之前呻吟着,——呻吟着,它们在大海上飞窜,想把自己对暴风雨的恐惧,掩藏到大海深处。

海鸭也在呻吟着,——它们这些海鸭啊,享受不了生活中的战斗的欢乐,轰隆隆的雷声就把它们吓坏了。

蠢笨的企鹅,胆怯地把肥胖的身体躲藏在悬崖底下……只有那高傲的海燕,勇敢地、自由自在地,在泛起白沫的大海上飞翔!

乌云越来越暗,越来越低,向海面直压下来,而波浪一边歌唱,一边冲向高空,去迎接那雷声。

雷声轰隆,波浪在愤怒的飞沫中呼叫,跟狂风争鸣。看吧,狂风紧紧抱起一层层巨浪,恶狠狠地将它们甩到悬崖上,把这些大块的翡翠摔成雾和碎末。

海燕在叫喊着,飞翔着,像黑色的闪电,箭一般地穿过乌云,翅膀掠起波浪的飞沫。

看吧,它飞舞着,像个精灵,——高傲的、黑色的暴风雨的精灵,——它在大笑,它又在号叫……它笑那些乌云,它因为欢乐而号叫!

这个敏感的精灵,——它从雷声的震怒里,早就听出了困乏,它深信,乌云遮不住太阳,——是的,遮不住的!

狂风呼叫……雷声轰隆……

一堆堆乌云,像蓝色的火焰,在无底的大海上燃烧。大海抓住闪电的箭光,把它们熄灭在自己的深渊里。这些闪电的影子,活像一条条火蛇,在大海里蜿蜒游动,一晃就消失了。——暴风雨!暴风雨就要来啦!

这是勇敢的海燕,在怒吼的大海上,在闪电中间,高傲地飞翔;这是胜利的预言家在叫喊:——让暴风雨来得更猛烈些吧!(戈宝译)

【提示】我们在朗诵《海燕》的时候,要注意对海风与乌云的描述,对海燕与暴风雨的描绘,对海燕冲击波浪冲向乌云的神态气势的描写,一方面要有形象化的语气,同时也要有诗人高尔基的心理状态,即"唤起民众,鼓舞斗志",如"狂风卷集着乌云"、"海燕像黑色的闪电在高傲地飞翔"、"乌云越来越暗,越来越低,向海面直压下来"、"波浪在愤怒的飞沫中呼叫,跟狂风争鸣"、"海燕像黑色的闪电,箭一般地穿过乌云……"每句话里不但有形象与气势的描摹,同时有诗人的爱与憎,诗人的希望与嘱托在支撑和驱使着语调。所以,朗诵时要注意心理重音的强调。

悬 肠 草

雷抒雁

据说有一种草,叫作悬肠草。

不知道它的形状,不知道它的颜色,不知道它的滋味,不知道它开花的季节。

据说那是伤别的草。看见它的人,就会有离别的悲剧发生,所以,人们又叫它离别草。

不知道有没有这样一种草,可以寄托人的离愁,可以暗示离别的黯然?

我想也许会有的。

但那一定是在苦雨的季节发芽,在暴晒的时刻开花,在风寒的早晨落叶。

我想那花一定如同柳絮,一定如同蒲公英,随风飞扬着,寻找离别的人,落在他们抽泣的、颤抖的肩头。

那落叶会是红的,如同相思子,如同枫叶,点燃它的尽是离人眼中血。

我想一定会有一种草,叫做离别草的,那悬肠之草。

何处没有离别呢?何时没有离别呢?

人生本来就如同浮萍,朝东暮西,怎会永远集结在一起呢?

我想一定会有一种草,是伤离别的。

不必问它的颜色,不必问它的滋味,不必问它开花的季节……

【提示】这是一篇充满离别哀思的感叹,是一篇情思眷恋的愁苦哀怨之词,千万别把它当作新闻报道。你看,由离别哀愁酿造了苦酒,又用苦酒泡制成苦药。再用苦水浇灌出苦瓜。基调就是一个"苦"字,所以,我们在朗诵时不能使用儿化音。例如"滋味、发芽、开花、落叶、草、肩头"。语气要沉重,节奏要缓慢,每句话的结尾都应有较长的停顿。并且咬字要紧,句势取下阶梯形。

好想你，我的亲娘

想起亲娘，就想起那年我当兵走的时候，娘把我送到村口的小桥上。晨曦里我看到，在娘爬上细纹的眼角上闪着点点泪光。"娘～回吧，回去吧～娘！"娘不说话，只是默默地，默默地从兰花围裙下摸出一个小口袋，紧紧地抓住我的手："儿啊，把这个带上"，此时，我不忍再看到娘那流泪的脸，我好想抱着她，我好想说："我会想你，我的亲娘"，然而那一刻，我却"扑通"跪下了，跪在娘的脚下，跪在生我养我的黄土地上……走出很远，回头看时，娘的身影在飘飘槐花里依然张望……我时时想念故乡，想念故乡的云，想念故乡的风，想念故乡的山，想念故乡的水，想念故乡石碾子那隆隆声响。我时时想念亲娘，您是否又拄着那根枣木拐杖，在村口把我张望？您是否剪了大红福字，在窗口把我默想？娘，回去吧，回去吧，我的亲娘！我会千百次趟过您的心河，我会一辈子在心中把您唱响！

【提示】这昂扬的赞歌如泣如诉，述说着母子深情。这散文诗荡气回肠，吐露着一个战士思念母亲的心境。有道是"儿行千里母担忧，母亲挂在儿心头"重音基本上都在尾部，压"正东"辙的韵脚属于语法逻辑重音。强调重音有"走、回、带、辈、心"。

（散文诗）献给妈妈

再见了，妈妈！这歌声我每次听到都黯然泪下。再见了，妈妈！这诗句是人间最难出口的话。有人说，那不是歌唱，是心血在流淌，有人说，那不是音符，是眼泪在键盘上滴答。谁没有母亲，有谁不是在妈妈的怀里长大？谁愿意和妈妈说再见，又有谁忍心看见妈妈的泪花？我不会吟诵，没有作诗的才华，我不会歌唱，更不会高亢地表达。我只是共和国一名普通的战士，我只有一句话，我爱我的妈妈。忘不了站台上那慈祥的面容，忘不了车窗前那飘动的白发，出发前那天晚上，您从遥远的大西北捎来几句话"儿要英勇杀敌，争取立功，儿要在部队听首长的话，儿要……可是，可是您却单单没有提到您的病情恶化。

我的母亲！今天您的儿子回来啦，可是您在哪，在哪啊？妈妈！山谷在低吟，雨水在飘打，却再也听不到您的回答。早知道病魔已夺取了您的生命，儿何不牺牲在战场，九泉之下也能去看望您老人家！如果说九回死能换得您的长寿，儿就死上九回，也要把您的恩情报答。再见了，妈妈！再见了，妈妈——

【提示】这篇"发花"辙的散文诗，感情真挚，如泣如诉。要求朗诵时先设身处地的品味情感，再假戏真做地情景再现。

四、古典诗词的朗诵

朗诵诗词的要领

熟悉平仄特点　掌握重音断连
参阅古文词典　读音准确规范
透过字里行间　眼前浮出画面
按照词牌格律　读出诗词乐感

诗人高汉对旧体诗有精辟的论述。"旧体诗就是汉语精致的雅乐，它阐发出了汉语取严格的格律形式时所拥有的声音韵律之美。旧体诗以其外延的发展过程，从语言文字中发掘出来的音调、韵律和节奏之美，是别的文学形式所无法替代的……这是因为它的格律合乎汉语的规律，它的形式极有利于汉语乐感和汉字字音之美的充分表现和发挥。"

旧体诗在我国文学史上占据独特的位置，它起始于齐梁时代的汉赋乐府，盛行于唐朝的五言绝句和七言律诗。

我们在讲十五韵辙的应用就要举旧体诗词的例子。它与前面练习的现代诗有许多不同之处。例如词汇的选择运用、格式的组合排列、句型的变换手法与节奏韵律的形成，等等。

旧体诗词的朗诵节奏

唐诗宋词是我国文学宝库里的精髓，但朗诵起来难度比较大。诗词的节奏和语句的结构紧密相关，诗词的语法有几个特点。

1．不完全句子的使用

有主语没有谓语，或者谓语不全，甚至一个名词性的词组就算一句话，如杜甫的《春日忆李白》中"清新庚开府，俊逸鲍参军。谓北春天树，江东日暮云"。

它们不是散文，不需要完整，只需要简练，多增加字反而累赘，杜甫称赞李白的诗清新得像庾信的诗一样，俊逸得像鲍照的诗一样，看见长安的暮云春树，引起了对甜蜜友谊的回忆。

2．语句顺序的变换

对语序做适当调整与变换是为了适应声律的要求，并不会损害原意。例如毛泽东的《送瘟神》第二句"六亿神州尽舜尧"为了依平仄规律，也为了押韵，把尧舜说成舜尧。仄仄平平仄仄平亦可增加诗味。还有"雄鸡一唱天下白"变成"一唱雄鸡天下白"等等。

3．对句型的排列

出句和对句，上下阕常用相同句型，是诗词的第三个特点，但形式要服从于内容。如"红雨随心翻作浪"对"青山着意化为桥"，"两个黄鹂鸣翠柳"对"一行白鹭上青天"、"牢骚太盛防肠断"对"风物长宜放眼量"。

4．炼句的推敲选择

诗词中最重要的一个字是谓语的中心词。要精心提炼，反复推敲，选好了一字值千斤。贾岛在驴背上得句"鸟宿池边树，僧敲月下门。"又想用"推"字，是韩愈替他决定了用敲字。毛泽东《菩萨蛮·黄鹤楼》第三四两句："烟雨莽苍苍，龟蛇锁大江"的"锁"字。《清平乐·六盘山》"红旗漫卷西风"的"卷"字以及《沁园春·雪》"山舞银蛇，原驰蜡象"的"舞"字和"驰"字，"腾细浪"的"腾"字"走泥丸"的"走"字，"粪土当年万户侯"的"粪土"二字都是锤炼的字句。

诗词的节奏分一般节奏和特殊节奏，在了解了诗词的语法以后就不难掌握它的节奏了，而节奏感在朗诵表演中又是十分重要的。

5．词的一般节奏

诗词的一般节奏又称为律句节奏，是以每两个音节（两个字）为一个节奏单位来读的：平平—仄仄，仄仄—平平。如果是三字句，五字句和七字句，则最后一个字或最前一个字单独成为一个节奏单位来读：（以四声划分平仄，一二声为平，三四声为仄）

　　仄仄—平平—仄仄—平　　仄仄—平平—仄
　　大渡　桥横　铁索　寒　　往事　知多　少

词的特殊节奏

词的特殊节奏就是那些非律句的节奏，如上三下二的五字句

到中流—击水　问—苍茫大地—谁主—沉浮
仄平平—平仄　仄—平平仄仄—平仄—平平
六亿—神州—尽—舜尧　看—红装素裹—分外—妖娆
仄仄—平平—仄—仄平　平—平平仄仄—仄仄—平平

这里所谓的平即是阴平声与阳平声，读的声音比较亮；仄即是上声和去声（三声四声），读时采取比较暗的调。

沁园春·雪

毛泽东

　　北国风光，／千里冰封，／万里雪飘。／望长城内外，／惟余莽莽，／大河上下，／顿失滔滔。／山舞银蛇，／原驰蜡象，／欲与天公试比高。／须晴日，／看红装素裹，／分外妖娆。／江山如此多娇，／引无数英雄竞折腰。／惜秦皇汉武，／略输文采，／唐宗宋祖，／稍逊风骚。／一代天骄，／成吉思汗，／只识弯弓射大雕。／俱往矣，数风流人物，／还看今朝。

　　【提示】要把诗人蔑视一切、唯我独尊的气魄表现出来"略、稍、成吉思汗射大雕"都用轻蔑的口气，最后两行要坚定有力，前半部要有赞美山河壮丽的气势。（要注意重音拖音与平仄规律的结合）最不可取的是总把第一个字当作重音地乱吼。

破 阵 子
为陈同甫赋壮词以寄

辛弃疾

醉里挑灯看剑，/梦回吹角连营。/八百里分麾下炙，/五十弦翻塞外声。/沙场秋点兵。/马作的卢飞快，/弓如霹雳弦惊。/了却君王天下事，/赢得生前身后名。/可怜白发生！

【提示】动词要有动感：挑灯、吹角、分麾下炙，五十弦翻，"马作的卢飞快，弓如霹雳弦惊"有声有色，最后哀叹"可怜白发生"，诗人如痴如醉，酒后吐真言，有看破机关而知天命之感。

忆秦娥·娄山关

毛泽东

西风烈 / 长空雁叫霜晨月 / 霜晨月 / 马蹄声碎 / 喇叭声咽 / 雄关漫道真如铁 / 而今迈步从头越 / 从头越 / 苍山如海 / 残阳如血

【提示】眼见红军在长征路上的巨大损失，作者痛惜地描绘了一幅苍凉图景，马蹄声碎，吹号声像哭泣，预见到革命征途艰险丛生，残阳如血，充满必胜的信心，要重整旗鼓"从头越。"

临江仙·滚滚长江东逝水

杨 慎

滚滚长江东逝水，浪花淘尽英雄。

是非成败转头空。青山依旧在,几度夕阳红。
白发渔樵江渚上,惯看秋月春风。
一壶浊酒喜相逢。古今多少事,都付笑谈中。

【提示】如果你对古体诗词的重音掌握不准,尤其对平仄规律觉得难,建议你听听该诗的唱片、唱盘,因为唱歌是朗诵的延伸与放大。

伤　宅

白居易

谁家起甲第 / 朱门大道边 / 丰屋中栉(zhi)比 / 高墙外回环 / 累累六七堂 / 栋宇相连延 / 一堂费百万 / 郁郁有青烟 / 洞房温且清 / 寒暑不能干 / 高堂虚且迥 / 坐卧见南山 / 绕廊紫藤架 / 夹砌红药栏 / 攀枝摘樱桃 / 带花移牡丹 / 主人此中坐 / 十载为大官 / 厨有腐败肉 / 库有朽贯钱 / 谁能将吾语 / 问你骨肉间 / 岂无穷贱者 / 忍不救饥寒 / 如何奉一身 / 直欲保千年 / 不见马家宅 / 今作奉诚园?

【提示】诗人对贪官污吏的揭露和批判体现在字里行间:"主人此中坐,十载为大官,厨有腐败肉,库有朽贯钱,"厉声斥责这宅院主人:你宁肯让肉臭了,钱烂了,怎么不知道救济一下穷人呢?你敢保证现在的富贵能传宗接代吗?当年的马家宅院现在不是变成奉诚的公园了吗?朗诵此诗在任何年代都具有警醒意义。

兵　车　行

杜　甫

车辚辚,马萧萧,行人弓箭各在腰。爷娘妻子走相送,尘埃不见咸阳桥。

牵衣顿足拦道哭,哭声直上干云霄。道旁过者问行人,行人但云点行频。或从十五北防河,便至四十西营田。去时里正与裹头,归来头白还戍边。边庭流血成海水,武皇开边意未已。君不闻汉家山东二百州,千村万落生荆杞。纵有健妇把锄犁,禾生陇亩无东西。况复秦兵耐苦战,被驱不异犬与鸡。长者虽有问,役夫敢申恨。且如今年冬,未休关西卒。县官急索租,租税从何出。信知生男恶,反是生女好,生女犹得嫁比邻,生男埋没随百草。君不见,青海头,古来白骨无人收。新鬼烦冤旧鬼哭,天阴雨湿声啾啾。

【提示】杜甫替人民呐喊:"千村万落生荆杞,被驱不异犬与鸡。边庭流血成海水,武皇开边意未已。"替百姓请命:"县官急索租,租税从何出。新鬼烦冤旧鬼哭,古来白骨无人收。"以路人问答的形式,揭露和批判封建统治者,不顾人民死活地开拓疆土,使生灵涂炭,农田荒芜,民不聊生的滔天罪行。朗诵时须站在诗人的角度去声讨、痛斥、大声疾呼。

赋得古原草送别

白居易

离离原上草,
一岁一枯荣。
野火烧不尽,
春风吹又生。
远芳侵古道,
晴翠接荒城。
又送王孙去,
萋萋满别情。

【提示】五言律诗比较好读。"野火烧不尽,春风吹又生"已成千古绝句。朗诵时需注意平仄规律。

虞美人

李 煜

春花秋月何时了？／往事知多少！／小楼昨夜又东风，／故国不堪回首月明中。／雕栏玉砌应犹在，／只是朱颜改。／问君能有几多愁？／恰似一江春水向东流。

【提示】这是一首思乡怀旧的诗，表现在"何时了""知多少"的感叹，"不堪回首"的无奈和"恰似一江春水"的思乡情怀，读到"向东流"的时候，要有心随水流而去的感觉。李煜作为唐朝的人质，身在异国他乡，觉得时间过得很慢。思乡怀旧的心境，随着月夜的寒风显得格外悲凉。想到自己的国家早已物是人非，胸中如滚滚波涛归心似箭。在读到"了、少、在、改、流"的时候尤其要有动感，那是一种愤然的无奈、无奈的愤然。

念奴娇·赤壁怀古

苏 轼

大江东去，浪淘尽，千古风流人物。
故垒西边，人道是，三国周郎赤壁。
乱石穿空，惊涛拍岸，卷起千堆雪。
江山如画，一时多少豪杰。
遥想公瑾当年，小乔初嫁了，雄姿英发。
羽扇纶（guan）巾，谈笑间，樯橹灰飞烟灭。
故国神游，多情应笑我，早生华发。
人生如梦，一尊还（huan）酹（lei）江月。

西江月·井冈山

毛泽东

山下旌旗在望，／山头鼓角相闻。／敌军围困万千重，／我自岿然不动。／早已森严壁垒，／更加众志成城。／黄洋界上炮声隆，／报道敌军宵遁。

【提示】诗人满怀胜利的喜悦，描绘保卫井冈山的那一场恶战：在敌众我寡的形势下，靠军事的森严壁垒，靠人心的众志成城打退了敌人的进攻，朗诵时要充满自豪感。

水 调 歌 头

苏 轼

明月几时有？／把酒问青天。／不知天上宫阙，／今夕是何年。／我欲乘风归去，／又恐琼楼玉宇，／高处不胜寒。／起舞弄青影，／何似在人间。／转朱阁，／低绮（qǐ）户，／照无眠。／不应有恨，／何事长向别时圆？／人有悲欢离合，／月有阴晴圆缺，／此事古难全。／但愿人长久，／千里共婵娟。

【提示】这是一首颂盛世的词。诗人以浪漫的想象，把天上与人间联想在一处，借以描写自己和朝廷的微妙关系。去与留的矛盾化成思念亲人的情绪就随遇而安吧。"但愿"二字即是看开了的。

该读的重音有"问、何、归去、起舞、何似、何事、别时、悲欢离合、阴晴圆缺、古、人长久、共婵娟"。

卜 算 子

李之仪

我住长江头，／君住长江尾。／日日思君不见君，／／共饮长江水。／此水几时休？／此恨何时已？／只愿君心似我心，／定不负／相思意。／

【提示】具有民歌色彩的诗词佳作。写自己的思恋之情像长江水无止境。在"不见君"、"似我心"后面提气托气,停顿稍长。在"定不负"后面加一个心理感觉停顿,"相思意"三个字要一字一字顿着读。

青玉案·元夕

辛弃疾

东风夜放花千树,／更吹落,／星如雨。／宝马雕车香满路,／风箫吹动,／玉壶光转,／一夜鱼龙舞。蛾儿雪柳黄金缕。／笑语盈盈暗香去。／众里寻她千百度。／蓦然回首,／那人却在,灯火阑珊处。

【提示】元宵节放烟花,点灯笼,舞龙鱼,吹笙箫,姑娘们打扮得花枝招展。诗人在人群中寻找自己的情人,一回头,正看见她站在灯火稀少的地方。

朗诵时须注意按标点符号停顿,姑苏辙的韵脚容易吞字音,要适当延长音节。(尤其鱼龙舞的"舞"字应读两拍)

声 声 慢

李清照

寻寻觅觅,／冷冷清清,／凄凄惨惨戚戚。／／乍暖还寒时候,／最难息。／三杯两盏淡酒,／怎敌他,／晚来风急。／／雁过也,／最伤心,／却是旧时相识。／／满地黄花堆积。／憔悴损,／如今有谁忺 xian 摘?守着窗儿,独自怎生得黑?／／梧桐更兼细语,到黄昏,／点点滴滴。／这次第,／怎一个愁字了得。

【提示】女词人李清照,晚年流落江南时的悲凉感怀跃然纸上:冷清的环境,凄惨的心情,戚戚的哀叹,加上东张西望的神态,借酒浇愁也敌不过初春的寒风，大雁像熟人远去，憔悴的落花无人理睬。我独守寒窗怎么挨到天黑？这样惨状如何了得……

忺（xian）：高兴

相 见 欢

李清照

无言独上西楼，／月如钩，／寂寞梧桐，／深院锁清秋。／／剪不断，理还乱，是离愁，别是一番滋味在心头。

【提示】这首"由求"辙的诗词与上下两首一脉相承，同出一辙。表达李清照烦乱、凄凉、寂寞的心绪。朗诵时取长叹的气息形态。

醉 花 阴

李清照

薄雾浓云愁永昼。／瑞脑消金兽。／／佳节又重阳，／玉枕纱厨，／半夜凉初透。／／

东篱把酒黄昏后。／有暗香盈袖。／／莫道不消魂，／帘卷西风，／人比黄花瘦。

【提示】词人李清照怀念自己的丈夫，独自一个甚感凄凉。整个白天都笼罩着云雾，令人愁苦。虽香炉里点着龙脑香气，头枕着白瓷枕，睡在纱帐之中却倍感凄凉。

黄昏时分在菊园喝点酒解闷，菊花的香气溢满了袖口，愁苦自不必说，看自己瘦弱的身躯，好比是西风卷帘，好比是风中的菊花，纤细而无助。朗读时注意强调油球辙的韵脚。

将 进 酒

李 白

君不见黄河之水天上来,奔流到海不复回。
君不见高堂明镜悲白发,朝如青丝暮成雪。
人生得意须尽欢,莫使金樽空对月。
天生我才必有用,千金散尽还复来。
烹羊宰牛且为乐,会须一饮三百杯。
岑夫子,丹丘生,将进酒,杯莫停。
与君歌一曲,请君为我侧耳听。
钟鼓馔玉不足贵,但愿长醉不复醒。
古来圣贤皆寂寞,惟有饮者留其名。
陈王昔时宴平乐,斗酒十千恣欢谑。
主人何为言少钱,经须沽酒对君酌。
五花马,千金裘,呼儿将出换美酒,
与尔同销万古愁。

【提示】诗仙李白请朋友喝酒,借酒发泄心中的苦闷,一方面蔑视权贵和世俗观念,同时也流露出及时行乐的消极情绪。全诗气势奔放,语言豪迈,句法流畅活泼,反映了李白放纵不羁的性格与文风,"将进酒"即请喝酒。将字读"qiang"。"黄河水自高而下,人的头发由黑变白是无法逆转的。人生要及时行乐,别让酒杯空对月,钱花了还可以挣。我们正该开怀畅饮,我给你们二位唱支歌,请你们注意听好:精美乐器和那些高档食品算不了什么。我们要一醉方休。自古以来有学问的人都会感到寂寞的,只有喝酒的人例外,陈思王曹植过去在平乐观这个地方纵情取乐,宴会上的酒有一万斗,别管什么钱不钱的,只管放开了喝。孩子啊,快去把家里的那匹五花马、值钱的裘皮大氅拿去换好酒来,我要与你们一同消掉心中的万古愁。"

朗读时要酝酿好感情,以诗人的豪迈气魄找到半醉的感觉,有动作性的词应放声诵咏如:"天上来,悲发白,须尽欢,必有用,还复来,三百杯,杯莫停,惟有饮者，呼儿将出换美酒。同销万古愁。"这些重音须强调。

月下独酌

李　白

　　花间一壶酒，独酌无相亲。
　　举杯邀明月，对影成三人。
　　月既不解饮，影徒随我身。
　　暂伴月将影，行乐须及春。
　　我歌月徘徊，我舞影零乱。
　　醒时同交欢，醉后各分散。
　　永结无情游，相期邈（miao）云汉。

【提示】五言律诗比较容易朗诵，但也要读出诗人的幽默与醉酒的感觉。李白在花园里自斟自饮，举杯邀请月亮一起喝酒，加上身影就成三个人了。可是月亮和影子都不能喝呀，就暂且及时行乐吧；我唱歌月亮散步，我舞剑影子随之乱动。清醒时一同欢乐，喝醉了就各自散去。没有感情的游戏，可以想象飞天一般。

越调寨儿令·听筝

汤　式

　　酒乍醒，月初明，谁家小楼调玉筝？
　　指拨轻清，音韵和平，一字字诉衷情。
　　恰流莺花底叮咛，又孤鸿云外悲鸣。
　　滴碎金砌雨，敲碎玉壶冰。听，尽是断肠声！

【提示】这首元曲是写听筝的感受。作者酒刚醒,听到邻居家有人调筝,那和谐的音律、娴熟的指法恰似黄莺低语又像大雁悲鸣,犹如骤雨滴落台阶,好比是冰块被敲碎的声音,听来听去尽是悲哀的断肠之声。

黄莺飞时如穿梭,又称流莺,这里的"恰"与"又"是"恰似"与"又像"的缩写;后两句比喻句的"犹如、好比"则完全被省略了。但我们该像读潜台词那样,把它们从语气中读出来,最后要将"尽、断肠"作强调重音来结束。

正宫醉太平·讥贪小利者

夺泥燕口,削铁针头,刮金佛面细搜求;无中觅有。鹌鹑嗉里寻豌豆,鹭鸶腿上劈精肉,蚊子腹内刳(kuɑ)脂油。亏老先生下手!

【提示】这首元曲以大白话的嬉笑怒骂谐趣成文,竭尽夸张幽默的手法,旨在讽刺挖苦贪官污吏搜刮民脂民膏的本质。朗读时要掌握指斥,轻蔑的基调。句势取波浪形,句尾上扬。诗歌与诗词的形式多种多样,合辙押韵,朗朗上口的艺术形式受到人民群众的喜爱是因为它们富有乐感、节奏鲜明,在此就不做专门地介绍了。

五、文言文的诵读

古文即文言文,祖国博大精深的文学宝库中,除唐诗、宋词、元曲,尚有四大名著以及《四书》《五经》《资治通鉴》《二十四史》等历代著作。其中有不少古体散文言简意赅,深入浅出,风格独特的传世佳作。朗诵好这样的古文既能陶冶情操,又能提高古汉语的水平,也使受众得到古文化的熏陶、心灵的洗涤。祖国的文化纽带亦靠中华文化的传承来统一,使炎黄子孙共享文明古训。

文言文的诵读首先要打好古文的基础,除前面讲过的"之乎者也矣焉哉",还有"夫、故、谓、其、云、尔、乃"这一类语气助词和句前虚词、句间连接词,以便准确地解释词义,疏通文章脉络结构,进而掌握古文的抑扬顿挫,用

现代人的理解诠释古文,用今天的风格读出文言文的韵味,可以称其为"古韵今风"其朗诵要领如下:

先要学好古文知识　弄懂弄通文言字词
然后串联文章构思　揣摩体会作者意旨
古韵今风吐字咬字　重音拖音断连交织
化成作者发挥气质　丰富想象内心指使

礼运大同篇

大道之行也　天下为公
选贤举能　讲信修睦
故　人不独亲其亲　不独子其子
使老有所终　壮有所用　幼有所长
鳏寡孤独　废疾者皆有所养
男有分　女有归
货　恶其不出于地也,不必藏于己;
力　恶其不出于身也,不必为己。
是故　谋闭而不兴,道窃乱贼而不作
故　外户而不闭。是谓大同!

【提示】这篇由孔丘弟子所编辑的孔子言论,诠释了孔子对大同世界的解义。当我们用现代白话文翻译了礼运大同篇以后,猛然发现三千多年前人们就已经开始思考安居乐业的和谐社会了。文章中的许多简练词语是我们沿用至今的成语典故。因此读好这篇文章会有温故知新的妙感。朗诵时须注意断连技巧:

1. 每句的末尾要加重或延长。如:公、能、睦、亲、子、终、用、长、独、养、分、归、兴、作、闭、同。

2. 形容词、动词(状语)读音加重。如:老、壮、幼、藏于己、为己、谋闭、道窃乱贼、外户。

3."故人不独……"这里的"故"与"人"要隔开念,并且"人"字要提气,否则变成老相识就不对了,因为"故"当所以讲,所以,其他"故"字也都应读出拖音来。

【释文】"世界大同"的行为标志是全社会达到无私境界。(人们)选举德高望重的能人(做领袖),说话讲信用,与邻居和睦相处。

做人呢,不光对亲属关心,对子女疼爱,(而是要有博爱之心,)让老年人度过幸福的晚年,青壮年成为社会上有用的人,儿童们不断增长知识。(那些)鳏(死去妻子而独守的男子)寡(死去丈夫而独守的女人)孤(失去父母的孩子)独(一辈子没结婚)残疾人都有社会保障,男人有一份社会责任(工作),女人有自己的家庭归宿(义务)。

物质(是集体创造的),你不喜欢不必收藏它,财富反正也不是天生带来的,不能归个人所有。 因为钩心斗角的事没有市场,偷鸡摸狗的行为都不做,所以(人们)外出都不用关大门(大家都没有秘密),这就是所谓的世界大同无私境界。(恶读 wu)

陋 室 铭

刘禹锡

山不在高,有仙则名;水不在深,有龙则灵。斯是陋室,惟吾德馨。苔痕上阶绿,草色入帘青;谈笑有鸿儒,往来无白丁。可以调素琴,阅金经;无丝竹之乱耳,无案牍之劳形。南阳诸葛庐,西蜀子云亭。孔子云:"何陋之有?"

【提示】唐代进步思想家、诗人刘禹锡为勉励自己而做的铭文,表现了作者洁身自好、孤芳自赏、不与权贵世俗同流合污的耿傲秉性。

朗诵时,要站在作者的角度,既清高又儒雅;自我夸赞自我满足,对世俗权贵不屑一顾的语气始终贯穿着。还要注意拖音,停顿的技巧须在充分理解词义的基础上发挥,尤其结尾用张扬的语势强调"何陋之有",甚至可以反复品味孔夫子的话,以傲然大笑来结束。

【释文】山不在高,水不在深;有神仙住就有名气,有龙盘踞就有灵气。别看这屋子简陋,却充溢着我高尚品德的芳香。苔藓已把台阶染绿,透过窗帘可以看到一片草色碧青;来聊天的尽是知识渊博的大学者,没有不学无术的人。在屋里能弹清雅的琴瑟,能阅读经典著作;不会有乱七八糟的俗曲来搅扰听觉,也没有繁杂的公文处理来劳累身体。(联想到)诸葛亮在南阳的茅庐,杨子云在西蜀的草亭;正如孔夫子所说过的话:"君子的居所,哪有什么简陋可言呢?"

岳阳楼记(节选)

范仲淹

予观夫巴陵胜状,在洞庭一湖。衔远山,吞长江,浩浩荡荡,横无际涯;朝晖夕阴,气象万千。此则岳阳楼之大观也,前人之述备矣。然则北通巫峡,南极潇湘,迁客骚人,所会于此,览物之清,得无异乎?

若夫淫雨霏霏,连月不开,阴风怒号,浊浪排空;日星隐曜,山岳潜形;商旅不行,樯倾楫摧;薄暮冥冥,虎啸猿啼。登斯楼也,则有去国怀乡,忧谗畏讥,满目萧然,感极而悲者矣。

至若春和景明,波澜不惊,上下天光,一碧万顷;沙鸥翔集,锦鳞游泳;岸芷汀兰,郁郁青青。而或长烟一空,皓月千里,浮光跃金,静影沉璧;渔歌忽答,此乐何极!登斯楼也,则有心旷神怡,宠辱皆忘,把酒临风,其喜洋洋者矣。

嗟夫!予尝求古仁人之心,或异二者之为,何哉?不以物喜,不以己悲。居庙堂之高,则忧其民;处江湖之远,则忧其君。是进亦忧,退亦忧,然则何时而乐耶?其必曰"先天下之忧而忧,后天下之乐而乐"欤?yu噫!yi微斯人,吾谁与归?

【释文】我看到巴陵郡的美景都集中在这洞庭湖上。它衔接着远处的山,吞含着长江的水,湖面浩荡无边,朝霞和夕阳的丰富变幻即是岳阳楼最壮丽的景致啊。前人对它的描述已经很全面了，它北边通着巫峡，南面与潇湘连接，那些被降职的官员和文人墨客常来此聚会，触景生情时，每个人的情能都一样吗？

且说那阴雨连绵几个月看不见多少晴天，寒风呼叫，浑浊的巨浪翻滚，日月星辰隐退无光，高山看不见形影，商人旅客无法行走，船的桅杆被打翻，浆橹被折断。傍晚迷雾笼罩，虎叫猴哭。此时岳阳楼啊，就会产生远离朝廷、怀乡思旧之情，担心皇上听信小人的谗言，眼前一片萧条，极端的伤感便会油然而生啊。

若是到了明媚的春天呢，风和日丽，静静的湖面与蓝天连成一片，像万顷良田；沙鸥都飞到这栖息，美丽的鱼儿在水中游泳，岸边和湖中小岛芳草浓绿嫩青，十分茂盛，当长空的烟云消散，千里湖面泛着金色光辉，月光的倒影犹如水中沉着一片玉的墙壁，突然渔歌响起，有唱有和的真是其乐无穷啊！这时登岳阳楼就觉得心驰神往，忘记一切烦恼，举着酒杯迎风而立，是那种喜气洋洋的感觉呀！

是啊，我想研究古代贤人的思想，怎么会产生两种不同的感受呢？他们不因顺境而高兴，也不因逆境而悲伤。在朝廷当官时替百姓担忧，在民间隐居时又替皇上担忧。是进也忧来退也忧，那什么时候才能快乐呢？他们保准会说："要先考虑天下所有人的困难，替他们分忧，然后等天下所有人都快乐了，才有自己的快乐呀。"啊，若是没有这些贤人，我可与谁为伍去呀！

【提示】(1) 观夫、若夫两处的"夫"字采取托音托气的语势来读，嗟夫的"夫"字采取感叹的语势往下落的形态。

(2) 按白话文的理解去念文言文，抑扬顿挫起伏间均以标点符号为根据（语法逻辑）。但也要注意音节的停顿，例如："予尝求古仁人之心"即应在"尝求"的"求"之后有个小小的拖音和停顿，"或异"与"二者之心"中间也应有拖音与停顿，其余像居、处、然则均有拖音。

六、散文的朗诵

散文是通过作者对生活片断的观察与描写来抒发作者思想感情的一种文学体裁。可以抒情、叙事、议论三者结合。由于篇幅短小，形式自由，在揭示社会意义方面有其独特的作用。近些年来，北京电影学院、中央戏剧学院，在表演系招生考试时，很重视散文朗诵。散文朗诵的技巧可以归结为八句话：

> 找准基调定风格　　穿针引线聚神色
> 以情带声细斟酌　　抑扬顿挫来掌握
> 语调亲切求平和　　拿腔拿调要不得
> 化成作者来诉说　　意中传神去描摹

由于散文的取材广泛，融山南海北，地角天涯于一炉，包罗古今中外，科技人文各种内容。似乎觉得散，其实是形散而神聚，如同散点剧，故事的主题就是基调，一个一个的人物与事件就像小珠子，朗诵者捋着基调这条线来穿针，来聚神。

匆　匆

朱自清

燕子走了，有再来的时候；杨柳枯了，有再青的时候；桃花谢了，有再开的时候。但是，聪明的，你告诉我，我们的日子为什么一去不复返呢？——是有人偷了他们罢：那是谁？又藏在何处呢？是他们自己逃走了吧：现在又到了哪里呢？

我不知道他们给了我多少日子；但我的手确乎是空虚了。在默默里算着，八千多日子已经从我手中溜去；像针尖上一滴水滴在大海里，没有声音，也没有影子。我不禁头涔涔而泪潸潸了。

去的尽管去了，来的尽管来着；去来的中间，又怎样的匆匆呢？早上我起来的时候，小屋里射出两三方斜斜的太阳。太阳他有脚啊，轻轻悄悄地挪移了；我也茫然跟着旋转。于是——洗手的时候，日子从水盆里过去；吃饭的时候，日子从饭碗里过去；默默时，便从凝然的双眼前过去。我觉察他去的匆匆了，伸出手遮挽时，他又从遮挽着的手边过去，天黑时，我躺在床上，他

便伶伶俐俐地从我身上跨过，从我脚边飞去了。等我睁开眼和太阳再见，这算又溜走了一日。我掩着面叹息。但是新来的日子的影儿又开始在叹息里闪过了。

在逃去如飞日子里，在千门万户的世界里的我能做些什么呢？只有徘徊罢了，只有匆匆罢了；在八千多日的匆匆里，除徘徊外，又剩些什么呢？过去的日子如轻烟，被微风吹散了；如薄雾，被初阳蒸融了；我留着些什么痕迹呢？我何曾留着像游丝样的痕迹呢？我赤裸裸来到这世界，转眼间也将赤裸裸的回去吧？但不能平的，为什么偏要白白走这一遭啊？（这里的脚啊、遭啊的"啊"该读"哇"）

　　散文不受时空局限　　散文篇幅短小精悍
　　语气自然如同聊天　　进入意境着力渲染
　　散文反映社会焦点　　散文结构神聚形散
　　要求真情实感再现　　中心主线不能跑偏

语言的魅力

在繁华的巴黎大街道路旁，站着一个衣衫褴褛、头发斑白、双目失明的老人。他不像其他乞丐那样伸手向路人乞讨，而是在身旁立了一块木牌，上面写着"我什么也看不见"。过往的行人很多，看了木牌上的字都无动于衷，有的还淡淡一笑，姗姗而去。这一天中午，法国著名诗人让·彼浩勒经过这里，他看看木牌上的字，问老盲人："老人家，今天上午有人给你钱吗？"老人悲伤地叹息："唉，我什么也没有得到。"让·彼浩勒拿起笔，悄悄地在那行字前面加上几个字："春天到了，可是"，写完就匆匆离开了。

晚上，让·彼浩勒又经过这里，问那个老盲人下午的情况，老盲人笑着回答说："先生，不知为什么，下午给我钱的人多极了！"让·彼浩勒听了，摸着胡子满意地笑了。

"春天到了，可是我什么也看不见！"这富有诗意的语言，产生这么大的作用，就在于它有非常浓厚的感情色彩。是的，春天是美好的，那蓝天白云，那绿树红花，那莺歌燕舞，那流水人家，怎么不叫人陶醉呢？但这良辰美景，对于一个双目失明的人来说，只是一片漆黑。当人们想着这位忙老人，一生中竟连万紫千红的春天都不曾看到，怎么能不对他产生同情之心呢？

【提示】语言分为：有声语言（言语表情动作）、形色语言（面部表情动作）、肢体语言（肢体表情动作），这里所说的其实是语言文字的作用。一句话，一首诗，一篇文章，一个口号，只有念出声来，做出动作来，才能称其为语言。看见语言文字的人，有了心理动作之后，才会产生语言动力。因此，这里的语言后面要加上"文字"。

父亲的糖葫芦

"都说冰糖葫芦酸，酸里面它还透着甜；都说冰糖葫芦甜，可甜里面它还透着酸。"因为节前事情多，直到年三十我才赶上回家的班车。汽车在乡政府门前停下来已是下午五点多了。天上下着纷纷扬扬的雪，人很少，只有不远处有个卖糖葫芦的，那插在草杆子上的冰糖葫芦，红得十分耀眼，卖糖葫芦的人身上落满了雪花。

突然我惊呆了，那卖糖葫芦的竟然是我一年多没见的父亲！听见我喊他爸，满脸皱纹的父亲笑得连眉毛胡子上的雪都直往下落。我嗓子仿佛被什么东西堵住了，一句话也说不出来。

回到家，到处都堆着做糖葫芦的山楂。我问母亲：妈，下这么大雪，我爸怎么还上街去卖糖葫芦呢？"还不是为了你！"母亲说："年前你来信说要和美子结婚，你爸寻思着攒点钱，给美子买条项链、戒指什么的，现在不是兴这个么。"

我什么也说不出来了，只觉得心在流泪。过完春节要离开家时，父亲拿出两千元塞到我手里说："给美子买点儿什么吧"，我拿着钱，手里滚烫，心里酸酸的。我实在没有勇气告诉白发苍苍的父母，美子因为我没钱给她买订婚戒指，已经在我回家的前两天和我分手了。

"都说冰糖葫芦酸，酸里面它透着甜……"

【提示】生活就像山里红做的糖葫芦,酸甜都有。但父母那份亲子之情是永远也改变不了的。这段首尾相顾的唱词成了人生的写照。朗诵到结尾三个字似有酸楚之感或哽咽声。

山里的桥

王明亮

我常常想起山里的桥,那窄窄的桥面,矮矮的桥身,多么平常!

早晨,老师站在桥头,迎接着我们去上学;放学后,老师又护送我们从桥上小心地走过。桥下,溪水叮叮咚咚地流,流走了多少个晨昏?

夏天,桥被雨水打滑了,老师就搀扶着我们一个个从桥上走过;冬天,桥上结了冰,老师就背着我们过桥。

忘不了那一天,老师把我背过桥头,一遍又一遍叮嘱我:"别摔倒了。"

可老师自己却摔倒了,眼镜掉进了厚厚的积雪,怎么也摸不着。第二天,老师一步一蹭地走上讲台,眼镜上贴着胶布……毕业那一天,我们站在桥上和老师告别。我突然发现,老师的背已经弯了,也弯成了一座桥。啊,我们正是从老师的桥上,走向了山外,走向了智慧和成熟……

老师啊,我也要做一座山里的桥!

【提示】这篇散文朴实无华,十分感人。朗诵时要感同身受地思念、感叹,设身处地地品味师生情感。结尾动情的誓言真诚而坚定。

铭 记

有一位老太太,儿子常年在外地工作,当得知老太太病危,便急忙往回赶。其实老太太已经没有生命指望了,我们医院为了等他儿子,一直没有撤掉呼吸机,让她的体液慢慢地滴着。

儿子赶来以后，在抢救室里哭得死去活来，悔恨自己没有回报过母亲，母亲就这样走了。他扇自己的脸，号啕大哭。

我默默地撤掉了输液管，关掉呼吸机，每一个动作都让他心痛。

我很容易受人情绪感染，虽然在医院工作多年，遇到这种情景，总还是会哭得一塌糊涂。

为患者擦完胶布的痕迹，我出去打了半盆温水，把纱布递到男子的手里说："给你妈妈洗洗脚吧，不要哭，认真洗。"男子向一个小孩儿，点点头说"哦"，然后任泪水在脸上流，细细地，细细地为母亲擦洗。护理书上没有教过我这些，但我知道，这个男子一生都会铭记他为母亲洗过脚。

【提示】观察和体验母子亲情后，再朗诵这篇散文，往往越想控制越控制不住。这种以洗脚的形式同母亲诀别，感人至深。老护士长这种人性化的临终关怀应该获得称赞。朗诵者应化作老护士长来诉说。

以情带声细斟酌，掌握抑扬和顿挫

散文的风格是以写"意"为主的，可是也有在叙事及人物对话上下了很多功夫。人物的音容笑貌，情节的起伏变化，刻画得比较细。我们如果按照朗诵小说的风格去实实在在地把这些情节与对话形象化地模拟，就会陷入写实的误导之中。

比如散文《108封家书》《母亲》《妈妈》《回家》和《秋天的风》都是在母女情、母子情方面描写比较细致的。我们在朗诵时只能以叙述的口吻、第一人称的语调去处理，而绝不要把自己变成角色，否则在一篇文章中出现两种风格，是不符合意中传神这种散文朗诵规律的。

在《108封家书》里有这么一句话："这是你娘保存的你写的信，一封也没落，共108封。你娘说：'这里面有儿对我说的话……'"

这是一句话中话，前面省略了"父亲说"三个字，朗诵时要似是非是，不可变成老太太的话。还有《秋天的风》里，"母亲却平静地柔声说道：'你最怕冷，冬天要多穿些衣服，不要怕难看……'"

这些描写对话形态的语言，我们不能按真的角色对话去处理，而是要在叙

述过程中有进有出,进去的多了,描摹的成分大些而已,要始终把握住第一人称的感觉。保持在写意中刻画的神态。

108封家书

人们常说,继母是最残忍的。所以,从继母进家门的那天起,我就对她充满了恐惧,变得沉默寡言,为了逃避她,次年,我当了兵。

新兵集训的日子艰苦单调,从未离家半步的我变得特别想家、想爹、想早逝的娘。于是,写信成了我寄托思念的唯一方式。从爹的来信中,我得知,每次收到我的信时,继母都像迎接远归的孩子,爱惜地一遍遍抚摸,很久之后,才用针轻轻地挑开封口,将信纸展平交给他。

可怜的继母啊,她哪里知道,我在信中竟从未提起过她,更不用说在信中叫一声"娘"。转眼服役五年,听说爹病了,我便决定休假。

腊月三十夜里,我踏进了家门,爹正躺在炕上,"爹……"我的喉咙一阵哽咽,继母一怔,猛然回头,惊喜得张着嘴,却说不出一句话。

吃过年夜饭,爹吃力地从炕头抱出一个木匣子,里面是我五年来写给家里的信,有尺余厚,一封一封用线订得整整齐齐。

"这是你娘保存你写的信,一封也没落,共108封。你娘说:'这里面有儿对我说的话……'"

我再也抑制不住感情的波涛,泪水夺眶而出,大鼓灯笼下,继母眼里滚动着晶莹的泪花,脸上却露出幸福的微笑。

"娘……"我跪倒在继母的膝下……

【提示】懂事的青年说出得体的话,有了前面的感情积累,才叫得出最后一句激动人心的"娘"。这一声"娘"最好用一字抖双音的技巧,但这一声呼唤仍然是作者在叙述之中的情感记忆,而并非人物塑造。("落"读là。)

母　亲

　　世界上有一部永远也写不完的书,那便是母亲。我的生母过世的时候,我和弟弟还很小。只记得爸爸从乡下领来一个女人,后面还跟着一个小姑娘,"这就是你们的妈妈"爸爸说。望着这陌生的娘儿俩,我想起那个凄凉的小调"小白菜儿"我恨爸爸为什么给我们找后娘。我记得三年自然灾害最严重的时候,只是为了省去家里一口人吃饭,她把女儿嫁到了内蒙古,那年小姐姐才刚刚十七岁。那天外面飘着雪花,爸爸看小姐姐穿得太单薄了,就把家里唯一的一件粗线大毛衣给小姐姐穿上,她却一把给扯下来说:"还是留给她两个弟弟穿吧"。车站上她没说什么话,只是火车开动的时候,她向女儿挥动着她那颤抖的手臂——回来的路上,嘴里还叨叨着:"好啊,闺女长大了,早点找个人家,好啊,好啊。"我不知道人生的滋味,但我知道她是在安慰她那颗流血的心哪!她送走了自己的亲生骨肉,竟是为了两个非亲生的儿子,世上有这样的后母吗?望着她那苍老的背影,我的泪水不停地流,"妈妈",我忍不住这样喊道。这是我第一次喊她"妈妈"。她忽然站住了,回过头来愣愣地看着我,当他看清真的是我在叫他妈妈时,她竟"呜"的一声哭了。多少年的酸甜苦辣,多少年的不公和委屈,全都在这"妈妈"声中溶解了。

　　【提示】语法逻辑重音是:书、母亲、很小、后娘、内蒙古、单薄、心、哭;母爱是世界上最大的爱。尤其中国妇女具有传统的美德,像一本永远也写不完的书。强调重音是:亲生、非亲生、第一次、看、我;心里感觉重音是:妈妈、多少年、全都、溶解。

妈　妈

　　我在病房门口徘徊了很久,不敢进去,屋里躺着我的亲生母亲,可我就是不能对她产生丝毫的感情。她对我很好,可她为什么在十七年前却把我扔了呢?算了,我就做一回好人,去安慰安慰她。

　　我推开门。屋里黑暗暗的,隐隐约约看见瘦弱的她,无助地躺在那儿。"我来看你了。"我勉强挤出一丝微笑,既然来了,就该装得关心她一些。她似乎发现了我的到来,就说:"我知道你恨我,可我当时那么做也是不得已呀,那时我连自己都养不活,怎么养你?"我的心咯噔一下,"你别说了,你别说了,你以为我不知道吗?可既然你已经把我扔了,就不应该回来认我。对,你是我妈,可你什么时候尽过养育我的责任?从小别人就欺负我,说我是野孩子,她们骂我打我的时候,你在哪,你在哪?"

我哭着跑出了病房,天哪!我到底说了些什么?她毕竟是我病了的妈妈呀!我竟如此自私、如此残忍地伤害了我的妈妈!

【提示】在亲情、爱情、友情方面,血缘关系是永远改变不了的情感纽带。注意在跑出了病房以后要深吸一口气,才能再说"天哪",否则这种反思和自责就会显得太愣、太突然,而影响朗诵的效果。

回　家

天才蒙蒙亮,外边雾很大,路边野草的枝叶上结了一层水珠,我急急地走着,身后紧跟着母亲。"来得及,最早的一班车是6点40。"我已记不起母亲这样送我始于何年。

后来,我考上了大学,上车时母亲对着我哭了:"到了学校要好好读书,注意身体,钱要是不够花就往家写信,还有要是假期长的话,就回家看看。"车开了,我见母亲还流着眼泪……

转眼五年我毕业了。为了母亲的眼泪我放弃了一份自己很喜欢的职业,回到了离家乡不远的省城工作。后来,渐渐地有了自己的一方天地,忙起来也就顾不得回家看看,时间久了也便习以为常。前几天我收到一封信,是外甥女寄来的。她说这是老师留的作文,信的末尾歪歪扭扭地写着:"小姨,外婆问你什么时候回家?"看着这一行简单的问话,霎时间热湿了我的眼眶,久久不能自已。

【提示】于平淡中叙真情,注意结尾和第二段尾,要如触其心地动情才能感染观众。俗话说"儿行千里母担忧",尤其是女孩长大结婚有了自己的孩子,才更能体会做母亲的心。在读外甥女信的时候,须有内心视像与内心独白为依托。

秋天的风

黄昏时分,病房的光线阴沉而灰暗。我跪在病床前,看着脸色苍白的母亲。她干瘪的脸上强挤出一丝微笑。我难受极了,尽量控制着不让泪水流出来。"以后,要学会自己照顾自己"。"嗯,我知道",我不住地点头,伸手去摸母亲消瘦的脸。泪水早已冲出了眼眶。看到我泣不成声的样子,母亲却很平静地柔声说道:"你最怕冷,冬天要多穿些衣服,不要怕难看……"下面的话我听不下去了,也永远没有机会再听了。

她平静地走了,带着对儿女的眷恋离开了人间。霎时间,我的大脑一片空白……"妈妈,妈妈,难道你真的听不见孩儿的呼唤了吗?……"

秋天的风很冷,它留给我的只有无限的哀痛。此时的我什么也不想,我只想大声地呼唤:妈妈,我永远爱你!

【提示】语速节奏要慢,但声音不能弱小、散乱。读到与母亲诀别时,要有身临其境的感受,但不可大声哭嚎。须用动情的语调真挚地叹息这骨肉亲情,结尾以哽咽声处理为最好。

语调亲切求平和,拿腔拿调要不得

散文有抒情性很强的特点,虽然不像诗歌那样讲究格律、韵律,但语言仍很精美,我们在朗诵这种像诗不是诗,但却有诗情画意的散文时,就要注意,绝对不能用朗诵诗的语调去做音节的延伸,音强的加重。而应改用极生活化的语气,像回忆,像聊天。但同时朗诵者又要在不经意之中把自己的吐字、归音和节奏感融化在言语里,去创造散文的诗情画意。

例如《生命几何情几何》描写一段深厚的祖孙情,用的都是短句,里面有叙述,有想象,有回忆,有评论,有对话,也有伤感。当我们读"我想哭,我

分明看到死神正在这房子周围转悠，一次比一次热情地邀请奶奶随它而去……奶奶从未像今天这般安详与从容……是的，再也没有。她全身心地等待着一种仪式，那一生一次的"。只有用介乎诗与散文之间的一种返朴归真的语调才合适。

生命几何情几何

一个月前，我去看望病重的奶奶，临回时她勇敢地向我保证，会让我在春节时再见到她。

但这几天，感觉越来越准确地告诉我，她熬不过这个冬天。

我不能等，须要把我们的约会提前。

当我突然出现在她门口时，奶奶混沌的目光亮了许多，她有些急迫地呼我的小名，急迫地招我坐在她的身边，然后平静地告诉我，她很不好。

她耐心地，犹如小时教我洗衣服一般的，向我诉说她身体的种种不适与异样。告诉我，她总是在半睡半醒中看到爷爷站在旁边，向她要南瓜丝做成的饼。

我想哭。

我分明看到死神正在这房子周围转悠，一次比一次热情地邀请奶奶随它而去……

奶奶从未像今天这般的安详与从容。

她没有再对我诉说房子有多么不通风，日光灯老是跳不起来，也没有再埋怨婶婶给的柴有多湿或者堂哥的儿子又在背后叫她"老太婆"了。

是的，再也没有。

她全身心地等待着一种仪式，那一生一次的。

我终于也能在奶奶越来越深的平和中安慰自己，握着她的手不再轻颤。

我和她聊着天，彼此诉说着我小时候与她在一起的故事，我们回忆着，留恋着我和她在一起的每一天……

又到了该走的时候，我们没有再约定，也没有眼泪。

奶奶说，活了八十多岁，足够了。

我笑着："就把他当作一次出国旅游吧，我到机场送您去……"

我们告别，仅仅是告别吗？

我忍不住，又一次回头。

不久，奶奶走了。

孤单的爷爷又有伴儿了。他又能吃到那脆香香的南瓜丝饼了。

【提示】这是一个感情丰富、充满想象力的青年，在诉说着祖孙情，沉稳而客观，却在字里行间显露出淡淡的哀思，甚至结尾出现哽咽。

妈妈的眼睛（节选）

我曾经使母亲获得过最大的安慰，可我也使母亲饱尝了最大的不幸。小时候，我喜欢妈妈抚摸我的头发吻我，可是慢慢长大了，我开始害怕看妈妈的脸，我只是吻她的手，不再吻她的脸，因为妈妈的一只眼睛很难看。有的同学竟给我起外号，说我是"独眼儿龙"的女儿！在街上，在胡同里，他们都这样叫我的外号儿！有一天，我问妈妈，是谁给了她这样的耻辱，妈妈只低着头不说话。在旁边的姑姑说："孩子，也该让你知道了，那时候你还很小，有一天你妈喂你吃饭的时候，你拿着叉子玩儿，没留神叉瞎了你妈的一只眼……"

我惊呆了，眼前浮现当时的惨状，耳边响起妈妈痛苦的叫喊声，我的眼泪夺眶而出，紧紧拥抱着妈妈，亲她的脸，久久不能自已。

【提示】俗话说："儿不嫌母丑，狗不嫌家贫"更何况这母丑是女儿闯的祸呢？母亲一直忍受着被别人挖苦贬损的痛苦，还要忍受被自己孩子疏远的心灵伤害。当孩子懂事了，明白了事情的真相，母女再次拥抱的时候，该是多么幸福激动的场景！女儿愧悔的心情溢于言表。

蚕

雷抒雁

她在自己的生活中织了一个厚厚的茧。那是用一种细细的、柔韧的、若有若无的丝织成的,是痛苦的丝织成的。

她埋怨、她气恼,然后就是焦急,甚至折磨自己,同时用死来对突不破的网表示抗议。但是他终于被疲劳征服了,沉沉的睡过去。

她做了许多的梦,那是关于花和草的梦,是关于风和水的梦,是关于太阳和彩虹的梦,还有,还有关于爱的追求以及生儿育女的梦……在梦里,她得到了安定和欣慰,得到了力量和热情,得到了关于生的可贵。

当她一觉醒来,她突然明白要拯救自己的,只有自己!于是,她便用牙齿把自己吐的丝一根根咬断,咬破自己织的茧。

果然,新的光芒向她投来,像云隙间的阳光刺激着她的眼睛。新的空气,像清新的酒,使她陶醉。

她简直要跳起来了!她简直要飞起来了!一伸腰,果然飞起来了,原来,就在她沉睡的时刻,背上长出了两片翅膀。

从此,她便记住了这一切,并把它告诉了子孙们:"你们织的茧,得你们自己去咬破!"蚕,就是这样一代一代传下来。

【提示】散文通过蚕的蜕变宣示了自己解放自己的主题和解铃还须系铃人的寓意。朗诵时不能着急,要一层一层地娓娓道来,就像外婆讲故事那样。

那湖,那塔(节选)

余 杰

那些独行的夜晚,没有月光,只有我自己的脚步声舔着我的脚印。几座新建的大楼挡住了黝黑的塔影,而湖在哪个方向呢?我迷糊了。两句《牡丹亭》的唱词涌上我的喉头，尽管我依旧沉默。"原来姹紫嫣红开遍，似这般付与断井残垣。"那是唱春天，现在却是冬天，那是唱南方，这儿却是北方。可是不知为什么，我总是想起这两句唱词，就像林黛玉想起"赏心乐事谁家院，良辰美景奈何天"一样，带着彻彻底底绝望的心情。

我的眼角是一湖的水，这些水曾溢满几代人的眸子。塔在湖的一角，孑然而立。许多年以前，塔门便锁住了，没有登临的可能。记得我到北大的第一天，兴致勃勃去看未名湖，却在偌大的校园里迷失了方向。只好红着脸怯生生地问一名老生："未名湖怎么走？""那边不是？见到塔就见到湖了。"他指了指突兀于郁郁树荫之中的塔尖。我便沿着塔的方向走，终于走到了湖边。塔成了我开启这座迷宫般校园的第一把钥匙。

湖动，塔静；湖是阴，塔是阳；湖躺着，塔立着；湖谦逊，塔高傲；湖依偎大地，塔向往天空；湖容纳游鱼，塔呼唤飞鸟。焦灼的时候，可以来触摸湖的妥帖；软弱的时候，可以来汲取塔的耿介。塔与湖都是有灵魂的，它们的灵魂是千千万万人的灵魂，是北大的灵魂。北大如果没有了塔和湖，就像胡适之先生所说的："长坂坡里没有赵子龙，空城计里没有诸葛亮。"那该是怎样的一种尴尬呢？年轻人都是这样过来的——"我们歌笑在湖畔，我们歌哭在湖畔"。那是很久很久前的往事了，人们已然不笑亦不哭。湖光塔影之间，还有一个人在行走。行走的这人是我吗？

这是我，这人的背已驼，足已跛。这人衣衫褴褛，行囊里全是书籍。在这不纯真的年代里，未名湖像孕妇一样忍耐痛苦；在这不纯真的年代里，博雅塔像幽灵一样撕破幸福。塔与湖分别住于对立的一极，提醒着人们保持残存的一部分记忆。塔与湖都知道，身边行走的这些人都不再是昔日的知己了。但它们依然像昔日那样存在着，仿佛什么都没有发生。"原来姹紫嫣红开遍，似这般都付与断井残垣。"那是怎样一种凄美而悲壮的情况啊！让愿意枯萎的尽量枯萎，让愿意腐烂的尽量腐烂，让愿意生长的尽量生长，让愿意燃烧的尽量燃烧，让安居者继续安居，让漂泊者继续漂泊。最后，塔依然是塔，湖依然是湖，我们依然是我们。世界真的会像博尔赫斯说的那样"熄灭"么？

【提示】作者通过这篇散文，发泄了对当时校风不正、校园不整的怨气。觉得只有未名湖和博雅塔依然是北大的标志，其他"身边行走的这些人都不再是

昔日的知己了",前后两次引用《牡丹亭》的唱词:"原来姹紫嫣红开遍,似这般都付与断井残垣。"前呼后应地发出喷叹,从一系列无奈,无助,无为的句子里表达了作者的一种忧患意识。

找到了作者的态度,也便找到了文章的基调,我们在朗诵时,亦应循着作者的心绪进行平缓低迷的语调选择。例如:"那些独行的夜晚,没有月光,只有我自己的脚步声舔着我的脚印。几座新建的大楼挡住黝黑的塔影,而湖在哪个方向呢?我迷糊了。""就像林黛玉想起'赏心乐事谁家院,良辰美景奈何天'"一样,带着彻彻底底的绝望心情。"在这不纯真的年代里,未名湖像孕妇一样忍耐痛苦;在这个不纯真的年代里,博雅塔像幽灵一样撕破幸福。"最后一句"世界真的会像博尔赫斯说的那样'熄灭'么"的疑问,更体现了作者彷徨的心境。语调里要带着伤感和疑虑,焦灼与不安。这也就是所谓的"如触其心"了。

意中传神去描摹,化成作者来述说

散文是通过谈古论今阐发道理的,绝不能以训斥人的调门来朗诵,要像指导员与战士促膝谈心,老师为学生亲切开导,朋友之间平等交流思想那样。至于命令与指使的口气,或结尾激昂的声调更是不可取的。需要亲切的语调和平易近人的语势,通过启发与诱导,以理服人,使受众和朗诵者都能从中得到心灵的启迪。

忌妒谈片

毛锜

如果说瓢虫是棉蚜的天敌,那么忌妒就是人才的天敌。如果说锈斑是利器的腐蚀剂,那么,忌妒就是人才的腐蚀剂。在中国有一句话,叫作"小人不欲成人之美",在西方有一句谚语叫作"房侍前无英雄"。你如果仔细去分析,都是嫉妒这个怪物从中作祟。

武大郎开店，不要比自己个儿高的。这是漫画家的"演义"。但隋炀帝因为司棣大夫薛道恒写了一句比自己高明的诗句，而杀了他，却是真的。行刑时，隋炀帝还妒火中烧地说："看你还能写'空梁落燕泥'这样的句子吗？"一副被忌妒扭曲了的嘴脸，活灵活现。

真正有本事的人，敢于和乐于"让贤"，怕别人威胁到自己饭碗的，大抵都是庸碌之辈。战国时，著名的医学家扁鹊，不就是因为给秦武王看病，表现了非凡的医术，惹得秦太医令少醯（xī）的忌妒，被借故杀害了吗？

法国科幻小说家凡尔纳，奇想联翩，饮誉海内，被人称为"科学幻想之父"，但到临死，也未能跨进法国科学院的大门。何故呢？只因为有三十名嫉妒他的科学院士，用流言蜚语挡住了他！莫里哀本是一位浪漫喜剧团的普通演员，无人知晓，倒也安生。但忽然写起了讽刺世态的剧本，激起了一个忌妒的旋风，对他横加指责，群起而攻之。评论家布瓦楼非常气愤，挺身而出，为莫里哀辩护。他说道：

"尽管忌妒的人鄙夷攻击，优秀的作品依然是傲然挺立。

莫里哀天才的传世佳作，定将使后人受到心灵的洗涤。"

忌妒是人类的一种痼疾，必将遭到一切明达之士的批判与唾弃。从爱国诗人屈原，到古希腊的著名哲学家，都曾多次痛心疾首地论述忌妒的危害："嫉妒实在是纷扰的源泉"，忌妒也是嫉妒者"自己的敌人"。

【提示】是啊，人们若不警惕嫉妒这种病，不但对别人、对社会不利，自己也无法进步了。谁愿意和那种喜欢羡慕、忌妒、恨的人做朋友呢？朗诵前，要把文章中列举的例子先熟悉一下，使自己与作者产生共鸣。朗诵时，像跟你喜欢的人聊天儿那样，慢速，亲切地娓娓道来。不要认为朗诵就得是慷慨激昂。要不同内容因文而异。

致巴特勒将军的信

雨　果

先生：您征求我对远征中国的意见，想知道，我对于英法的这个胜利会给予多少赞誉，那就听我说吧：世界的东方有个奇迹，叫作圆明园。

艺术有两个来源，一个是理想，理想产生欧洲艺术；一个是幻想，幻想产生东方艺术。圆明园在幻想中的地位，就如同巴特农神庙在理想中的地位。这是幻想的，某种规模巨大的典范。请您用大理石，用玉石，用青铜，用瓷器建造一个梦，用雪松做它的屋架，给她上上下下缀满宝石，披上绸缎，这儿盖神殿，那儿盖后宫，造城楼，里面放上神像，放上异兽，饰以琉璃，饰以黄金，饰以珐琅，施以脂粉，请同是诗人的建筑师，建造一千零一夜的一千零一个梦，再添上一座座花园，一方方水池，一眼眼喷泉，加上成群的天鹅、朱鹭和孔雀，总而言之，请您假设，人类幻想的，某种令人眼花缭乱的洞府，其外貌是神庙，是宫殿，其实是一个世间独一无二的奇迹，这个奇迹是为谁而建？他是为了各国人民而建。因为岁月创造的一切，是属于全人类的。

但这个奇迹已经消失了。

因为有一天，来自欧洲的强盗闯进了圆明园，一个强盗洗劫财物，另一个强盗放火。他们对圆明园进行了大规模的劫掠，赃物由两个胜利者均分。两个胜利者，一个塞满了腰包，另一个装满了箱箧（qiè）。他们手挽手，笑嘻嘻地回到欧洲。这就是这两个强盗的故事。

将受到历史制裁的这两个强盗，一个叫法兰西，另一个叫英吉利。不过我要声明，治人者的罪行不是治于人者的过错；政府有时会是强盗，而人民永远也不会是强盗。我希望有朝一日，觉悟了的、干干净净的法兰西会把这份战利品归还给被掠夺的中国，那才是真正的物主。

现在，我证实，发生了一次偷窃，有两名窃贼。

先生：以上就是我对远征中国的全部赞誉。

维克多·雨果
1861年11月25日于高城居

【提示】著名的法国戏剧家雨果先生,站在历史的高度,用辛辣嘲讽的词语,无情地揭露和批判英法掠夺中国财宝、火烧圆明园的野蛮罪行。称英法为窃贼、强盗。他摆事实,讲道理,先给愚昧的将军介绍关于艺术源泉的知识,进而用讲故事的方式,给掠夺行径定性为强盗和窃贼,还区别对待地说:"治人者的罪行,不是治于人的过错",希望自己的国家,把掠夺来的东西归还给中国。雨果先生的这封信,这个态度,证明他是一个高尚的人,一个纯粹的人,一个大公无私的人,一个有益于全人类的人。我们朗诵时要把自己化成雨果先生,既痛惜自己国家的政府犯下愚昧野蛮的侵略罪行,又要把破坏人类艺术文明的性质讲清楚,敦促他们改正错误,归还文物。挺不容易的。若不是雨果有很高的威望,还不给戴一顶"吃里爬外的叛国者"的帽子吗?

题纪念册

姜 丰

什么都丢掉的日子里,总还有点什么值得纪念。

我们都曾将第一次怀春的心,装满毕生的真诚,放逐给苍茫的大海;我们都曾循着感觉流浪,唱着歌,去莫名其妙的地方,寻找梦想;我们都曾伫立在冰雪的站台,等候那属于自己的列车无约而来……四载的冬夏春秋,就这样在你我期盼的目光之间溜走。

所有的悲欢,所有的忧乐,所有的往事,所有的梦想,所有的酸甜苦辣和所有的爱……都随着所有的日子遗落在我们生活过四年的校园。而青春,无怨无悔。

那么就让我们为青春,也为友情干杯!当多少似水流年悄然滑过,友情,依然只有十八岁。携带上彼此的祝福,去浪迹天涯,哪怕今生不再相遇,我们也不是匆匆的过客。永远不把眼泪留给逝去的岁月,永远不以幻想等候遥远的未来。既然驿站在远方等候,就让我们潇洒地走。

【提示】作者姜丰是《正大综艺》电视节目主持人。正如标题所示,作者在纪念册上为老同学写点什么呢?没有悲切与遗憾,也没有抱或缠绵。虽篇幅不长,却留住了大学同窗四年的那种感觉——怀春,寻梦,期待,真诚。

主题基调是无怨无悔,潇洒人生。作者虽是美丽少女,却从她的字里行间,颇显露出男子的阳刚之气,给人以力量。

尤其是最后两段:"那么就让我们为青春,也为友情干杯!当多少似水流年悄然滑过,友情,依然只有十八岁。(第一次怀春的心装满毕生的真诚)携带上彼此的祝福,去浪迹天涯,哪怕今生不再相遇,我们也不是匆匆过客。"这和"我们都曾循着感觉流浪,唱着歌……寻找梦想前呼后应:"现在毕业了,该去闯世界了。"好一个"永远不把眼泪留给逝去的岁月。"好一个"永远不以幻想等候遥远的未来!"作者红颜不让须眉,脚踏实地地开始新征程,去实现学生时代的梦想"伫立在冰雪的站台,等候那属于自己的列车无约而来……"

从文章的字里行间,让我们感受到作者那颗青春的心,已做好整装待发的准备。"所有的悲欢,所有的忧乐,所有的往事,所有的梦想,所有的酸甜苦辣和所有的爱……都随着所有的日子遗落在我们生活过四年的校园。而青春无怨无悔。""既然驿站在远方等候,就让我们潇洒地走!"为了实现伟大理想,义无反顾。没有任何牵肠挂肚。我们在朗诵这篇散文时也要有作者姜丰这样的气度。前后呼应地一气呵成,而不应有什么缠绵悱恻。要用明快坚定的语气表达作者的心境。

大山中的老师

老师在火场中狂奔着往返,他把十几个孩子一个个地抱离了火场。那时的我,除了恐惧就是哭泣。当屋里就剩下我和另一个小女孩的时候,我的哭声甚至比凶猛的火势还要嚣张。也许,就是这嚣张的哭声,让我占据了最后一个生的机会。

我永远也忘不了,老师一把把我抱起来的时候对我说:"孩子别哭,老师不会丢下你的。"

当老师最后一次冲进茅草屋,大火呼啸着吞没了我们的学校,吞没了老师的背影，吞没了火海中最后一声哭泣。茅草屋轰然一下倒塌了！我和所有活下来的孩子都惊呆了。那个时候的我们，还不能理解生和死的距离，但是我们都清楚地记得，那个和我在火海中手拉着手，那个我们班上最小的女同学，那个同时和老师葬身火海的小女孩儿，是老师唯一的女儿！

二十年过去了，每逢到了清明时节，我和当年的许多同学，都会在老师和她的女儿坟前，放上一束束山花，我会对老师说："对于过去，我永远都没有机会说抱歉或者感激了，但是，老师，我向您发誓，无论多么苦，多么难，我都不会离开这片大山，这座学校，这群孩子。"

【提示】老师舍己救学生的英雄形象，把生的机会给别的孩子而牺牲了自己的孩子，高尚情操感人至深。人常说"一日为师，终身父母。身教胜于言教"，所以，自己也做了山区小学的老师，以实际行动报恩。

老师——我的太阳

我出生在吕梁山上的一个小村庄。因为家里穷，母亲在我很小的时候便扔下这个家走了。二年级后，父亲就不再让我读书，我天天望着通往学校的那条羊肠小路。想象着自己又背起书包上学去。就在那天傍晚，我看见了您——老师，拄着双拐，一步一步地挪着，汗水打湿了您的长发。您的脸红得像天边的晚霞。我扑进您的怀里紧紧抱住您瘦弱的身子。十几里的山路，您是怎么走的？可无论您怎样向父亲求情，固执的父亲就是不答应！天晚了，您轻轻地对父亲说："我明天还会来的。"父亲却说："老师，你一个残疾姑娘，这、这是何苦呢？"

您只是淡淡地一笑。第二天您又来了，第三天、第四天。开始您还和父亲说我上学的事，后来就什么都不说了，只是在油灯下给我补功课。

那条羊肠小路布满了您用拐杖杵出来的坑。一天一天由浅变深，一天一天由少变多。第十七天下起了雨，雷电交加。我想老师您一定不会来了，望着窗外的大雨，父亲望出了忧郁的心情。突然，门被撞开了，老师一身雨水地站在门前。您脸上布满了被树枝划破的血痕，这一路上不知摔了多少跤。父亲像疯了一样跪在您的面前。五尺高的汉子豆大的泪珠往外涌。他狂吼着："妞儿啊，你要好好读书，就是砸锅卖铁爸也供你上学。"这个时候，老师，您笑了，笑得那么美，那么甜，那么灿烂。这笑容伴随着我小学毕业，中学毕业、直到今天。

【提示】感人的散文故事还要靠感人的语调来完成，请对照心理感觉停顿和心理感觉重音的理论来练习这篇散文。

最后一课

我的最后一堂法语课！我几乎还不会作文呢！我再也不能学法语了！难道就这样算了吗？我听见韩麦尔先生对我说："我也不责备你，小弗朗士，你自己一定够难受的了。大家天天都这么想：没关系，时间有得是，明天再学也不迟，现在看看我们的后果吧。唉，总要把学习拖到明天，这正是阿尔萨斯人最大的不幸。现在那些家伙就有理由对我们说了：怎么，你们还说自己是法国人呢，连自己的语言都不会说，不会写！……不过，可怜的小弗朗士，这也不是你一个人的过错，我们大家都有许多地方应该检讨自己呢。你们的爹妈对你们的学习不够关心。他们为了多赚一点钱，宁可叫你们丢下书本到地里，到纱厂里去干活儿。我呢，我难道没有应该责备自己的地方吗？我不是常常让你们丢下功课，替我浇花吗？我去钓鱼的时候，不是干脆就放你们一天假吗？"

接着，韩麦尔先生从这一件事，谈到那一件事，谈到法国语言上来了。他说，法国语言是世界上最美的语言——最明白，最精确；又说，我们必须把它记在心里，永远别忘了它，当了亡国奴的人，只要牢牢记住他们的语言，就好像拿着一把打开监狱大门的钥匙。说到这里，他就翻开书讲语法。真奇怪，今天听讲，我都懂。他讲得似乎挺容易，挺容易。我觉得我从来没有这样细心听讲过，他也从来没有这样讲解过。这可怜的人，好像恨不得把自己知道的东西，在他离开之前全交给我们，一下子塞进脑子里去。习字课完了，他又教了一堂历史，接着又教初级班，拼他们的 ba，be，bi，bo，bu。在教室后排座位上，郝叟老头儿已经戴上眼镜，两手捧着他那本初级读本，跟他们一起拼读这些字母。他感情激动，连声音都发抖了。听见他古怪的声音，我们又想笑，又难过。啊！这最后一课，我真是永远忘不了！

突然教堂的钟敲了 12 下,祈祷的钟声也响了。窗外又传来普鲁士士兵的号声——他们已经收操了。韩麦尔先生站起来,脸色惨白,我觉得他从来没有这么高大。"我的朋友们哪,"他说:"我——"

"我——"他转身朝着黑板,拿起一支粉笔使出全身的力量,写了几个大字:"法兰西万岁!"然后他呆在那儿,头靠着墙壁,话也不说,只向我们做了一个手势:"散学了——你们走吧。"

【提示】如同日本侵略中国时,强迫东北人学日语那样,奥斯曼侵略法国时,禁止法国人学法语。一个民族丢掉了自己的语言文字,即是从行政上和文化上被另一个民族侵略了,占领了。《最后一课》用两个"挺容易"和三个"从来没有",强调自己的感受。老师最后"散学了——你们走吧"应是一位爱国者,强忍悲痛,极度苍凉的结束语。

以心换心(节选)

伍春明

我是带着灾难来到这个世界的。

我 8 岁那年,继母生的小妹妹已经会唱很好听的歌了。

我好羡慕妹妹的健康美丽,羡慕她的聪明活泼,更羡慕她有一个疼她爱她的亲妈。可为什么上帝让我得了先天性心脏病还拖累死我母亲,想到这些,我感到不公平,越来越恨这个世界,甚至内心深处对小妹妹产生嫉妒。

父亲经常在国外讲学,我一发病就得靠母亲和妹妹照顾。母亲又是一个责任心很强的中学教师,所以妹妹便一手担负起照顾我的责任,小小年纪就当起了家。医生说我活不过 20 岁,当我 19 岁的时候,我明白已走到生命的尽头了。我的心脏衰弱到了极点,市里最大的医院作为活标本收下了我,我认定自己住进那间白房子就再也出不来了。

而妹妹对我的照顾却更加无微不至。

可是有一天,在妹妹本该到来的时候,医院却开进了一辆救护车,车上躺

着的是从附近十字路口车轮下抬起来的妹妹。

医生神色黯然地对母亲说:"虽然她心脏没受伤,脑部却伤得很严重,即使能抢救过来,也可能是植物人或者全身瘫痪。"

然而,上手术台的却是我,一位护士对我说:"你母亲,是拿你妹妹的希望换回你一条命啊!"

我愣住了,忽然觉得自己是个罪人,我使亲妈为我劳累而死,又使妹妹的生命危在旦夕,我根本就不应该活着!我冲出病房,跪在母亲脚下说:"让我死吧,我欠你们太多了,我可以把我身上所有的器官都给妹妹,只要她能活下来!"

"孩子,把她的心放在你身上,你活着,也就是她活着了。"

当我再一次醒来,父母正守在我身旁。我紧紧攥着母亲的手,喊着妹妹的名字泣不成声,母亲抚摸着我头发说:"小妹没走,我在你的眼睛里看到她了。"

【提示】感人肺腑的叙述来自于真情体验。超出血缘关系的母爱亲情,是中华民族的美德,它曾抚平多少心灵的伤口,让世界显得更美丽!

朗诵时要带着真诚和感动,讲述自己既痛苦又幸运的遭遇,冲出病房的话因为激动,语速较快,又因为痛苦还要有哽噎时的断句技巧。例如继母的话:"你活着也就是她活着了""我在你的眼睛里看到她了"。是一种抑制的哽咽声。

请让我做您的母亲

徐莉丽

不管是叱咤风云的女强人,还是平凡安稳的贤妻良母。她们小时候,都曾经是妈妈的乖女儿。在孩子越长越大的时候,妈妈就越变越衰老了。

十六七岁的我,以为自己是所谓的"新人类",妈妈是没法儿理解我现在的追求的。每次吵着要自己独立,不让妈妈管的时候,我都是那样的骄傲和自信。可是往往在受了伤,跌了跤的时候才知道,第一个喊出声的是妈妈。

在这人生路上,擦肩而过的人那么多。有几个能在你跌倒之后像妈妈那样心疼不已地呵护你呢?毫无疑问,妈妈是世上最伟大的人。每当听到那首"世上只有妈妈好"的歌,我都会特别的感动!妈妈的微笑,妈妈的声音,妈妈的皱纹,妈妈的身影,立刻会浮现在我脑海中。

我想对妈说:女儿已经长大了。这个世界上能做您的女儿,是我最大的荣幸,如果有来世,请让我做您的母亲吧!让我也像您爱我那样去爱您吧!……

【提示】作者朗诵自己创作的这篇散文,考上了"北电"。真挚的母女情,萌发出超乎伦理的遐想,这是一篇女孩成熟以后的反思,歌颂母亲的文章很多,而这一篇却是独树一帜。朗诵前面的议论和回忆,要用坚定平稳的语调。后面的感觉与遐想,要用柔和的语调,结尾用重音轻读的技巧。

风 筝

这里呀,是风筝的故乡,也是我爷爷的故乡。爷爷小的时候就经常在这儿放风筝。爷爷离开家的时候,背包上就挂了一只爷爷的妈妈给他做的风筝。爷爷到了台湾以后,从一个好帅好帅的小伙子,变成了现在连下楼都要人搀扶的老人。可是,他房间里始终都挂着那只风筝,那只只剩下骨架的风筝。每当到了过年的时候,爷爷就对着那只风筝默默地说着:"我想回家,我想回家呀!"

他等啊,盼哪,终于盼来了家乡的来信,可是,信却不是爷爷的妈妈写的。信上说,爷爷的妈妈在三年前就已经去世了,她留下的遗物是一屋子的风筝啊!爷爷捧着信哭了,他说:通邮、通商、通航啊,能早一天,就别晚一天,别等到什么都通了,我们的心却不通了呀!"

【提示】大部分国民党老兵晚年的遭遇都很苦,思乡怀旧是人之常情。朗诵时要怀着对爷爷深切的同情心,设身处地地替爷爷想,越说到最后越悲惨,出现哽咽和颤抖。

祝你生日快乐

佚 名

北方都市的清晨,一位洒水车司机缓缓地开着车,在洒水的音乐声里,为黎明的大街沐浴着。从反光镜里,他奇怪地发现一个男孩蹬着一辆破旧的自行车,总是不紧不慢地跟着他。如同一个甩不掉的影子。走过了几个街口,他终于忍不住好奇心猛地停下车来拦住了眼里满是慌乱而又来不及逃走的男孩,"你这孩子总跟着我干什么?"男孩使劲摇着头,低着头……

抬起头来已是泪流满面。只因为洒水车里在重复播放着"祝你生日快乐"的乐曲,而今天是他的生日,可他却是一个孤儿。

洒水车司机半晌没有说话,他摸了摸男孩的头,把他的破自行车放在路边,带着男孩上了驾驶室。洒水车开动了,整个城市,整个在沐浴中的城市全都听到了比任何一个黎明都要响亮得多的乐曲——祝你生日快乐。

【提示】文章歌颂洒水车司机对孤儿的关爱之心。从他停车拦住男孩斥责,到半晌没有说话,到把男孩带上驾驶室专门听"祝你生日快乐"的音乐。朗诵时要把握情感变化的层次,尤其到最后要提高声调烘托气氛、衬托心情。

在开头一段出现几处形容词和副词"缓缓地、黎明的、奇怪的、破旧的、不紧不慢地、甩不掉的"……最容易被错误地读成重音,而喧宾夺主,不知所云。重音应该在"开着车""沐浴着""发现""自行车""跟着他""影子""慌乱、逃走、男孩"。后半段的重音在"抬、泪流、车、乐曲、今、生、孤、半晌、驾驶室、开动、城市、全、任何、快乐"。

圣洁的心愿

"小燕子,这么晚了你不睡觉,出来干什么呀?"我俯下身轻轻地问她。"姐姐,我想种花生。"小燕子说。"种花生?"我非常惊讶地看着她。"对,种花生。我听人家说,一个人生了病,如果那些种子种下,种子发了芽,他的病就会好了。现在,我也想种花生。"小燕子说完,对我扬了扬手中的花生。

我心里一酸,她手里拿的分明是一些咸脆花生,永远不会发芽,况且,她的妈妈患的是绝症。小燕子笑着说:"等我种的花生发了芽,我妈妈的病就会好了。"我替小燕子找来一把铲子,在花园边选了块空地,就想帮她挖土,小燕子却说:"姐姐,那是不灵的,我是妈妈的女儿,得我自己挖。"看着她认真的样子,我的泪水忍不住流了下来。小燕子没有发现我的泪水,她开心地对我说:"姐姐,明天就来浇水好吗?"我忍着点了点头,看着她蹦蹦跳跳地回病房。

可是,不幸发生了,他的妈妈第二天就去世了。孩子撕心裂肺地哭,我紧紧抱住孩子,孩子却挣脱我的怀抱,摇着妈妈的遗体哭喊:"妈妈,你不要死!你不要死!燕子种的花生就要发芽了呀!"

所有人都流下了泪水,我在心里狂喊:"花生啊,你为什么不发芽?你为什么不能实现一个小女孩的心愿哪!"

【提示】明知咸脆的花生不会发芽,还要帮小燕子挖土,是怕伤害小燕子那颗单纯善良的心。人生有许多无奈,在尚未找到医治癌症的办法时,面对亲人死去无可奈何,甚至于求神问卜,试验各种偏方,怨天怨地,怨谁也无济于事。只能哭喊和饮泣——

秋天的怀念(节选)

石铁生

母亲喜欢花,可自从我的腿瘫痪后,她侍弄的那些花都死了。妹妹告诉我,妈常常肝疼得整夜翻来覆去地睡不了觉。

那天我又独自在屋里,看着窗外的树叶"唰唰啦啦"地飘落。母亲进来了,挡在窗前:"北海的菊花开了,我推着你去看看吧。"她憔悴的脸上现出央求的神色。"什么时候?""你要是愿意,就明天?""好吧,就明天。"她高兴得一会坐下,一会站起:"那就赶紧准备准备。"

"哎呀,烦不烦?几步路,有什么好准备的!"她也笑了,坐在我身边,絮絮叨叨地说着:"看完菊花,咱们就去仿膳,你小时候最爱吃那儿的豌豆黄儿,还记得那回带你去北海吗?你偏说那杨树花是毛毛虫,跑着,一脚踩扁一个……"她忽然不说了。对于"跑"和"踩"一类的字眼儿,她比我还敏感,她又悄悄地出去了。

她出去了,就再也没回来,邻居把她抬上车时,她还在大口大口地吐着鲜血。我没想到已经病成那样,看着三轮车远去,也绝没有想到那竟是永远的诀别。

邻居的小伙子背着我去看她的时候,她正艰难地呼吸着,就像她那一生艰难的生活。别人告诉我,她昏迷前的最后一句话是:"我那个有病的儿子和那未成年的女儿。"

又是秋天,妹妹推着我去北海看菊花。那黄色的花淡雅,白色的花高洁,紫红色的花热烈而深沉;泼泼洒洒,秋风中正开得烂漫。我懂得了母亲没有说完的话。我们要好好儿地活……

【提示】谁愿意长年伺候一个瘫痪病人呢?只有母亲无怨无悔,可母亲由于过度劳累病故了。母亲在世的时候,自己坐在轮椅上乱发脾气,母亲离去了才感悟到生命的意义。人生苦短,要懂得善待自己和亲人……朗诵要充满懊悔和思念之情。节奏比较缓慢而沉稳。前半部是回忆母亲的音容笑貌:连说话也要避免用脚踩呀、跑呀的,怕刺激了儿子。后半部在"永远的诀别"和"未成年的女儿"似有哽咽之感。读"好好地活"则语气坚定地告慰母亲说,自己已经坚定了生活的信念。

雨 中 情

雷阵雨过后,天空仍然飘洒着淅淅沥沥的雨,很是有些凉意。车站四周空荡荡的,只有几棵小树在雨中摇。车站上的几个人都打着伞,静静地等着车。

这时,在一片雨帘中,有个小伙子急匆匆地从远处走来,他环视左右,竟没有发现一处可以避雨的地方,他不住地在雨中踱着步。看着她那狼狈的样子,我心中不禁一动:我是不是应该帮他一下,俩人同打一把伞。可又想,周围的人会不会笑话我自作多情呢？唉！做人那么复杂干什么，帮助人有什么错？于是我坦然地走到他身旁，把伞举到小伙子的头顶上，他惊异地望着我，我微微一笑说："咱们一同打伞吧。"

他会意地点了点头，眼里流露出感激之情。我默默地打着伞，听着那越来越急的雨声，我的左肩已感到湿意。

车终于来了，他挤上了车，同时对我大声喊："多谢啦！"随着这一声谢，一种极为舒畅的快意滋润了我的心田。这件小事为我带来了深深的、长久的喜悦，不仅是因为我做了一件我想做并敢于做的事情，同时，我真的很在意人与人之间的真情，如果人人都能这样……

【提示】这篇散文追忆了一次思想斗争。朗诵时，结尾要很阳光地笑着说出自己的感想。小伙子的那声"多谢啦"，不必模拟。

一件没有织完的毛衣（节选）

整整一个星期没去医院看妈妈了，我进了病房，妈妈又拿出那件织了一半的毛衣说："娇娇你看这样子行吗？如果不喜欢，妈再拆了重织，不麻烦的。"可我认为是妈舍不得给我买新的，就气哼哼地回家了。忽然有一天，医院通知说妈妈死了！我不顾一切地跑去，看见妈妈躺在病床上盖着雪白的床单。我扑过去摇晃着妈妈的遗体，泣不成声，护士阿姨动情地说："你有一个多么好的妈妈呀，她说没有什么留给女儿的，就把这件没织完的毛衣，留作纪念吧。这是你妈背着医护人员，偷偷织的，这里面有她做母亲的一片心呐！"听到这里我再也忍不住了："妈妈，您听我说，是我错了！我真的错了！"妈妈再也听不到女儿的声音了，可女儿依然能听见妈妈的话"如果不喜欢，妈再拆了重给你织，不麻烦的……"妈妈远去了，在那个大雪纷飞的夜晚，我紧紧抱着那件没有织完的毛衣。

【提示】妈妈的去世使娇娇一下子觉悟了。后悔过去不懂事，可是为时已晚。女儿回想妈妈生前的话，应该是泣不成声的，结尾出现哽咽声。

走西口（节选）

燕治国

　　经受了离乡背井的痛苦，收获的是口里无法得到的喜悦。到秋天树叶儿落尽，走西口的哥哥终于回来了。满河里漂下来羊皮筏子，筏子里装满了红玛瑙般的糜子米。那时候女人们站在河畔，哥呀哥呀不住气地叫。就觉得小肚子发紧。就想尿。就恨不得把自家身上的每一块肉都让男人咬了啃了嚼了吃了。男人们把头高高扬起，好像他就是一个国王。好像他就是绥远城里的将军。还说西口路上的艰难险阻吗？不说了！还说西口外的万般苦楚吗？不说了！穿的有了，用的有了，一世界的欢乐都有了。喝它一壶烧酒，过它一个大年。待到黄毛儿旋风刮起，拔腿再往口外走去。

　　由此，便走出来一派繁华。当年虎狼出没的地方，兀然一片水旱码头。由此，也成就了一代晋商。一些走西口的穷汉们，居然就把名字留在了史册上。祁县乔家的"复盛公"号，正是从这里发端，进而把钱庄票号开到全国去的。另一家山西人开设的"大盛魁"旅蒙商号，则赶着十万头骆驼，把买卖做到新疆、俄罗斯去了。

　　几百万走西口人，用生命创造出一种辉煌。再不要说走西口是怎样的凄惨悲切了，那是一部壮丽的山民流浪史，是一部不屈不挠的开拓创业史；那是一部蒙汉民族水乳交融的团结史，是一部西北地区蛮荒而浪漫的民俗民歌史啊！

　　走在内蒙古的土地上，我感到是那样的熟悉和亲切。悠长的漫翰调声，把我引回到走西口的人流里。我好像看见了民族的魂灵，在那般热切地呼唤着我们……

　　【提示】《走西口》这篇很像报告文学的散文。长达15000字。我们仅从节选的这一小段里，就能充分感受到那热腾腾的人气儿、火辣辣的语言、厚实实的内容、简明明的哲理。西北人的粗犷、豪爽，西北地区的广袤、开阔，西北民族的勤劳、质朴与融和，尽显字里行间。因此我们在朗诵时，用开朗明快的语调比较合适。如同诉说自己先辈的成功史、奋斗史、发家史、创业史那样充满骄傲与自豪，洋溢着那种满足和喜悦。例如说到女人站在河边，迎接走西口胜利归来的汉子，那种泼辣语言和男人们归来时的那种昂扬与自信。两个"不说了"，三个"都有了"真让我们如闻其声，如睹其神；中间那一段"把钱庄票号开到全国去，""把买卖做到新疆、俄罗斯去，"一声比一声高昂；后面读到两个"那是一部……是一部……"排比递进的句式，上台阶式的一浪高似一浪。当读到结尾"我好像看见了民族的魂灵，在那般热切地呼唤着我们……"那种激情奔涌的文字跃然纸上，也同样激越于我们的心头，激扬于我们的语调之中。

把生命送进狮口

必须行动了，否则只能坐以待毙。威尔逊说："只有我下去和狮子搏斗，或许能取胜。"面对车外狮子凶狠的目光，妻子凝视着丈夫轻轻说道："我有一个办法，答应我，你一定要把车开回去！"然后没来得及丈夫反应，就头也不回地打开车门，跳下车向远方跑去。"不！不！"随着丈夫的嘶喊，狮子一跃而起，向妻子追去。

她这是将生命送进狮口，为丈夫铺设生还之路。

妻子的声音从远处传来，"快把车开走！快开车！"威尔逊的心被撕扯着，刺扎着。他猛地发动汽车，疯了般地冲向狮子。远远地狮子撕咬妻子的情景也撕碎了他的心。猛兽见车子开来，惊慌逃窜。

草原上只留下响彻很久很久的哭声——凄惨、悲凉、断肠。

【提示】妻子舍己救丈夫的生离死别，是那样悲壮、悲凉、悲惨！文字虽短，终生难忘。这应该是多么痛不欲生的疯狂嘶喊，多么撕心裂肺的痛苦嚎叫哇！没有心灵体验的人很难完成这个段子。谁要是瞬间能进入角色，朗诵好就一定能演好，谁就是好演员！要求设身处地地品味情感，假戏真做地情景再现。

七、小说的朗诵

小说这种文学形式是通过完整的故事情节和众多的人物形象，加上环境描写的衬托来反映社会生活的。小说朗诵也是深受观众和听众喜爱的艺术形式。

从前，王刚在广播电台朗诵长篇小说《夜幕下的哈尔滨》成了家喻户晓的亮点；王刚后来成了《东芝动物乐园》的著名节目主持人，以及在影视作品中饰演和珅，都得益于最初在《夜幕下的哈尔滨》这部小说连播的成功亮相。

王刚那与您聊天的随和语调，那善于变化的丰富表情，那经得起推敲的重音、眼神，都十分准确地阐发了小说中的故事，使人物活灵活现，情节跌宕起伏，再加上他清晰的吐字发音，略带喉音的亮嗓儿，表现得十分完美。许多人放着电视剧不看，也要按时听他的小说连播。自然有"爱吃萝卜的不吃梨"之说，但从中我们也确实看到了小说朗诵的作用和魅力。那么如何朗诵好小说呢？归结起来也是四句话：

　　　　语气要自然生动，表情要准确从容，
　　　　交代情景须准确，刻画人物要分明。

语气要自然生动

　　为突出人物个性　角色说话有造型
　　分辨出第几人称　进进出出须分明
　　跟随着情节变更　语言节奏有调整
　　先做到如临其境　再实现情景交融

小说不像诗歌那样讲究节律和韵律，它应该用极接近生活的语言结构来表述内容，尤其是里面的人物对话就更应该生活化。写小说是这样要求，朗诵小说就更应该这样要求。往往有的同学像念书一样或咬音嚼字，在诸如"门、子、头、了、着、过、的、地、得"这些该读轻声的字音时读了重声；或是平淡无味地像念经。

还有"上、下、来、去"这些指示方向的语尾音，我们在音变规律里已经讲过，有的人就是记不住，好像吃艮萝卜那么难受。另外就是似是而非的"似"，如果放在句子后面××似的应读（是），有些人分不清却壮着胆子在那里读（四），如同吃涩柿子那么难受。

所谓自然、生动、追求生活化，就是要把小说里的文字变成生活化的语调。

生活中的语调（当然是普通话的而非方言的），即使写成了某些方言对话，也要按普通话的发音来说，或者补充解释。否则就会有很多人听不懂，因为电台、电视台的受众是全国乃至全世界，而并非某一个地区。须知海外的华人世界也是很庞大的。

小说又分长篇、中篇、短篇，中国的外国的，有些外国人名或少数民族人名读起来很绕嘴，例如："玛丽亚·铁木菲耶夫娜·齐列特尼申科"这个俄国人名究竟哪个字音轻，哪个字音重，你必须按俄语发声习惯去考察一番，如果一个字、一个字地把它们读出来会显得可笑。还有"玛丽""大卫"应该读英文的发音，"迈瑞"和"呆维"，这便连外国的口语化也包含进去了。

至于语法上的倒装句，把"他说"搁在后边的，如果在"他说"后面不再有补上的话，甚至可以删掉。亦可用语调区别人物，总之要心里有观众和听众！（要以受众能听懂，听着顺耳为准）

表情要准确从容

情绪转换好　虚实把握牢
找好主副线　定好总基调

每一位朗诵者自然是要先读一遍小说才能去朗诵，这对于多么具有高超技巧的大师也不为过分；除非你以前知道这故事。你了解了这小说的结构和中心思想，你便能定出总的基调，虽然你预知了故事的结果，但在朗诵过程中却要一层一层地递进，把握好虚实结构的主副线的关系，做好情绪的转换工作，而这一切又都不露痕迹地从容不迫、有条不紊地去进行。例如：

最合格的助手

在一所大医院的手术室里，一位年轻的女护士第一次担任助手，而且是做一位赫赫有名的外科专家的助手。

手术从清晨进行到黄昏，眼看患者的伤口即将缝合，女护士突然严肃地盯着外科专家说："大夫，我们用的42块纱布，你只取出41块。""我已经都取出

来了。"专家断言道:"手术已经一整天了,立即缝合伤口!"

"不,不行,"女护士高声抗议:"我记得清清楚楚,我们准备了42块纱布。"

外科专家毫不理睬地命令道:"听我的,准备缝合!"

女护士毫不示弱,她几乎是大声叫道:"您是医生,您不能这样做!"

这时,外科专家的脸上浮出欣慰的笑容,并举起左手手心里握着的第42块纱布。他向所有人宣布:"她是我最合格的助手。"

女护士以自己正直的品格,不仅赢得了外科专家的信任,而且以"最合格的助手"扬名于瑞典的医护界。

【提示】这篇微型小说通过护士的三次阻拦,既歌颂了护士的高度责任心,又歌颂了医生考验护士的巧妙手段,医护领域高尚的职业道德永远被人们称颂。一个小护士敢顶撞大专家权威人士,为医德争荣誉,对病人有高度责任感,两个人物从语调上要有区别。一个急切而坚定,一个老练而沉着。(这个故事讲的是南丁格尔奖的由来)

第一段的重音是:"手术室,第一次,外科专家";第二段的重音是"黄昏,缝合,盯着,说,42块,41块,取出来了,立即缝合伤口";第三段的重音是:"不,不行,清清楚楚,42块纱布";第四段外科医生的话虽不长,但很威严,是一种装出来的武断;第五段的重音是:"毫不示弱,大声叫道,医生,不能这样";第六段的重音是:"脸上,笑容,手心,宣布,最合格";第七段的重音是:"正直的品格,赢得了信任,合格的助手,扬名于,医护界"。结尾从瑞典开始,每一个字都要咬得非常清楚,即是强调重音。

在 柏 林

[美] 奥莱尔

一列火车缓慢地驶出柏林,车厢里尽是妇女和孩子,几乎看不到一个健壮的男子。在一节车厢里,坐着一位头发灰白的战时后备役老兵,坐在他身旁的是个虚弱而多病的老妇人。显然她在独自沉思,旅客们听到她在数着:"一个、两个，三个"声音盖过了车轮的"咔嚓切嚓"声。停顿了一会儿，她又不时重复数起来。两个小姑娘看到这种奇特的举动，指手画脚，不假思虑地嗤笑起来。那个老兵狠狠扫了她们一眼，随即车厢里平静了。

"一个，两个，三个"，这个神志不清的老妇人又重复数着。两个小姑娘再次傻笑起来。这时那位灰白头发的战时后备役老兵挺了挺身板，开口了："小姐，"他说，"当我告诉你们这位可怜的夫人就是我的妻子时，你们大概不会再笑了。我们刚刚失去了三个儿子，他们是在打仗时死去的。现在轮到我自己上前线了。可在我走之前，我总得把他们的母亲送往疯人院哪。"车厢里一片寂静，静得可怕。

【提示】总基调是控诉法西斯发动的侵略战争，主线是被战争伤害的疯老婆子，在大声的数数，副线是老兵和小女孩，情绪转换由第一次瞪了一眼小女孩发展到挺了挺身板开口，到最后情绪落到冰点，所有人都在哀伤和思考。

原来的译文老太婆数一二三，本书引用时改成"一个，两个，三个"痛苦的嚎叫。我们朗诵者的二度创作有责任把不顺的地方做必要的修正。老兵最后的话充满了无奈、悲凉："我总得"是控诉的情绪，"院"字须抖出哭腔为宜。（一字抖双音的技巧）

功　勋

这件事发生在1945年4月末，攻克柏林的战斗正在市中心进行，我负责报道战况。在我军与德军阵地之间，在一栋被破坏的楼房附近，躺着一位已经死去的德国妇女，他身边有个大约三四岁的小女孩儿还活着。当战斗的喧嚣沉寂下来的片刻，就会传来小女孩的哭声。这绝望的哭声，震撼着这块土地。

突然，一名红军战士向小女孩儿的方向爬去，法西斯匪徒开起枪来，可战士仍朝着小女孩儿的方向爬去，爬到她的身边，将她抱在怀里，射击停止了。呈现出一种可怕的寂静，在这可怕的寂静中，大家听见一个男人的声音在哄小孩儿。

战士往回爬了，可是当他竭尽全力将孩子送到自己同志手中的时候，敌人一个狙击手开枪。第二天，我得知那战士住进了医院，到医院采访了解的情况也不多,那战士几乎不能讲话,终因伤势过重而死亡。就在同一个时期,在柏林大街上,还有相同的事件发生。另一名战士在进攻德国国会大厦的时候,也救出了一个德国小孩儿。为了纪念这两名红军战士的功勋,雕塑家制作了精美的雕像,矗立在柏林市中心,雕像前总是鲜花不断。为了孩子,世界在那一刻停止,爱的力量,即使战争也阻止不了。

【提示】结尾斩钉截铁的语调是人性的宣誓。正如中国人收留日本遗孤那样,苏联红军在反击纳粹德国的战斗中,不惜牺牲生命,救助德国的孩子。是善良的本性在发光。这两篇和《请把我埋得浅一些》是反法西斯的姊妹篇。适合报考播音主持专业使用。

交代情景要清晰

交代社会环境要有轻有重
交代自然环境要情景交融
交代事件场面要形神兼备
为听众描绘出清晰的图景

小说写景往往是为了衬托情,因此朗诵者就应该在语气中实现情景交融。小说写社会环境是为了交代事件的背景,因此关键背景要在语调上着重渲染。事件是小说的核心,因此在朗诵到小说中的事件时要形神兼备,使受众的心中产生清晰的视象图景,比如日本作家川端康成的微型小说《雨伞》就是一部充满诗情画意,虚灵如梦的佳作。作者对事物细腻的感觉妙笔生花,"春雨霏霏,很象淡淡的雾,虽然淋不湿物体,但落在皮肤上仍然感到潮润润的",这种真切而微妙的感觉读起来要如亲身体验,令人感动。在描写初恋时的羞涩与快活时,雨伞成了重要的道具。"姑娘只把一边的肩膀靠进去,小伙子现在淋湿了,但他不敢靠近姑娘,问她是否愿意与自己一起打伞;姑娘想伸出手与小伙子一起握着伞把,但偏偏做出了要逃出伞外的样子。"读这些情景交融的场面怎么能不令人回味呢!

雨 伞

[日] 川端康成

春雨霏霏,很像淡淡的雾,虽然淋不湿物体,但落在皮肤上仍然感到潮润润的。姑娘跑到门外,看小伙子打着伞。"哎哟,下雨了!"

小伙子来到商店门前才打开了雨伞——与其说是为了挡雨,不如说是为了遮羞。

即使如此,小伙子仍然把雨伞伸向姑娘的头顶上。姑娘只把一边的肩膀靠进去。小伙子现在淋湿了,但他不敢靠近姑娘,问她是否愿意与自己一块儿打伞;姑娘很想伸出手与小伙子一起握着伞把儿,但偏偏做出了要逃出伞外的样子。

两人来到一家照相馆,小伙子那当官的父亲要升迁,他们是来拍分别照的。

"请你们二位坐到这边来,好吗?"摄影师指着沙发说。但小伙子不好意思坐在姑娘的身边。他站在姑娘的身后。为了感觉到他俩的身体某一部分联系在了一起,小伙子用扶着沙发靠背的手轻轻挨着姑娘的大衣。这是他第一次碰着她。通过手指感觉到的体温,使他仿佛体验到了紧紧拥抱姑娘裸体时的温暖。从此,他的一生中每当看到这张照片,他就会回味起她的体温来。

"再来一张怎么样?我可以给二位拍一张肩并肩的合影。"

小伙子简单地点了点头。

"你的头发?"小伙子悄悄地对姑娘说。她抬头看了一眼小伙子,顿时两颊绯红,明眸里闪烁着快乐的光辉。她温顺地赶快到化妆室去了。

瞧见小伙子来到商店门口时,姑娘连头发都没有顾上理就跑了出来。此刻她的头发乱蓬蓬的,像刚刚脱下游泳帽似的,因此她感到不安。姑娘很害羞,在男人面前,甚至理理头发,她都不好意思;而小伙子想,再让她理理头发会使她更加难堪。

姑娘跑向化妆室的快乐劲儿,也使小伙子感到轻松。姑娘回来后,两个人紧挨着坐在了沙发上,好像世界上最自然的事情。

临走时,小伙子四处寻找他的伞。不久他发现,伞已经被先走出门口的姑娘拿在手里了。当姑娘看到小伙子瞧着伞时，才突然意识到自己拿走了他的伞。这使她大吃一惊。这无意的行为，不是已经向小伙子表明，她属于他了吗？

小伙子无意要回伞，姑娘也不愿意把伞给他。不知什么原因，这条路现在与他们来时，已大大不同。两人似乎突然变成了大人，像一对夫妻似的回家了。
（张来民译）

谁是知情者

王局长因为受贿被双规了，听说是有知情者举报。监察机关调查取证时惊奇地发现，举报材料上所列举的时间与王局长家"来访登记本"上的时间竟然出奇的一致，只不过少了来访者的姓名和金额。

难道是老婆出卖了自己？不可能！因为她自己也牵连进来了，她不会傻到这种地步吧？那就是住在对门，盯着局长宝座多年的张副局长，可他不可能24小时都盯着我家呀！难道他在我家装了监控？不可能。我升任局长之前可是局里数一数二的刑侦专家呀！他没这个胆儿。

问题出在哪呢？他接待来访者是有自己的原则的，相信不会轻易出错。可直到被送进监狱，这位刑侦出身的王局长还是一头雾水，百思不得其解。

张局长如愿以偿地登上了局长的宝座。上任后的第一把火更是烧得所有人都摸不着头脑：开展全市除狗行动。说是为了维护社会治安，保障市民出行安全。当然，他家养了多年的看门狗也不能幸免。因为每次王局长家的狗叫的时候，他都会从自家的猫眼里看是谁来了，并做好了记录。

【提示】究竟谁是知情者呢？悬念须层层解开，图景要清晰地描述，朗诵到后面解扣儿的地方应该慢一点儿。

嚼舌的鹦鹉

刚到单位那会儿，我在行政科打杂儿，一般请师傅修个啥的，主任总是让我这个"科员"出面接待。

那天，单位又来了个师傅修空调，他可能和主任沾亲带故，因为主任看上去对他挺热乎。活儿忙完后，主任亲自陪他到那家"定点"的小餐厅用餐。刚迈进门，柜台前挂着的笼子里那只鹦鹉扑棱着翅膀，尖着嗓子不停地叫唤："老板好！喝茶，上座！"主任听了，大吃一惊："我头一回来，怎么这里还养着一只灵巧的鸟儿？小嘴儿可真能说！"我早与这只鹦鹉混熟了，赶紧说："还有比这更神的呢！来，小精怪，猜猜今天谁是老板？"鹦鹉上上下下地跳了几跳，盯了我们几眼，接着冲主任叫道："胖的，胖的。"主任笑得合不拢嘴，连声夸奖："好，好，这鸟养得好！以后我得常来，图个乐呵！"

我们坐定后，刚喊过准备点菜，那只善解人意的鹦鹉又响亮地吊开了嗓子："回锅肉，烧鱼块儿，招牌菜！"主任一叹："乖乖，这鹦鹉比人都会做广告！"此时，他的心情好到了极致，顺口说道："老板，就听小家伙的，这两个菜都要，外加个羊肉火锅吧！"

吃饱喝足了，我们歪歪倒倒地起身，鹦鹉见了，赶紧叫："买单，结账！"我们都大笑了起来。主任醉眼蒙眬地说："这鹦鹉绝对是一只神鸟，感情客人进餐的程序他都知道啊！要不就是老板娘随时对它有暗示。"我边和师傅搀扶着主任，边对鹦鹉抛了个飞吻，算是对它的赞扬。见我掏钱包，它立刻又蹦跶了几下，叫道："老板，多开，公款报销！"

鹦鹉这么一说，主任的醉意顿时全无。他瞪着血红的眼睛，板着脸问我："小卫，怎么回事？每次吃饭你都这么干？！"我涨红了脸，张口结舌，两眼喷火，对着嚼舌的鹦鹉狂乱地挥了几下拳头，心里骂道："小坏蛋，每次我就是多开一包好烟，你咋就都抖搂出来啦？"

【提示】 上有老虎，下有苍蝇。公款吃喝的现象比比皆是。鹦鹉学舌是贬义词，在这里却揭发了坏事。朗诵时要不慌不忙地层层剥皮。注意鹦鹉的声音和主任的话以及小卫自己说的话都要各有造型。

生日礼物

解 青

这天上午，正在批阅文件的赵局长接到女儿的电话，女儿在电话里带有责怪地说道："老爸，听我妈说您好几天没回家吃晚饭了，这周五可是我妈生日，您再忙也要回家庆贺一下，另外，千万别忘了买礼物……"放下电话，赵局长想了想，大概真有十多天没回家吃晚饭了，这周五，一定按时下班，给夫人过个生日。至于礼物嘛，买点什么呢？赵局长琢磨着……

周五，赵局长准时下班回家。一进门就见女儿女婿都回来了，一桌丰盛的菜肴已经摆好……再看老伴儿，今天特意穿了一件大红色的开身羊毛衫，脸上略施了一点妆，显得格外精神。"夫人，生日快乐！"赵局长边说着祝贺的话，边从书包里拿出一个锦盒。"夫人，这是给你的生日礼物"。女儿手疾眼快一把抢过来，"让我看看，老爸买的什么礼物？"打开锦盒，一个温润剔透的玉手镯连同证书出现在大家面前。"哇！太漂亮啦！"女儿激动地喊了起来。"都老夫老妻的了，还来这个，这得多少钱呢？"老伴儿心疼地说道。女儿翻看着价签儿调侃道："不贵，才五万。这手镯代表着我爸对您深深的爱呀！老爸，您说是不是？""是，是"赵局长神色怪怪地应和着。

周一一上班，秘书芳芳就面带愠色的来到局长办公室，将一个翠绿的手镯扔在办公桌上，生气地说道："打发谁呢？还给你这个不值钱的B货！"就见局长哭丧着脸，有苦难言地说道："阿芳，那天我不是叫你拿左边抽屉里的锦盒吗，谁知道你偏偏拿了右边的呢？"

【提示】 领导与女秘书关系暧昧，舍得给她花钱。但是弄巧成拙。朗诵这样的故事需要稳得住，不管后面多么搞笑也不能语喷，不许笑场。

7 各种文体的朗诵

刻画人物要鲜明

描绘肖像要如见其人
描绘表情要如睹其神
描绘语言要如闻其声
描绘心理要如触其心

描绘人物的性格和行为、人物之间的关系、人物的心理活动、人物的神态是小说的最主要任务,要想把文字的描绘转化成语言刻画,就需要朗诵者做到以上四条。以小说《红岩》为例,里面有众多的人物形象,如:许云峰、华子良、江姐、双枪老太婆、孙明霞、小萝卜头,还有徐鹏飞、郑克昌、甫志高、毛人凤等正反面人物30多个,写得神采飞扬、形象各异。

我们在朗诵的时候就要如见其人、如睹其神、如闻其声、如触其心。刻画出来的人物才能鲜明。从第六章选一段敌人审讯来说吧,对特务头子徐鹏飞心理的刻画,对刽子手们行刑的狰狞面孔的描写,对误抓来的国民党老头儿颤抖的声音的绘声绘色以及对这一群魑魅魍魉丑恶嘴脸的叙述都极其生动。

红 岩(片断)

背后,受刑的人一声惨叫……传来泼水的声音,徐鹏飞转过身,走到狞笑着的行动科长面前,冷冷地问了一声:"谁?"

"云阳县的。"

"已经三天了,怎么还没开口?"

行动科长讨好地迎合着他说:"马上,他就要开口的!我先搞他两下,这家伙已经吃不消了。"

昏厥的人渐渐醒转来,恐怖地望着面前的人影,粗声喘气……

徐鹏飞向前靠近一步,怀着复杂的侥幸心理,厉声问:"什么职务?"

醒来的人盯住他肩章上少将官阶的金星,全身厉抽缩起来,吐着白沫,像自言自语地哆嗦着。

"县参议员……"

"问你党内职务!"徐鹏飞大声追问,皮靴朝地板上一跺。

"党内职务?"他望了望徐鹏飞旁边的行动科长,绝望地闭上了眼睛。就是他说的那个……县委书记。

受刑的人喃喃地蠕动着焦裂了的嘴唇。徐鹏飞冷冷地命令道:"松刑!"然后就背起双手转向室外踱去。看样子,这个人的嘴巴已经撬开了,也许共产党里也有容易对付的角色,但愿能多遇上几个就好了。

回到走廊上,徐鹏飞刚才心里郁积的苦恼被冲淡了一点,长长的走廊上冷空气叫人感到清新。他对这长廊有着一种特殊的感情:因为在他看来,干这行当的人和夜生活有着不解之缘。干这行当,不但要胆大心狠,机警毒辣,而且要能抓住对方心理的、生理的、家庭生活的、感情上的各种弱点,灵活地运用各种只要能达到目的的手段,采取迅雷不及掩耳的办法瓦解对方的意志。他比同行高明,向来一帆风顺的秘诀即在于此。长廊的冷空气供给过他无穷的希望,今夜长廊又能给他以帮助吗?半夜里,城市鼾睡着,稀疏的电灯光描绘出半座山城的轮廓。他凝望着黑暗,心里却是一片茫然。

接连而来的一连串问答,使徐鹏飞很有兴致地倾听下去:

"介绍人是谁?"

"龙……龙头大爷王九龄,他……"

"入党手续?"

"交了……交了三张,记不清楚咯,好象四张……照片。后来发……发了党证……"

徐鹏飞一怔,共产党也发"党证"?这个情况是他从未掌握的。

"有些什么活动?"

"没有啥……啥子活动……"

"胡说!"

"回禀官……官长,就是在我的茶铺里吃……吃茶评……评理,在码头上收……收点头钱……"

在码头上活动,莫非是搞工运的?徐鹏飞的脑子敏感地动了一动,但他不肯轻易相信。

"你的入党动机!"

"没有动……动机呀。"

"狡辩!"

公案上又是狠狠的一巴掌。

一个浑身发抖的老头被押过徐鹏飞身旁进了另一间审讯室。徐鹏飞仍然站在走廊上没有移动,但他示意不要关上审讯室的铁门,这样,他就能够从敞开的门口清楚地观察审讯的情形。

他首先听到主任法官朱介严厉而稳重的声音:

"什么名字?"

"回……回禀官长,在下姓……姓……姓蒋。"

"叫什么名字?"问话的声音比原来稍重,重复地又问了一遍。

"人……人称蒋大爷。"

"问你名字!"手在公案上一拍。

"在下草……草字炳章……"

"多大岁数?"

"去年才,才满一个花甲……六十一了。"

徐鹏飞对这种啰嗦的回答感厌烦;可是,他马上又听到朱介一声单刀直入的问话,这句话问得那么突然。

"……民国……民国二十五年。"

"是……是王九龄大爷坑害人……他,他说参……参加了好,人多势……势力大,还说我……姓蒋……蒋,委员长也姓蒋。一笔难官两个蒋字,中央军都入川了,还是参……参加了好……"

"你……你"朱介的声音突然变得十分难听,慌张地追问:"你参加的什么党?快说!"

"我……我也搞不清楚……王大爷说的,叫……国民党嘛!"

"他妈的!"徐鹏飞狠狠地骂了一句。尽抓来一些莫名其妙的混蛋,简直太岂有此理!他大步走回办公室去,皮靴愤怒地把地板踩得噔噔直响。

变色龙

契诃夫

　　警官奥楚蔑洛夫穿着新的军大衣，提着小包，穿过市场的广场。他身后跟着一个红色头发的巡官，端着一个筛子，盛满了没收来的醋栗。四下里一片沉静。广场上一个人也没有。商店和饭馆的门无精打采地敞着，面对着上帝创造的这个世界，就跟许多饥饿的嘴巴一样，门口连一个乞丐也没有。

　　"好哇，你咬人？该死的东西！"奥楚蔑洛夫忽然听见叫喊声，"伙计们，别放它走！这年月，咬人可不行！逮住它！哎哟……哎哟！"

　　传来了狗的尖叫声。奥楚蔑洛夫向那边一瞧，看见从商人彼楚金的木柴厂跑出来一条狗，用三条腿一颠一颠地跑着，不住地回头瞧。它后面跟着追来一个人，穿着浆硬的花布衬衫和敞着怀的坎肩。他追上狗，身子往前一探，扑倒在地下，抓住狗的后腿。又传来了狗的叫声，还有人的叫喊："别放走它！"有人从商店里探出头来，脸上还带着睡意。木柴厂四周很快就聚了一群人，仿佛一下子从地底下钻出来的。

　　"好像出乱子了，长官！"巡警说。

　　奥楚蔑洛夫微微向左一转，往人群那里走去。在木柴厂门口，他看见那个敞开了坎肩的人举起右手，把一个血淋淋的手指头伸给人们看。他那半醉的脸上现出这样的神气："我要揭你的皮，畜生！"就连那手指头也像是一面胜利的旗帜。奥楚蔑洛夫认出这人是首饰匠赫留金。这个案子的"罪犯"呢，坐在人群中央的地上，前腿劈开，浑身发抖——原来是一条白毛的小猎狗，脸尖尖的，背上有块黄斑。它那含泪的眼睛流露出悲苦和恐怖的神情。

　　"这儿到底出了什么事？"奥楚蔑洛夫挤进人群里去，问道，"你在这儿干什么？你究竟为什么举着那个手指头？……谁在嚷？"

　　"长官，我好好地走我的路，没招谁没惹谁……"赫留金开口了，拿手罩在嘴上，咳嗽一下，"我正跟密特里·密特里奇谈木柴的事，忽然，这个贱畜生无缘无故就把这手指头咬了一口……您得体谅我，我是做工的人，我做的是细致的活儿。这得叫他们赔我一笔钱才成，因为也许我要有一个礼拜不能用这个手指头啦……长官，就连法律上也没有那么一条，说是人受了畜生的害就该忍着。要是人人都这么让畜生乱咬一阵，那在这个世界上也没有个活头了。"

"嗯！不错……"奥楚蔑洛夫严厉地说，咳了一声，拧起眉头，"不错……这是谁家的狗？我绝不轻易放过这件事！我要拿点颜色出来给那些放出狗来到处乱跑的人看看。那些老爷既然不愿意遵守法令，现在就得管管它们，等到他那个混蛋受了罚，拿出钱来，他才会知道放出这种狗来，放出种种野畜生来，会有什么下场。我要好好地教训他一顿！叶尔德林，"警官对巡警说，"去调查一下，这是谁的狗，打个报告上来，这条狗呢，把它弄死好了。马上去办，别拖，这多半是条疯狗……那么，这到底是谁家的狗呢？"

"这好像是席加洛夫将军家的狗。"人群里有人说。

"席加洛夫将军？哦……叶尔德林，帮我把大衣脱下来……真要命，天这么热，看样子多半要下雨了……只是有一件事我还不懂：它怎么会咬着你的？"奥楚蔑洛夫对赫留金说，"难道它够得着你的手指头？它是那么小，你呢，却长得这么魁梧！你那手指头一定是给小钉子弄破的，后来却异想天开，想得到一笔什么赔偿费了。你这种人啊……是出了名的！我可知道你们这些鬼东西是什么玩艺儿！"

"长官，他本来是开玩笑，把烟卷戳到狗的脸上去；狗呢——可不肯做傻瓜，就咬了他一口……他是个荒唐的家伙，长官！"

"胡说，独眼鬼！你什么也没看见，你为什么胡说？他老人家是明白人，看得出来到底谁胡说，谁像当着上帝的面一样凭良心说话，要是我说了谎，那就让调解法官审问我好了。他的法律上说得明明白白，现在大家都平等啦，不瞒您说，我的兄弟就在当宪兵……"

"少说废话！"

"不对，这不是将军家里的狗……"巡警深思地说，"将军家里没有这样的狗，他家里的狗全是大猎狗。"

"你拿得准吗？"

"拿得准，长官……"

"我也知道。将军家里都是些名贵的、纯种的狗，这条狗呢，鬼才知道是什么玩艺儿！毛色既不好，模样也不中看，完全是个下贱胚子，居然有人养这种狗！这人的脑子上哪儿去啦？要是这样的狗在彼得堡或者莫斯科让人碰见，你们猜猜看结果会怎么样？那儿的人可不管什么法律不法律，一眨眼的工夫就叫它断了气！你呢赫留金受了害，我们绝不能不管。得好好教训他们一下，是时候了。"

"不过也说不定就是将军家的狗……"巡警把他的想法说出来，"它的脸上又没写着……前几天我在将军院子里看见过这样的一条狗。"

"没错儿，将军家的！"人群里有人说。

"哦！……叶尔德林老弟，给我穿上大衣吧……好像起风了，挺冷……你把这条狗带到将军家里去，问问清楚，就说这狗是我找着，派人送上的。告诉他们别再把狗放到街上来了。说不定是条名贵的狗；可要是每个猪崽子都拿烟卷戳到它的鼻子上去，那它早就毁了。狗是娇贵的动物……你这混蛋，把手放下来！不用再把你那蠢手指头伸出来！怪你自己不好！……"

"将军家的厨师来了，问他好了——喂，普洛诃尔！过来吧，老兄，上这儿来！瞧瞧这狗是你们家的吗？"

"瞎猜！我们那儿从来没有这样的狗！"

"那就用不着白费工夫再上那去问了，"奥楚蔑洛夫说，"这是条野狗，用不着白费功夫说空话了。既然普洛诃尔说这是野狗，那它就是野狗。弄死它算了。"

"这不是我们的狗，"普洛诃尔接着说，"这是将军的哥哥的狗。他哥哥是前几天才到这儿来的。我们将军不喜欢这种小猎狗，他哥哥却喜欢。"

"他哥哥来啦？是乌拉吉米尔·伊凡尼奇吗？"奥楚蔑洛夫问，整个脸上洋溢着含笑的温情，"哎呀，天！我还不知道呢！他是上这来住一阵子就走吗？"

"是来住一阵子的。"

"哎呀，天！他是惦记他的兄弟了……可我还不知道呢！这么说，这是他老人家的狗？真是太巧了，……把它带走吧。这小狗还不赖，怪伶俐的，一口就咬破了这家伙的手指头！哈哈哈……得了，你干什么发抖哇？呜呜……呜呜……这坏蛋生气了……好一条小狗……"

普洛诃尔喊一声那条狗的名字，带着它从木柴厂走了。那群人就对着赫留金哈哈大笑。"我早晚要收拾你！"奥楚蔑洛夫向他恐吓说，裹紧大衣接着穿过市场的广场径自走了。

7 各种文体的朗诵

【提示】我们再来看契诃夫的小说《变色龙》，在人物语言刻画上，更是妙不可言，善于见风使舵的警官奥楚蔑洛夫在短短的五分钟之内来回改变了五次对狗和对人的态度，那种瞬息万变的嘴脸和腔调，如果我们缺乏口语化的本领，去僵硬死板地念，肯定不会收到好效果。生活中那种拿着鸡毛当令箭的小官儿，他们同时还有另一面，就是见了怂人压不住火。在不触及个人利益的时候可以顺情说好话，甚至标榜自己，多么为老百姓着想；当老百姓与上司犯冲突的时候，立刻站在上司的利益来说话，甚至比上司的儿子更孝顺，以此来巴结上司。找到生活中的原形，便找到了语调变化的根据，你用语言去塑造那个变色龙，就会活灵活现。例如第一次听完赫留金的诉苦，为了表现自己公平和有权威，便十分张扬地宣布要拿出点颜色给胆敢放狗咬人的家伙一点厉害，甚至果断地要弄死这条狗。那气势俨然是个铁面无私的大法官了。可当听说这狗是席加洛夫将军家的，他立刻就变了一副面孔，指责挨咬的赫留金是"出了名的鬼东西"、"什么玩艺儿"，随后又变了四次，开始的变化他还能找到遮掩的借口，一会儿说冷，要穿大衣，一会说热又要脱大衣，到后来简直不顾三七二十一，竟然把刚才还恶狠狠地说要"杀掉算了"的小狗，说成"还不赖，怪伶俐的，好一条小狗"，临走还凶狠地对那被狗咬伤手指头的赫留金说："我早晚要收拾你。"

这个小说我们可以按角色分配几个人按广播剧的形式来朗诵，也可以排成小话剧来演练。

在小说朗诵当中，为了突出人物个性，应该给人物对话以鲜明的造型，这样也为区分角色与朗诵者（第三人称）出出进进地分清层次，展开情节，转换场景创造了条件，做到不同人物有不同音色、不同人物有不同语气、不同情节有不同节奏，我们将从下面这个短篇小说《一颗善良的心》来继续体会这些要领。

一颗善良的心

[美] 卡拉·瑞德

"你别再制造这可怕的噪音，好不好？我的头都要炸了。"巴科斯特·海斯对着窗外大声喊道。自打隔壁搬来的新邻居开始每天下午吊嗓子练声起，窗外的

春色都给搅浑了,搞得他整天心烦意乱,不得安宁。

"这个讨厌的女人,为什么不到别处去出丑呢?"他恼火地自言自语道,"或许我该立刻搬走。"

他是一名退役警官,经过数十年的搏杀后,渴望过上一种平静安逸的生活,颐养天年。他特地选择了街区边缘只有孤零零两座房子的地方安了家。可这会儿,隔壁那座房子里又搬来了一个退休的歌剧演员。而他讨厌歌剧。

巴克斯特在心中默默地数着数字,等着敲门声的到来。"砰!"他赶紧拉开前门,莉莉已双手叉腰站在门口,瞪着双眼怒视着他。

"你这个老顽童,就不能停止你的恶作剧吗?我刚搬来才两周,你每天都大叫大嚷干扰我练声,我对你的行为已无法容忍!"

"是吗?你倒会以攻为守。你那叫练声?哼,简直是可怕的噪音,使人无法忍受!"

"如果你的耳朵那么娇嫩,你为什么不到别处去消磨这一个小时呢?比如去钓鱼,去喝酒,去游泳,总之去做些什么。我住这儿,就要在这儿唱。即使是'噪音',你也必须习惯。"说完,她甩头而去,脚下的高跟鞋踩在台阶上"噔噔"作响。

真有趣,他还是第一次注意到她走路时的姿态,双胯摆动得是那样自然优美。他出神地望着,心想,都60岁了,她竟然还保持着这般轻巧苗条的身段,真有点不可思议。是不是该约她出去。

关上门后,他又觉得自己很可笑,怎么会有如此荒唐的念头。他俩绝不是同一类人,况且,自打老伴过世以后,他还从未对任何女人产生过兴趣。

第二天,也不知怎的,它竟然鬼使神差地按照莉莉的建议去做了。在她练声时,他去杂货店购物。回来时,他看见莉莉在浇花。

他走上前去,仔细地打量,深红色的玫瑰花瓣上沾着点点水珠,阳光照在上面熠熠闪亮。他情不自禁地叫了起来:"真是太美了!"

莉莉抬起头,看着他,有一只手随意地抹去额上的汗珠:"谢谢,海斯先生。"她似乎准备离去,可好像又想起了什么,说道:"我刚巧要歇会儿,想喝点什么吗?"

他望着她的脸,她的皮肤光滑,几乎看不到皱纹;一双浅绿色的眼睛温柔迷人；唇上抹了淡淡的口红，显得底蕴十足又不过于张扬的性感。"那太好了，有啤酒吗？"

"当然有。户外劳作后，喝上杯冰啤酒多爽啊，你说是吗？"一抹笑容使她的眼角处绽放扇形的鱼尾纹，宛若两朵怒放的菊花。

巴科斯特眼睛一亮："噢！那还用说。"

清晨，巴科斯特被门铃吵醒了，他瞅了一眼床边的闹钟，才7点钟。

莉莉站在门口，一只手拿着一束刚采下的红玫瑰，另一只手端着一盘自制的烤面包，一并递过来说："我们订个停战协议，好吗？你只要每天给我一小时，我保你再也用不着扯着嗓子大喊大叫了。"为了使它不至于过分敏感，她又问道："你过去最感兴趣的是什么？"

"什么？哦，我想是钓鱼吧。你问这干什么？"

"我有个建议。你教我钓鱼，我教你歌剧。"

"如果我说我不想学歌剧呢？"

"那我也不学钓鱼。其实，这只不过是一种增进邻里关系的方式。"

真是两个倔犟的老人，性格迥异，互不相容。直到后来发生了一件事，才使他们在各自的精神世界中找到了共振点。

一个星期天的早晨，莉莉来请巴科斯特共进早餐，巴科斯特以有许多事要做，草率地拒绝了她。她关门时，看到莉莉脸上难堪的神色，他突然感到自己很猥琐。

过了会儿，敲门声又响了。

"对不起，再次打搅了，巴科斯特先生。这小家伙遇到了麻烦。"莉莉说着，低头看了看身边大约5岁的小女孩。

"发生了什么事？"他急切地问道。

"我找不到家了，"小女孩怯生生地说，"我刚才一直跟着一只小花猫，跑到这儿就迷路了。我要找妈妈，可妈妈肯定会骂我的。"说着，两行泪水哗哗地从她的双颊流淌下来。巴科斯特弯下腰，轻轻地抚摸着小女孩因抽泣而颤抖的小肩膀说："小宝贝，不要怕，我们会帮你找妈妈。你叫什么名字？"

"凯——凯瑟琳·本森。"小女孩抽泣着说。

"好了，凯瑟琳，我叫巴科斯特，这位奶奶叫莉莉。我们先进屋。我们一定会为你找到妈妈,你妈妈见到你不会骂你,只会高兴地拥抱你。"他又对莉莉说:"你陪着她,找妈妈的事就交给我了。"

巴科斯特给他在警察局里的朋友挂了电话。几分钟后,小女孩的住址就找到了。他俩驾车把小女孩送回了家。

回来的路上,两人奇怪地沉默不语。车进了街区,巴科斯特把车停了下来,转过脸来,正巧碰上了莉莉含情脉脉的目光。刹那间,一股暖流涌上了他的心头:"有时候,我真是又蠢有笨。今天早上真是对不起你。你的心肠真好,我根本配不上你。我是个粗人,又不懂歌剧。"

莉莉一只手温柔地搭在他肩上说:"可你有办法让小凯瑟琳不哭,让他和父母重新团聚。我才不在乎你懂不懂歌剧呐。你有一颗善良的心,这就足够了。"

巴科斯特感到体内有了一种异样的冲动。这是他多年来第一次由衷产生的激情。他意识到眼前这个女人在自己心中的分量。

"告诉我,我们——哦,我到哪儿去买歌剧票?我想进一步增进我们的邻里关系。"

莉莉满脸笑得似一朵粉色的菊花:"巴科斯特·海斯,你真是个老滑头。"

"唉——我的老祖母又开始训人喽。"

两人四目相对。巴科斯特知道,他再也不会从这儿搬走了,而是要搬进隔壁那座房子里去。

【提示】 这个描写老年人爱情生活的短篇小说,在心理刻画上十分精彩。一个是退役警官巴科斯特,一个是退休的歌剧演员莉莉,两个邻居由互相干扰,互相争吵变成互相谦让和平共处,最后发展到互相配合,冒出爱的火花。外国人的性格多数属于外向型的,尤其美国人,富有幽默风趣的特质。例如巴科斯特的话:"你别再制造这可怕的噪音好不好?""是吗?你倒会以攻为守哇。你那叫练声?哼,简直是可怕的噪音,使人无法忍受!"莉莉已双手叉腰站在门口"你这个老顽童,就不能停止你的恶作剧吗?""我刚巧要歇会儿,想喝点什么吗?""我们订个停战协议好吗?这些对话都是直来直去。到后来两人开起了玩笑,巴科斯特说:"告诉我,我们……哦,我到哪儿去买歌剧票?我想进一步增进我们的邻里关系。"莉莉说"巴科斯特·海斯,你真是个老滑头。"巴科斯特故意学着无奈的样子"唉—我的老祖母又开始训人喽。"这倒真像老顽童。

容　纳

我讲的是，越战结束后，一个美国兵退伍回国的故事。

他在越南打完仗回到美国，从旧金山往家里打了一个电话："爸爸妈妈，我要回家了，但我想请你们帮我一个忙，我要带一个我的朋友回来。""噢，是吗，当然可以。我们见到他也会很高兴的。"父母回答他。"有些事必须告诉你们"，儿子继续说："他打仗时受了伤，踩着一个地雷，失去了一只胳膊和一条腿。他无处可去，我想让他来我们家，和我们一起生活。""哎呀，太遗憾了，孩子，也许我们能帮他另找一个地方住的。""不，我就想让他和我们住在一起。"儿子坚持。"孩子，"父亲说："你也不想想，这样一个残疾人，将会给我们带来多么沉重的负担？我们不能让这种事干扰我们的生活。我想你还是赶快回家来，别再惦记他了，他自己会找到活路的。"就在这个时候，儿子挂上了电话，父母再也没有听到儿子的消息。

然而几天后，他们接到旧金山警察局打来的电话，被告知，他们的儿子从高楼上坠地身亡，警局认定是自杀。

悲痛欲绝的父母飞往旧金山。在停尸间里，他们惊愕地发现，他们的儿子，只有一只胳膊和一条腿。

【提示】当年美国侵略越南，也给美国人民精神上造成巨大的阴影。战争使人与人之间的亲情冷漠，友情消失，爱情变异。使侵略他国的人自食恶果。朗诵时，要从音色和语速上，把儿子试探说的话与父母拒绝说的话分清楚。讲故事的人自然是有条不紊的语气。

英　雄

胖子在街上晃荡时，他没想到颈上那条金闪闪的项链已经惹了祸。

三个歹徒冲上来就抢，胖子本能地护住项链反抗。搏斗时行人围了上来。三名歹徒趁大家畏缩着不敢上前时，各自亮出刀，痛下杀手，想速战速决。血！众人哄得一声散开。

此时，英雄出现了，他迎着三把明晃晃的刀冲了上来。一番刀光剑影之后，英雄倒地了。但这也给警察的到来争取了时间。三名歹徒被押上了警车，英雄被抬上了救护车。

　　电视台和报社的记者蜂拥而至，满怀敬意地采访英雄。已经很多年了，这个城市没有出现过这样一个有血性、见义勇为的英雄。"英雄，为什么在这样一个危机的时刻，你能勇敢地冲上去？"一个记者问。英雄大口大口地喘着粗气说："因为我不想看着他死。"

　　"英雄，想到你自身的危险吗？你手无寸铁，他们手持利器，更何况是一对三呢。"一名女记者便问边流泪。

　　"危险也没有办法。那个胖子是我们的工头，他欠我们村十几个人两年多的工资，差不多十万块钱，大家派我跟着他十几天了。他要是死了，我怎么向我那十几个兄弟交差呀？"

　　救护车走了，记者们面面相觑。或许他们不知道如何报道这个重磅新闻吧。

　　【提示】那胖子原来是个该死的老赖！英雄是讨债的农民工代表。朗诵时注意"警"车和"救护"车是强调重音。"血！"应该读 xie（写），不能读 xue 的三声（雪）。"有血性"读 xue 的四声（嚛）

军　礼

　　在两万五千里长征路上，一支红军队伍在零下三十多度的酷寒中艰难地行进着。突然，队伍中有人喊起来："有人冻死啦！"军长一震，急步向前跑去。松树下，一位战士依着树干，坐在雪窝里，一动也不动。他的左手夹着半截子用树叶卷成的烟，小心地放在胸前，仿佛在最寒冷的时刻，还在渴望一支烟的温暖。他右手握着一个小纸包，脸上还挂着一丝早已冷却了的笑容。军长用颤抖的手打开了那个纸包，一只红辣椒跳进了军长的眼帘。他轻轻拂去战士肩头的积雪，猛然发现他身上竟然穿得那样单薄，单薄得像一张纸。"棉衣，棉衣呢？为什么没发给他棉衣？"军长两眼发红："军需处长呢？"警卫员在发愣。"给我找军需处长。"还是没有人应声。"快！给我找军需处长！"警卫员"哇"的一声哭了出来："报告军长，他就是刚任命的军需处长。棉衣不够了……每人发的御寒辣椒他都没舍得吃一口……"

军长愣住了，他望着雕像般的军需处长，眼泪成串成串地流了下来。他高高地举起了那只鲜红的辣椒，在铅灰色的天穹下，在迷漫的雪雾中，辣椒就像一把燃烧的火炬，照耀着前程。在这火炬下，一支又一支右手缓缓举起。军礼是那样庄重，整个队伍发出一片抽泣声，像一曲悲壮的哀乐，回荡在雪地上空。

人们不知道这位军需处长的名字。可是永远也忘不了他留给我们的那只鲜红的辣椒。

【提示】这里除语法逻辑重音，还有几处心里感觉重音和强调重音，请你试着把他们念出来。

青　衣

自古到今，唱青衣的人成百上千，但真正领悟了青衣意蕴的极少。筱燕秋是个天生的青衣胚子，二十年前京剧《奔月》的演出，让人们认识了一个真正的嫦娥。可造化弄人，此后她沉寂了二十年，在远离舞台的戏校里教书。学生春来的出现，让筱燕秋重新看到了当年的自己。二十年后，《奔月》复排，这对师生成了嫦娥的AB角。把命都给了嫦娥的筱燕秋，一口气演了四场，她不让给春来，谁劝都没用。可第五场她来晚了，筱燕秋冲进化妆间的时候，春来已经化好妆了，他们对视了一眼，筱燕秋一把抓住化妆师，她想大声说，我才是嫦娥，只有我才是嫦娥，但他现在只会抖动嘴唇，不会说话了。

上了妆的春来真是比天仙还要美，她才是嫦娥。这世上本没有嫦娥，化妆师给谁上妆谁就是嫦娥。大幕拉开，锣鼓响起来了，筱燕秋目送着春来走上舞台。筱燕秋知道，自己的嫦娥在她四十岁的这个雪夜里，真的死了。

观众承认了春来，掌声与喝彩声就是最好的证明。筱燕秋无声地坐在化妆台前，她望着自己，目光向深秋的月光一样，汪汪的洒了一地。她一点儿也不知道自己做了些什么，他拿起水衣给自己披上，取来化妆底色，用掌心均匀地

往脸上抹,往脖子上抹,往手背上抹。然后请化妆师给她调眉,包头,上齐眉穗儿,戴头套。镇定自若,初奇的安静。一句话也没说,拉开了门,向外面走去。

筱燕秋穿着一身薄薄的戏装,来到戏院门口,她站在路灯下面,看了大雪中的马路一眼,自己给自己数起了板眼,她开始了唱。她唱的依旧是二黄慢板转原板,转流水转高腔。雪花在飞舞,戏院门口人越来越多,车越来越挤,但没有一点儿声音。筱燕秋旁若无人,边舞边唱,她要给天唱,给地唱,给她心中的观众唱。

【提示】 筱燕秋的告别演出就这样轰轰烈烈地结束了。"青出蓝而胜于蓝""长江后浪推前浪"是自然规律。当老师的,要培养更多更好的人才,体现知识和技艺传承的价值。尤其功成名就的前辈,应该摒弃那种"教会徒弟饿死师傅"的陈旧观念。筱燕秋能通过激烈的思想斗争,做到释怀是很不容易的。我们朗诵时要把主人公由不服输犯轴劲儿,到她如何释放内心纠结的一系列动作,通过语气和节奏变化呈现给听众。

综上所述:

小说朗诵以描述为本　　开头结尾要力求沉稳
描述场景要如临其境　　描述肖像要如见其人
描述音响要如闻其声　　描述表情要如睹其神
描述动作要如行其事　　描述心理要如触其心
描述吃喝要如品其味　　描述触觉要如感其身

八、寓言故事的朗诵

我们从小就听过不少的寓言故事,如伊索寓言、莱辛寓言、克雷洛夫寓言等,像乌鸦和狐狸的故事、渔夫和金鱼的故事、猴王吃西瓜的故事以及龟兔赛跑的故事早已脍炙人口。寓言的特点是通过把动植物拟人化,或人本身做主人公编成故事来教育人,或借古喻今,或借此喻彼。要想朗诵好寓言故事,须注意以下四点要领:

7 各种文体的朗诵

鲜明主题须吃透　语调含蓄不显露
模拟人物须自然　语言造型有节奏
真实情感找原形　层层来把主题扣
驾驭自如别慌乱　稳中求胜要紧凑

要想做到既含蓄又鲜明就要先弄清楚主题是什么。寓言就要先明白寓的是什么言，说的是什么理。明确了寓言之所在，在朗诵时反而要不显山不露水地，不掺杂个人评论地展开故事。通过故事的展开，让观众逐渐从中悟出寓意，体现出语调的含蓄之美，例如：《难喂的猪》通过不同的官员对农夫提出不同的责难和要求，给领导者敲起警钟，告诉人们政策不能忽左忽右，使老百姓无所适从，否则下面就会产生抵触情绪，像农夫所说的气话："现在我每天发给它们十块钱，它们想吃什么就自己买点什么。"听着可笑，想起来却很深刻。

难喂的猪

有一个人问农夫："你用什么喂猪哇？"农夫回答说："我用残羹剩饭和劈下来的菜帮子菜叶子喂猪。""什么？"那人说："我看不罚你是不行了，你用这么破破烂烂的东西喂猪，这猪肉怎么能供给人吃呢？我这个大众健康视察员能坐视不管吗？罚你一万元！"

过了不久，又有一个人走过来询问："我说你这大肥猪都吃什么饲料哇？""咳！也就是鸡肝儿。鱼翅、海鲜之类。""啊！"那人说："你知不知道世界上还有三分之一的人饿肚子！我这个国际食物学会的视察员，决不允许你用这么好的食物去喂猪。罚款一万元！"

又过了几个月，来了第三个人，站在农夫的围栏上进行询问："请问，你用什么喂猪呢？"农夫说："哎呀，我现在是每天发给他们十块钱，他们想吃什么就自己去买点儿什么。"

【提示】问话的人和农夫回答的语气及音色应该区别开，加上讲述者，进进出出要有层次感。

诺　言

郑渊洁

　　一粒灰尘降落在音乐厅外的一个信箱上。他发现身旁有一粒很漂亮的女灰尘。于是他向她问好:"你好。"灰尘说。"你好。"女灰尘回答他。

　　这时,音乐厅里响起了动听的乐曲,两粒灰尘都陶醉了。他们同时感叹:"好美的曲子啊!"女灰尘突然问灰尘:"你能帮我打听一下这首乐曲的名字吗?"灰尘爽快地回答:"好!"然后他就出发了。

　　灰尘随风飘起,晃晃悠悠地去了音乐厅。一天后,飞行方向不能自控的灰尘好不容易回到了信箱上,可是,女灰尘已经不见了。"请问,您知道昨天在这儿的那粒女灰尘上哪儿了吗?"灰尘问旁边的细菌。"哦!几分钟前刚被风刮走。"细菌指了一个方向。灰尘抬起头,坚定地望着那个方向。

　　一年过去了,十年过去了,一百年过去了,灰尘还是没找到女灰尘。一万年后的一天,又寻觅了一上午的灰尘累了,他看准了一棵树,落在了树枝上。"你好。"一个祈盼了一万年的声音在背后响起。灰尘回头一看,正是女灰尘。"你好,我找了你一万年了。"灰尘微笑:"对不起,那天我被风刮走了"。"对了,那首曲子叫什么?""《月光》。""噢!真是太好了,我该怎么谢你呢?""哦,没什么,再见。"灰尘说完,用力一跃,又飞到了空中。

　　【提示】灰尘是那种"一言出口,驷马难追"的君子。仅仅为了实践诺言,并无私心杂念。人在汪洋大海中似乎并不显眼,然而诚实守信才使你有了人格的魅力。注意两粒灰尘的对话要分清音色与层次。模拟人物须要找到生活中的原型,语言造型应该有节奏感。

　　寓言用幽默风趣的故事来阐发深刻道理。朗诵的时候要表现这种特征,就应掌握好表情和节奏,表情不能装腔作势,节奏要轻松自然。避免生硬紧张,面红耳赤,比如,我们朗诵《狐狸和乌鸦》就以生活中的马屁手和爱听恭维的人为原型去轻松表现。狐狸喋喋不休地变换着各种美丽辞藻,就是为了哄得乌鸦开口。这是它的拿手好戏,所以不必紧张。整个故事如同在敲击着木琴,弹一首"玩具舞曲",那么活泼、跳跃。说到最后"狐狸把它叼走了"轻轻松松而又平平常常，但令人回味；犹如帷幕徐徐地落下，演出结束了。

狐狸和乌鸦

　　世人不知受过多少次劝告，说是"爱听恭维有百害而无一利"，但人们就是记不住。反倒使阿谀的人频频得手。

　　有一天，乌鸦捡到一块奶酪，正蹲在树枝上准备好好享受一顿美味的早餐。可这时跑过来一只狐狸。

　　狐狸搜寻着奶酪的香味，来到树下，抬头看到了乌鸦正叼着奶酪。它眼珠一转，便媚声媚气地说："哎哟喂，这不是乌鸦大哥吗？您这身闪光的黑色礼服真是漂亮极了，是准备参加美声唱法大奖赛吧？听说您是男高音，我最喜欢男高音了，清脆悦耳，温柔多情，富有金属的音色。您要是往那儿一站，简直是帅呆了，酷毙了，拿冠军肯定没问题。我当您的粉丝，已经好多年了，您能让我给您伴唱吗？""好，我们先遛一遛嗓子吧，跟我来，啊……13531"

　　乌鸦早已控制不住唱歌的欲望，他忘乎所以地唱起来了，——哇——哇。奶酪掉在地上，狐狸把它叼走了。

　　真情实感找原形，层层来把主题扣。

　　如何处理寓言故事的夸张性也是我们在朗诵中要解决的问题。夸张是真实的凝聚。寓言同喜剧、哑剧、漫画，有许多共同之处，其中一点就是把社会生活中存在的某些缺点（病态）放大展示进行批评讽刺，以达到警醒教育的目的。

　　事件和人物的夸张是在真实的基础上，夸张是手段不是目的，夸张要令人信服才有艺术生命力。那么怎样才能做到这一点呢？就要以突出个性为原则，从声音的造型、表情动作的力度上，合理地渲染和发挥，使人们从你的夸张中，迅速联想到自己周围这一类人物和事件，受到启发。因为你的夸张是以真实情感为依据，以突出个性为手段，所以你的夸张是艺术的夸张。例如《不爱听恭维的狮子》巴狗和狐狸同样都是马屁精，一个拍得太明显，反让领导挂不住，遭到斥责，一个拍得有水平，得到领导的奖赏。这里的狮王如何挂不住脸，如何自我标榜到眉飞色舞，以及两位水平不一样的马屁精的表现，个性都是很突

出的。突出个性的同时紧紧扣住了主题。

不爱听恭维的狮子

狮王待在宝座上,他已经听腻了臣妾们的恭维。"真讨厌,每天跟我说这些拍马屁的蠢话,我耳朵都快磨出茧子来啦,以为我喜欢受人恭维吗?"

一只巴儿狗摇着尾巴走过来念他的颂词:"噢,至高无上的兽中之王啊,没有您的英明统治,我们怎能安居乐业呀,我们兽国全体的臣民都誓死忠于您,就是上刀山下火海也在所不辞……"

"滚开吧你!"狮王咆哮着从宝座上跳了起来,"你这个马屁精,真是烦人,难道你不知道本王最讨厌什么吗?"巴儿狗夹着尾巴灰溜溜地走开了。这时过来一只高贵的狐狸,他温文尔雅的神态倒很像是一位有修养的学者。狐狸先对狮王行了一个不卑不亢的礼,然后朝那只狗瞥了一眼,轻声地说:"王啊,您又何苦跟他生气呢?像巴儿狗那么无聊的蠢货,还能说出什么有价值的话来?他连您最讨厌拍马屁都不知道,还在那里瞎嘟嘟。我建议,下次再碰到这种家伙,先赏他俩耳光。"

"说得对,"狮王眉飞色舞地吩咐:来来来,为了你这条建议,奖励你一只肥母鸡!"

谦虚过度

水牛是动物世界里公认的谦虚人,很受大家尊重,小白兔夸他:"水牛爷爷劲儿最大啦!""哎,过奖啦,犀牛野牛都比我劲儿大。"小山羊夸他:"水牛爷爷贡献最多啦!"他就说:"哎,不能这样讲了,奶牛吃进去的是草,挤出来的是奶,她的贡献比我多。"狐狸很羡慕水牛谦虚的美名,他想:"我也来学习一下谦虚吧,这谦虚太好学了,水牛的谦虚不就是亮点吗,一是把自己的什么都说小一点,二是把自己的什么都说少一点。嗯,对,就是这样。"

有一天，狐狸遇到一只小老鼠，小老鼠看到狐狸有一条蓬松的大尾巴，不觉发出了由衷的赞美："哎呀，狐狸大叔的尾巴真大呀"！狐狸就学水牛的口气，歪歪嘴："哎，过奖啦，你们老鼠的尾巴比我大多啦。""啊？什么？"小老鼠大吃一惊："你长了那么长的四条腿，却拖了一条比我还小的尾巴？"狐狸继续谦虚地说："哎，不能这样讲了，我哪有四条腿，三条啦，三条。"

【提示】这个故事的寓意是，学习要抓住本质，不能只学表面。狐狸只看到老水牛谦虚的样子，没有注意到他说的都是实实在在的真话。狐狸不分对象的妄自谦虚，结果闹出笑话来。朗诵时，要绘声绘色地，把几个角色的声音和表情动作描摹出来。小白兔、小山羊、小老鼠用小嗓儿，老水牛用低音，狐狸歪着嘴说话，发怪怪的声音。情节一层层展开，像说相声那样抖包袱。

自己救自己

有一个人在屋檐下避雨，忽然看见观音打着伞走过，就说：观音菩萨普度众生，度我一段行吗？观音说："我在雨中，你在檐下无雨，你不需要我度。"这人立刻离开屋檐站在雨中说："现在我也在雨中，该度我了吧？"观音说："你在雨中我也在雨中，我没被雨淋是因为有伞，你被雨淋是因为无伞，所以，不是我度别人，而是伞度我，你若想度，请找把伞去吧。"说完便走了。

第二天，这个人遇到了难事，便去寺庙里求观音。走进去一看，也有一个人在拜观音，而且那人长得和观音一模一样，分毫不差，就问："您是观音吗？"那人答道："我就是观音。""那您为什么自己拜自己呢？"菩萨说："我也遇到了难事儿，但我知道，求别人不如求自己呀！"

【提示】这个神话寓言故事要用三种语气。那个人和观音菩萨对话，加上讲故事的人，进进出出，从音色和语气上要区分得开，语速平稳别着急。注意"一模一样"的重音应该在最后的"样"字上，若将"模"字做重音是不对的。

一头聪明的驴

世人一直对驴存有偏见,认为驴子蠢笨。然而我知道有这么一头既健壮又聪明的驴,用它的机智和勇敢战胜了恶狼。它是一头家驴。

话说这头驴正在牧场上吃草,发现一只狼,朝自己走来。逃跑来不及了,它就灵机一动把自己装成瘸子。

狼跑过来一看,是头瘸驴,心想不必与它大动干戈,先逗它玩儿一会儿再吃也不迟。于是,狼装作彼此熟识的样子上前问话:"呦,驴大姐啥时候变瘸了?这是咋整的呀?"驴机敏地回答说:"哦,狼老弟怎么今天有空,跑这么远的路,是不是又没有吃的了?"

狼赶紧说:"那多不好意思,非等饿了才来,我早就吃得饱饱的了,溜达到这儿跟大姐聊聊,高兴高兴。"

驴趁机说:"呦,找乐趣呀,那你先帮姐看看脚吧,前不久,我没留神,扎了个刺儿在里面,要是不拔出来,我也没法儿陪你聊哇!"

狼信以为真,心想,先把刺给拔出来也好,免得吃的时候扎嘴,于是假装关切地说:"那快来让我看看,把刺拔出来就没事儿了。"狼一边说着一边走过去,抬起驴腿聚精会神地查看起来。

驴趁机对准狼的嘴巴狠狠踹去,顿时把狼的牙齿踹掉了几颗,紧接着又飞起一脚,踢在狼的脑门儿上。狼疼痛难忍,两眼昏花,号叫着逃跑了。

【提示】机智勇敢的驴子,用计策战胜了心怀鬼胎的恶狼。证明弱者也能打败强者。朗诵时,要把他们各自的心理活动,通过对话,语气生动地展现出来。结尾"嚎叫着逃跑了"要笑着拖音,不要匆匆结束。

猴王吃西瓜

猴王捡到一个大西瓜,可是不知道怎么吃,想去问别人吧,又怕丢面子。他于是就召集猴子们开会:"啊,弟兄们,本王今天邀请大家吃西瓜。但是我得考考你们,谁最聪明,谁最笨。你们说,这西瓜是吃皮呢还是吃瓤呢?说对了奖励两份儿，说错了受惩罚。有话在先啊，西瓜我可是吃过，你们谁也不要胡说八道。开始吧！"

猴王刚说完，小毛猴儿就抓耳挠腮地说："我知道，我知道，西瓜吃瓤儿，西瓜吃瓤儿"！猴王刚想采纳他的意见，长尾巴黑猴儿摇头晃脑地跳出来反对："嗯，从前，我在姑妈家吃甜瓜的时候，一向是吃皮的，西瓜和甜瓜都是瓜么，所以我觉得西瓜也应该吃皮。"长尾巴黑猴儿的发言引起一片争论，有说吃皮的，有说吃瓤儿的，正在争论不休的时候，站起来一位老马猴。老马猴已经年过花甲，胡子都这么长了，他咳嗽两下："嗯，要我说吗，西瓜自古以来就是吃皮的，你们看我，之所以老而不死，就是因为总吃西瓜皮呀！"老马猴的关键发言使会场的意见开始一边倒了："你看，我说的没错吧？""西瓜吃皮！西瓜吃皮！"

猴王看大家都说西瓜吃皮，以为正确答案找到了呢，就郑重地摆了摆手："弟兄们安静，安静！我宣布结果啊，西瓜就是吃皮的，我早就知道。小毛猴愣说西瓜吃瓤儿，那就罚他自己吃瓤儿吧，我们大家都来吃西瓜皮！"说完，群猴儿就开始分西瓜皮吃，只有小毛猴儿自己躲在一边接受惩罚——吃西瓜瓤儿。

有一个猴儿越吃越不是滋味儿，捅了捅旁边另一个猴儿："我说哥们儿，这西瓜怎么酸哪？"那个猴儿不以为然地说："咳，你土老帽儿没吃过，西瓜么，吐，吐，就这味儿。"

【提示】这个传统段子里有六个角色，加上讲述者要有七种不同的语气。猴王是高高在上的并无真才实学的领导，不懂装懂还能指手画脚，语言造型属于装腔作势的那种；小毛猴儿，属于天真无邪、心直口快的人，声位靠前偏上，语速快；长尾巴黑猴儿，爱表现自己，却又缺乏真知，说话乌里乌涂，鼻音重；老马猴，属于倚老卖老，并无真才实学的昏庸之辈，声音干涩，声位靠后偏下；在下面议论的两个猴子一个声音尖细，油腔滑调，一个憨态可掬，随声附和；叙述者朗诵时要注意出出进进，音色和语调的变化，还要把握节奏的快慢，灵活中求稳重，照看全局。总之，寓言故事讲好了还可以分角色，排成剧来演。

九、幽默小品文的朗诵

幽默语言意中传神　注意发挥喜剧神韵
抖包袱有相声成分　重强音与评书相近
结尾笑料虽已知晓　不可显露不可语喷
层层剥皮层层递进　有条不紊妙语惊人

尽职尽责的经理

在南美一座小城里,有一天,一位将军带着身材魁梧的军官走进一家银行,军官一脚踹开了经理办公室的门,将军毫不客气地坐下来说明来意:"根据调查,有几个军官把贪污来的钱存到了你们银行,我希望你把他们的名字告诉我。"

银行经理定了定神,不卑不亢地回答:"根据规定,我是不能把顾客的资料告诉任何人的!""是吗?"将军冷冷一笑,"现在开始计数,希望在我数到三之前,你能给我一个满意的答复,否则……"年轻军官心领神会地将左轮手枪指向了银行经理。

"一"军官开始数了。

"实在对不起,我们有保密的义务!"

"二""请您放过我,我家里有老婆孩子!"银行经理说话有些颤抖。

"三"银行经理咬紧牙关,闭上眼睛,等待着将军的惩罚。

将军盯着银行经理看了好一会儿,说:"好小子,你有种,看来我得跟你单独谈谈。"说完,他示意自己的手下到办公室外面待命。

银行经理睁开双眼,心有余悸地看着将军,不知道要发生什么事情。

将军走近银行经理,轻声地说:"我有一笔巨款,准备存在你这里。"

【提示】要像给剧组的人读剧本那样,说好每个角色的对白。

7 各种文体的朗诵

五块钱的故事

美国海关,有一批被没收的自行车决定拍卖。拍卖会上,在喊价的时候,总有一个10岁的男孩喊"五块钱"。

然后他眼睁睁地看着自行车被别人用高价买走,有人问他为什么不出较高的价格,他说只有五块钱。

拍卖会继续进行,那男孩还是给每辆自行车喊五块钱,然后又看着别人用较高的价钱买了去。

后来,观众开始注意到这个总是首先出价的男孩,拍卖会要结束了,只剩下一辆最棒的自行车。

拍卖员问:"谁出价?"站在最前面、几乎已经绝望的那个小男孩轻声地再次说:"五块钱。"

拍卖员停止唱价,停下来站在那里,这时,所有在场的人都看着这个男孩,没有人再喊价。

拍卖员重复了三次"五块钱"后,他大声说:"这辆车卖给那位小男孩!"全场热烈鼓掌。

【提示】重音要突出"五"字。以及"总有、男孩"。开头说到海关的时候要有技术停顿,来抓住受众的注意力。

最贵的项链

店主站在柜台后面,百无聊赖地望着窗外。一个小女孩儿走过来,整张脸都贴在了橱窗上,出神地盯着那条蓝宝石项链。小女孩儿说:"我想买给我姐姐,您能包装得漂亮一点吗?"店主狐疑地打量着小女孩儿说:"你有多少钱?"

小女孩儿从口袋里掏出一个手帕,小心翼翼地解开所有的结,然后摊在柜台上,兴奋地说:"这些可以吗?"她拿出来的只不过是几枚硬币而已。她说:"今天是姐姐的生日,我想把它当作礼物送给她,自从妈妈去世以后,它就像妈妈一样照顾我们,我相信他一定会喜欢这条项链的,因为项链的颜色就像她的眼睛一样。"

店主拿出了那条项链,装在一个小盒子里,用一张漂亮的红纸包装好,还在上面系了一条绿色的丝带,对小女孩儿说:"拿去吧,小心点儿"

小女孩儿满心欢喜,连蹦带跳地回家了。

将要下班的时候,店里来了一位美丽的姑娘,她有一双蓝色的眼睛。她把已经打开的礼品盒放在柜台上问道:"这条项链是从这里买的吗?多少钱?"

"哦,本店商品的价格是卖主和顾客之间的秘密。"

姑娘说:"我妹妹只有几枚硬币,而这条项链是货真价实的,她买不起的。"店主接过盒子,重又精心包装好,系上丝带,递给了姑娘:"你妹妹给出了比任何人都高的价格,她付出了她所拥有的一切!"

【提示】 人间有真爱,店主也不例外,人间真情就是正能量。朗诵时要怀着弘扬真、善、美的意旨讲述这个动人的故事。小女孩儿、老板、小女孩儿的姐姐,三个人物的语气和音色应区分开来。

一 碗 汤

在一家美国餐馆里,一位白人老太太买了一碗汤,在餐桌前坐下,突然想起忘了拿面包了。

她起身去取面包,重又返回餐桌,然而她发现自己的座位上坐着一个黑皮肤的男子,在喝着自己那碗汤。

"他无权喝我的汤。"老太太寻思着。"可是,或许他太穷了。我还是一声不响算了。不过,可不能让他一个人把汤全喝了。"

于是,老太太拿起了汤匙,与黑人同桌,面对面地坐着,不声不响地也来喝汤。

就这样,一碗汤被两个人共喝着,一把汤匙被他们轮流使用着。两个人都默默无语。

这时,黑人突然站起身,端来了一盘面条,放在老太太面前,面条里插着两把叉子。

两个人继续吃着，吃完后，各自起身，准备离去。

"再见。"老太太说。

"再见。"黑人回答。他显得愉快，感到欣慰，因为他觉得自己做了件好事。

黑人走后，老太太才发现旁边的一张饭桌上，摆着一碗汤，那显然是被人忘了喝的汤——

【提示】老太太的心理活动全通过语气表达出来。两个人都想做好事，分手再见时的语气却不同，最后一句忘了喝的汤，汤前面要停顿一拍，用停顿告诉人们原来是老太太认错了那碗汤。老太太和黑人的音色要区分开来。

忘　事

一对老年夫妇在乘凉。

丈夫说："我去厨房拿一份冰激凌。你也要一份吗？"

"好的，我要一个带巧克力的冰激凌球。你最好用笔记下来，因为你经常忘事。"

"不用，我记得住。一个冰激凌球，上面浇点儿巧克力汁儿。"

"再加上一些核桃仁。你记住了吗？"

"当然！"

"另外，再加上一个樱桃。"

"好的，好的。"

妻子听到他在厨房里鼓捣有10分钟。最后，丈夫端来两盘熏肉炒蛋。

"我跟你说什么来着？"妻子嗔怪地说，"你还是没有全记住，把烤面包给忘记了吧？"

【提示】老头儿与老太太的对话在音色上需有所区分，后面在强调熏肉炒蛋以后，妻子埋怨的话仍然是有条不紊地说，把"烤面包"说得响亮些以突出她也健忘。朗诵这种幽默小品与朗诵寓言故事的手法基本相同。人物对话语气要鲜明，以造成反差，增加喜剧效果。

十、朗诵通讯、报告文学

客观报道做见证　第一人称吐字清
说长相如见其人　说风景如临其境
说行为如行其事　说声音如闻其声
说想法如触其心　说神色如睹其形

报告文体包含新闻公报、专题报道、展览会解说词及宣扬好人好事的幻灯词等不同体裁与风格，朗诵时也是各有各的要领。例如：

议论文以讲道理为主　体现文章结构应清楚
论点论据论证三要素　段落层次有鲜明过渡
抓住中心论点应突出　语气肯定须明确态度
气息充足吐字别含糊　列举事实要明白无误

老 邮 差

"二战"时期的华沙，一位老邮差被关进犹太区，犹太区被德国鬼子封锁了起来。可是，老邮差的邮袋里还有一封没有送到的信，这是一位老先生写给老太太的信，是一封来自远方的信。邮票上还印着两颗相依相偎的心。怎么办呢？天黑以后，老邮差悄悄出了封锁区，可就在越过封锁线的时候，他的双腿被乱枪打断了。老邮差在华沙一条街上，雪地里爬行，拖着一条长长的血迹……爬过一条街，敲响一扇门，他终于送出了那一封信。送出邮件，老邮差就静静地死在雪地里。

这对老夫妻的第一封信就是他送的，信上写着三个字：我爱你。这对老夫妻的最后这封信又是他送的，信中还是那三个字：我爱你。

【提示】老邮差忠于职守，硬是冲破德寇法西斯的封锁，送完最后一封信。用生命呼唤正义与和平、控诉侵略战争给波兰人民带来的灾难。朗诵时应怀着对法西斯仇恨的心情，用事实来说话。在描述老邮差突破封锁线，完成送信任务的情景时，心里要做到如行其事。

请把我埋得浅一些

　　在"二战"时期，有一个天真活泼的小女孩儿和她的母亲被关押在纳粹集中营里，母亲被带走，再也没有回来。小女孩问大人们，"妈妈哪去了？"人们强忍住泪水，对小女孩说，"妈妈寻找爸爸去了，一会儿就回来。"小女孩相信了，她不再哭，并且唱起妈妈教的儿歌。透过囚室的窗口向外张望着，希望能看到妈妈从远处走来。

　　但是，就在这天清晨，纳粹士兵用刺刀驱赶着数百名犹太人，将他们活埋。人们一个接一个地被推下深坑，死亡逼近每个人的生命。当一个纳粹士兵走到小女孩跟前，伸手要将她推下去的时候，小女孩睁大漂亮的眼睛说："叔叔，请把我埋得浅一些好吗？不然，妈妈回来就找不到我了"，纳粹士兵伸出的手僵在了那里，接着响起一片抽泣声和愤怒的呼喊。人们谁也没能逃脱纳粹的魔掌，但小女孩天真无邪的话语却震撼了人们的心，让人们在死亡之前找回人性的尊严与力量。暴力真能摧毁一切吗？不！在天真无邪的爱和人性面前，暴力让施暴者看到自己的丑恶与渺小；他们在爱和童心面前颤抖着，因为他们也看到了自己的结局。

　　【提示】万恶的德寇法西斯挑起第二次世界大战，侵略欧洲各国，进行惨绝人寰的屠杀。他们同日本法西斯一样，抓劳工、做细菌试验，甚至用人皮做台灯罩！妇女、儿童、老人也不能幸免。据初步统计，有600多万犹太人惨遭杀害。

　　朗诵的时候，要以目击者的身份来讲述（记者或是逃离幸存者），控诉要有力量，而不要悲切，因为悲切的年代早已过去，现在我们讲述那一段历史的目的是绝不允许法西斯军国主义复活，绝不允许纳粹党复活！所以朗诵要采取激昂的宣传讲演的语气形态，让每一句话都成为射向敌人的子弹。语言节奏要快、要干脆、要犀利，以无可辩驳的历史事实向人们敲响警钟，不让战争与屠杀的悲剧重演！

中 计

七月初的一天,辽宁省海城县一个小山村,住在张大爷家的某部侦察排战士们刚起床,就看见房东大爷气冲冲地走进屋来。张大爷绷着脸问:"昨天你们谁进了我家的菜园,把菜地弄得乱七八糟?"一句话把全排战士给问愣了。

这时候,小战士红松彪的脸一下子红到了耳根,他是今年才入伍的新战士,昨晚上是他悄悄跑到菜地里帮助张大爷干活来着。小洪心想,是不是我铲地时伤了秧苗?是不是水大淹了菜?正琢磨的时候,张大娘又跑进来火上浇油地说:"老头子,别跟他们说了,咱们去找指导员说个清楚。"拉着张大爷就往外走。

才刚满十八岁的红松彪,哪儿见过这种场面呐,小伙子沉不住气了,马上开口说:"大爷大娘别生气,昨天是我去菜地了。我见你们二老年纪大,大爷又整天忙队里的事,顾不上,就抽空帮你们干点活儿。谁知我没干好,反倒给你们添了麻烦,真对不起,有多少损失我一定赔。"说着就伸手掏钱包。

张大爷和大娘哈哈大笑地说:"孩子你受委屈了,你中计了。"小红纳闷儿地看着两位老人。张大爷接着说:"自从你们部队到我们村搞训练,给我们干了那么多好事,可我们不知是谁干的,我和你大娘一合计呀,就想出这个计策来,哈哈。"

全排战士这才恍然大悟,全都笑了起来,红松彪这歌虎头虎脑的小伙子却像大姑娘似的羞涩地低下了头——

十一、朗诵展览解说词

微笑面对参观者　自然流畅来解说
展览主题要把握　注意抑扬与顿挫
主题内容心中记　专业术语别说错
身心注入有真情　宣传演讲当角色

作为一个展览会的讲解员,会随着展览内容的更迭,不断熟悉自己不懂的专业,变换着朗诵的风格,但是万变不离其宗。背会解说词内容,了解展览宗旨和专业特点(宣传产品,宣传人物,宣传理念)是你的职责,千万不要像公交车上的录音那样,把尊老爱幼的"尊"字做重音;也不要像地铁六号线的录音那样把"您和他人的安全"的"他人"做重音。掌握好逻辑重音之外呢,吐字清晰,发音纯正是你本来就应具备的基本条件。

绿色家园的呼唤——生态环境摄影展(解说词)

观 视

21世纪向人类再一次敲响了警钟,地球——我们共同的家园,正面临危机。早在20世纪就有人大声疾呼:善待地球。可是人们并没有在意,仍然贪婪地向地球索取,大肆挥霍人类乃至一切生物赖以生存的资源,破坏生态环境。人类不得不面临物种消失、森林锐减、沙尘肆虐、水土流失、江河污染、洪水泛滥、臭氧空洞等生态灾难。为此,人类付出了沉重的代价。

可喜的是,现在越来越多的人有了保护生态环境的意识,一批专业记者和摄影爱好者,举起手中的相机,真实地记录了我国生态环境的现状,警示人们保护地球,保护生态环境,呼唤绿色家园。内蒙古库布其沙漠治理的成绩已被联合国表扬。

碧水,蓝天,森林草地,大自然为我们呈现了一幅幅秀美的视觉画卷,也赋予我们更多的心灵慰藉。这是一种感受,一种关于生命的感受,在这里流淌绵延,而生命的原始意味却又是这般的温馨与祥和。生机与和谐是我们永恒的祈盼,正是怀着这样的祈盼,我们追寻着自己理想中的家园。

这世界原本美丽。即使在今天,那些未被现代物质文明"入侵"的角落和重视环境保护的地方,我们依然可以看到无涯的绿色和保持良好的生态。人们早就应该觉醒和行动起来,自觉地守护家园,保护地球生态环境。

当人类憧憬于工业文明产出巨大效益的同时,是以对自然资源的大量占有、投入和营造作为前提。毫无疑问,二百余年的工业化发展,使人类的文明进程得到了前所未有的跨越。但是，人类对于日新月异的变化所带来的极大的物质丰富，对于伴随着这一进程的巨大消耗将要产生的后果，却曾经毫无心理防范。资源开始匮乏，环境受到污染，水土流失，大气升温，生物多样性锐减，一次又一次的生态环境灾难给人类的生存敲响了警钟。人们意识到工业文明"入侵"所带来的无穷忧患，正在寻找一条避免生态恶化，保护生态环境，可持续发展的道路。这是全球性跨世纪的系统工程，需要全人类长期不懈的努力，才能为子孙后代造福。

当北方的春天频繁出现沙尘蔽日、白昼昏暗的沙尘暴天气的时候，当不断扩大的沙漠日益逼近首都的时候，面对如此严峻的现实，我们必须承认：由于乱砍滥伐，导致水土流失，土地荒漠化，生态失衡，气候异常，河流干涸。如此恶性循环，留下这样的"遗产"，我们将何以面对子孙后代？

治理环境，不仅是理性的觉醒，更是人类良知的修复。我们不能再听任狂沙吞噬自己的家园，要痛下决心，再造一片绿意葱茏、风光洁净的云天。

物欲横流窒息了社会生活中的诗意，环境污染又引发了全球性的生态危机。毕竟人类的大多数具有理性良知，他们意识到，只有携起手来，共同面对严峻的环境形势，采取一系列的措施，才有可能使这个地球村保持祥和；使环境得到治理，走上生态良性循环之路，造福后代，享用一方碧水蓝天绿地。让我们珍惜已经取得的环保成果，呵护人类共同家园，创造可持续发展的大好局面吧！

十二、朗诵电视片解说词

围绕着一个主题（事件、人物、风景、物种或某种主张）所拍摄制作出来的影像画面，并配以相应的解说词，以增加画面的感染力；或者反过来说一个生动的讲演，再配上具有说服力的画面，使之相映成辉。声音与画面的完美结合是完成专题纪录片的重要创作环节，也几乎是接近尾声的艺术流程。因此朗诵解说词的水平高低，对于专题纪录片的发行播出质量起着举足轻重的关键作用（创意、拍摄、录音、编剪）朗诵解说词，除要紧紧把握住主题的基调以外，还应注意吐字清晰、停顿恰当、换气均匀、感情充沛、音色甜美,用生动准确的语调使画面锦上添花。其要领如下:(要领后面的数字是与之相对应的镜头序号)

段落开头点主题	语调亲切别着急	2、5、42
承上启下连接句	读出韵味用悬气	3、6、17、21、31、35、41
段落尾部字咬清	节奏平稳读音重	7、8、9、10、42、43、44
介绍风景与名胜	有声有色动真情	14、29、30、32、33、45
全片结尾声调高	防止低迷防止飘	46
遇到解释和注脚	条理清晰要念好	36、37、38、40
读到趣闻轶事时	如同亲身经历之	11、15、16、19、20、27
若是碰到古诗词	抑扬顿挫懂意思	34
念到名人说名言	跳出跳进来转换	1
若是时空已久远	语气应有空旷感	45
说到奇闻怪事处	心理感觉要突出	12、18、26
若是议论与评说	要像聊天气托住	4、13、22-25、28、39

电视专题片《木渎》解说词

刘小吉　李春雨

1. 我特别感觉有趣味的,乃是在木渎下了车／看见那里的小河、小船、石桥,两岸枕河的人家／又在小街上见到一片糕店,突然遇见,怎能不感到喜悦呢／这是江南的寻常景色,在我江东的人看了,恍如身在故乡了……——周作人《苏州的回忆》。

2. 提到江南,您一定会想到一座座水乡古镇,而提到中国的园林艺术,您一定会想到苏州。那么您可知道,在距离苏州10公里的太湖之滨,有一个美丽的小镇,它的历史和苏州一样长,它不仅有着苏州的园林之秀,更有着水乡古镇之幽,还有那数不清的美丽传说躲藏在一个个古迹后面,等待您来发掘、欣赏、探寻……

3. 庭院深深 深几许……园林，作为一种艺术，最早发轫于中国。【(专家谈 A1：中国园林如何产生？（从略）】

4. 中国古典园林艺术正好满足了封建社会文人士大夫的这种心理需求，它融汇了绘画、雕塑、书法等诸多艺术，在这一方小小的天地里，山光、云水、帆影、江波尽收其中；厅、堂、轩、榭、楼、台、亭、阁寄托着园林主人最优雅的情思。园林，是他们从官场到文坛，从喧嚣到宁静，从争斗到闲适，从奔波到安居的最终选择；是园林主人精神的绿洲和安逸的生活空间，寄托了他们的荣辱、苦闷和追求，体现着中国式人与自然的心灵沟通。

5. 中国的园林艺术历史悠久，文化内涵丰富。经过数十代的积累，至今已蔚为大观，1997 年，经过世界专家评选，苏州园林被确认为世界文化遗产。

【专家谈 A2：世界文化遗产怎么回事？苏州为什么会被选？（从略）】

6. 木渎，紧靠苏州，其园林艺术风格及建园历史都与苏州有着紧密的联系。

让我们沿着时间的长河，逆流而上，寻访木渎历史上的第一座园林，那，应该是 2500 年前了……

【专家谈 B1：吴国与越国交战史（从略）】

7. 经过激烈的交战，越王向吴王求降称臣，勾践还采用了范蠡(lí)的美人计，给吴王送去了美女西施，吴王非常高兴，特意为她在太湖之滨的灵岩山上修建了中国历史上第一个王家花园"馆娃宫"。通过水路运输，各地的木材源源而至，以至山下河道堵塞"积木塞渎"。馆娃宫自然就成了木渎历史上第一座园林。只可惜越王又战胜了吴王，将馆娃宫付之一炬，这座美丽的王家园林从此失去了踪影。我们今天只能从这灵岩山上留下的片片遗迹，依稀想象它昨日的辉煌。

8. 西施沐浴潭：相传就是当年西施沐浴之处。由于西施经常在这里沐浴，脂粉残留塘中，日久不退，故又称为脂粉塘。塘中之水流入山下的一条河，致使满河生香，当地人就把这条河取名为香溪。

9. (一箭河)：为了便于西施到太湖游玩，吴王站在山上射出一箭，命人按着箭射出的方向挖出一条河，直达太湖，这条河被当地人称为"一箭河"。

10. (玩花池)：吴王还在馆娃宫内掘出一池，命人将太湖的荷花移植于池中，供西施赏玩。这应该算是移栽的最早记录了吧？

11.（吴王井）：吴王还为西施打了一口井，唤名吴王井。相传西施每日就以此井水为镜，梳洗打扮。

12. 西施当年的美丽我们无从知晓，但位列四大美人之首的她不得不让我们浮想联翩。据说西施坐船时，河中的鱼儿纷纷躺在河面上，以欣赏她的美貌。

13. 西施的一生，充满了传奇色彩。一个山野浣（huàn）纱女，为了救国，毅然放弃了平静的生活，奔赴异国他乡，完成复国使命，其心其志让人敬佩。

14. 关于西施的归宿，民间有多种传说：

一说勾践战胜吴国后，将西施霸占，最终又将其杀死。

二说越国王后发现勾践企图纳西施为妃，唯恐勾践成为第二个吴王，抢先一步来到馆娃宫，将西施装入麻袋沉入太湖。

还有第三种说法，就是西施和范蠡是情人，相约吴灭亡后成婚，西施不愿和越王沉迷享乐，于是两人同乘一条小船从一箭河悄然离去。从此隐姓埋名，过着逍遥似仙的生活。

15. 在馆娃宫遗址旁，隔墙相望便是始建于东晋时期的灵岩山寺。

灵岩山上留下了一位绝世美女的痕迹，这儿不仅吸引了春秋时期的吴王，更吸引了清朝皇帝的驻足。

16. 传说乾隆南巡时曾驾临此寺，游后为正殿题字，因大殿的房檐高度不够，又加上题字是竖着写的，只得将"宝"字舍去。于是，大雄宝殿便成了大雄殿，也有人说是皇上把"宝"留给了自己。

17. 木渎，本不在京杭大运河的岸边，可是乾隆六下江南，即使绕道也要到木渎，这是为什么呢？

【专家访谈 B2：乾隆江南寻父的传说，（从略）】

18. 据传，当时雍正生的是女儿，但是通过狸猫换太子，把民间一家庭的男孩给换了过来，这个男孩便是乾隆，乾隆长大后念念不忘自己的亲生父母，经常私下暗自寻访。又说乾隆下江南是为了兴修海宁水防，巩固江南粮田。当然更有人说是想物色江南美女或寻访古代美人留下的神韵。

众多的传说，终因厚厚的岁月尘封，无从考证。但是有一点可以肯定，那就是乾隆特别喜欢江南的园林。

19.乾隆每次到江南都把喜欢的园林让画师画下来，回京后便命人在圆明园和承德避暑山庄重修仿建。

20.而木渎这个地方，修建园林的历史悠久，从吴王建馆娃宫之后，不断有人在这里修建私家花园，于是，木渎的园林便渐渐多起来。

21.乾隆来木渎，是不是也是慕"园"而来呢？

22.当然，乾隆的心思我们是琢磨不到的，也可能有更多原因。但据史料记载，乾隆皇帝每次到木渎，白天都在山下园林游玩，晚上才回灵岩山上的行官歇息。而且每次都是在虹饮山房弃船登岸。虹饮山房究竟有什么秘密呢？

23."虹饮山房"是清代苏州附近著名的园林，占地20多亩，是木渎园林中最大的一座。山庄的主人徐士元，一生不慕功名，唯喜居家读书。徐士元有嗜酒，常和朋友们在园中以诗酒为乐，而且酒量极大，号称"虹饮"。虹饮山房，即由此而来。徐士元好酒，却从不放浪形骸，对父母极为孝顺。为讨二老欢心，他专门在园中修建了一个古戏台，以怡其心，安享晚年。

24.乾隆每次到木渎，都是先到此园和随臣们一起品茗，吟诗，游园，看戏，直到夜色降临，才返回行官。因此，虹饮山房，又被当地人称为"民间行官"。

25.乾隆当时所看的戏叫锡剧，锡剧发源于太湖之滨的无锡和常州，此剧历史悠久，曲调动人，演唱时多为二人一挡，表现生活中的小故事。

26.当时，木渎的私家园林有三十多处，为何皇上偏偏喜欢这家呢，通过一些遗物／我们可以找到一些线索，在虹饮山房里有一间独特的屋，屋里有一张独特的床。据信吏记载"刘墉曾两次随驾南巡，下榻山庄，与徐士元相交默契"。刘墉是当时乾隆的宰相。这张床榻就是徐士元专门为刘墉量身定做的。乾隆回行官休息时，刘墉并不跟随，而是留宿在这房内，和庄主交谈叙心至深……【专家B4：徐士元和刘墉的亲密交往（从略）】

27.据说两人为解当地百姓赋税沉重之苦，曾合谋一计。在乾隆南巡的前一年，他们命人在灵岩山脚下种下一片麦苗和油菜，当乾隆来灵岩山登高远望时，看到山下青绿的麦田中油菜长得有横有竖，有撇有捺，呈现出"天下太平"四个金黄大字，顿时龙颜大悦，欲赏赐徐士元，徐士元请旨减去木渎当年一半的赋税，乾隆欣然应允，后来刘墉又积极配合，将减免的范围扩大到了江浙两省。

28. 虹饮山庄由野秀园和小隐园两处园林合并而成，不知是与帝王结下不解之缘，还是对北方园林的钟爱，虹饮山庄虽地处江南水乡，但园林建筑风格却极具北方风韵，两种风格在这里巧妙融合。

在虹饮山房里，无论你驻足隔窗相望，还是徘徊小桥流水之间，亦或身处楼台亭榭之上，满园景象尽收眼底，皇家园林的雍容华贵与磅礴气势被巧妙地融于娇柔的岭南山水之中。少了娇羞，多了坦荡。

29. 在虹饮山房里还有一个圣旨珍藏馆，馆内珍藏了清朝入关以来10位皇帝的20道圣旨真迹，圣旨大多为黄色丝绢制作，用满汉两种文字书写，末尾盖有朱红的玉玺大印，至今还字迹清晰，色彩鲜明，这里应该是民间最大的圣旨博物馆了。

30. 这些帝王画像和圣旨印章，显示了当年皇帝的无上威严。可与极显尊贵的圣旨相比，该馆还珍藏着另一样东西，那就是被文人士大夫们所不屑的龌龊之物，这形如火柴盒一般大小的微型书本，便是科举考生们用来作弊之物，可算是费尽心机了。

31. 出虹饮山房，沿着热闹繁华的山塘街往北走，就来到了严家花园。

32. （老镇长访谈）：严家花园是乾隆年间诗人沈德潜的住处，到了道光年间，木渎诗人钱端溪买下这个园子，改名为"端园"，到了光绪年间，木渎首富严国馨从钱家又买下了这个园子，由于钱家老太太仰慕前贤，把这个"端园"改名为"羡园"，当地老百姓又把这个花园称为严家花园。

33. 严家花园占地十六亩，由春、夏、秋、冬四园组成，布局疏密曲直，高下得宜；局部处理精巧雅致，幽深婉约，尽显造园者之独具匠心。

园内会客用的尚贤堂，纯楠木大厅，气宇轩昂，江南罕见。

34. "柴门寂寞豆花香，一曲清池对草堂。"

这里是秋园的"环山草庐"，草堂前一池碧水，荷风四面。荷塘后一座假山玲珑剔透，登山远眺，灵岩山景尽收眼底，这正是苏州园林所特有的"借景"手段。【专家谈A3：园林借景手法（从略）】

秋园巧妙地将灵岩雄伟的古塔钟楼引入园林之中，园因塔添辉，妙然天成，形成"咫尺山林"的景观。

35. 如果说严家花园代表了财富，而另一处私家园林则代表了功名，那就是位于下塘老街的榜眼府第。

36. 榜眼府第／是著名晚清思想政论家／冯桂芬的故居。冯桂芬在道光二十年／中一甲二名进士，也就是榜眼，当地人就称其宅为"榜眼府第"。【专家谈科举制度的等级（从略）】

37. 榜眼府第／为前宅后院结构，是典型的清代园林风格，前宅中引人注目的是它的各种雕刻，"江南三雕"砖雕、木雕、石雕为其主要特色。

38. 从园中精细的雕刻水平，可见制作者技艺之深。有意思的是榜眼府门厅上的这个雕刻。中间是一只螃蟹，上面顶着两朵菊花。螃蟹，在吴语里即榜眼的谐音，而两朵菊花则象征了一甲二名。【专家访谈 A4：雕刻在建筑中的作用（从略）】

39. 功名，就是这样在封建社会各朝各代的教化下，占据了读书人心中最重要的位置，很多古代学子求学／就是为了入仕。而入仕的首要条件／就是通过科举制度金榜题名，吴敬梓笔下的范进／就是这么学到老考到老，为了博取一纸功名，历尽了千辛万苦，耗尽了人生岁月……冯桂芬，也不例外。【专家访谈 B6：介绍冯桂芬家世（从略）】

40. 冯桂芬不负众望，在19岁那年考上了秀才，常言道"秀才乃宰相胚胎"，可是正当冯桂芬准备一级级赴试，博取功名时，不料家中两次失火／使冯家苦心经营了几十年的家业／被烧个精光。

冯桂芬无钱读书，便投靠到了时任江苏巡抚林则徐的门下，帮助林则徐作了很多水利方面的事。

终于冯桂芬23岁时顺利通过乡试成为举人

其后，又四次参加会试，到1840年，也就是32岁时考中榜眼，被委任为翰院编修，他用十三年人生最美好的光阴终于换得了一个功名。

此时的他并没有"春风得意马蹄疾"的感觉，因为这年，英国的侵华战争爆发了。

本想有所作为的他又因朝廷腐败官场失意，转而著书立说。晚年回到了木渎，编撰了著名的《苏州府志》。

41. 雨，悄悄地落了下来，江南的雨总是那么温柔细腻。正是雨／带给了这个地方水乡的风情。

7 各种文体的朗诵

雨水滴落在屋檐房顶,流淌过大街小巷,汇聚小河湖泊。

雨和水,使这个千年古镇灵动起来,富有生机,充满活力。它是维系木渎老街、古宅、树木、桥梁的生命线。

42. 木渎最富有特色的就是它的水系了。

有两条主要的河穿过小镇,一条是从灵岩山流下来的香溪,还有一条就是胥江。

当年吴王为运兵载粮,命大将伍子胥凿一条自苏州起,经木渎,越太湖,直达长江的运河,全长230公里,堪称中国历史上第一条人工运河。

后来吴王获胜后变得荒淫无度,而且在西施的离间下,逼伍子胥伏剑自刎,伍子胥视死如归,死后尸体被投入此河。当地人为纪念这位刚正不阿的忠臣,把由他挖的这条河取名为胥江。

43. 胥江与香溪在合称木渎双桥的邾巷桥和斜桥下汇合……

44. 有水必有桥,在香溪和胥江上有很多大大小小的桥,最为著名的就数这永安桥了。

45. 永安桥位于山塘街王家村,俗称王家桥。为单孔/花岗岩/石拱桥,至今已有五百年的历史了。桥洞宽敞,全景如环,葛萝垂挂,古意盎然。

每当烟雨朦胧,斜阳西下之时,你站在桥上或许怀古,或许伤情,总能听见桥下的捣衣声声……

46. 木渎的古迹还有很多很多,木渎的故事说也说不完,这些古迹承载着美丽的传说,从古代走到今天。

岁月悠悠,时光荏苒,一些被淡忘,一些被记起。/古镇已经很老了,可是新的故事每天仍然在发生,岁月的痕迹/只会让它变得更有味道更有内涵,让住在这里的人/和来过这里的人/更加喜欢它/留念它。让他们走进木渎,走进这个由园林、水乡、故事构成的美丽世界中……

修订再版说明

《朗诵训练指导》是北京电影学院的科研成果,是一本注重朗诵基本功的实用性工具书,也是报考艺术院校的考生必备辅导教材。自2006年第一次出版发行,十几年来,得到广大读者的喜爱和认可,多次加印仍不能满足需求。非常感谢读者的厚爱。

《朗诵训练指导》(第二版)根据朗诵规律和要领设置篇目和章节。补充和完善了前人的朗诵表演理论,结合一些朗诵者存在的问题,有针对性地编写了练习方法和朗诵技巧要领口诀,把复杂的理论简单化,为读者提供了更为通俗易懂和便于掌握的方法,尤其是对于初学者,希望认真看书,学会方法,勤练基本功,反复体会,方能够掌握朗诵技巧。

近年来,朗诵呈现出前所未有的繁荣,盛世歌咏。朗诵这种群众性的高雅艺术形式,越来越受到人民群众的喜爱。各种形式的朗诵艺术团如雨后春笋,十分活跃。朗诵历来是艺术院校表演专业的招生考试的主要内容之一。针对我们许多朗诵者在朗诵中出现的一些诸如:吐字不清,气息不够,不懂音变规律,不注意逻辑重音等问题来设置章节,以求初学者打好基础,少走弯路,因为不论是专业的还是业余的,纠正习惯性问题远比一开始就掌握基本功困难得多。

此次修订再版,仍然立足基础训练指导,对内容又做了必要的增删,使练习材料更加丰富翔实,对教学中碰到的和使用的练习材料做了分类和梳理整合,还结合朗诵练习材料在朗诵技巧方面做到篇篇都有提示。对不明出处的隽永佳作未名作者致以衷心谢忱。

话剧和影视独白属于塑造角色,不属于朗诵范畴。所以,本书没有录入。如果有考生用独白去应考,固然提升了你潜质发挥的空间,但也加大了你考试的难度。考官对你要求会更高。从某种意义上来讲,表演院系其实更需要有可塑性的一张白纸。如果你想获取更多的表演专业知识,请阅读《影视表演语言技巧》。

编著者
2017年10月18日